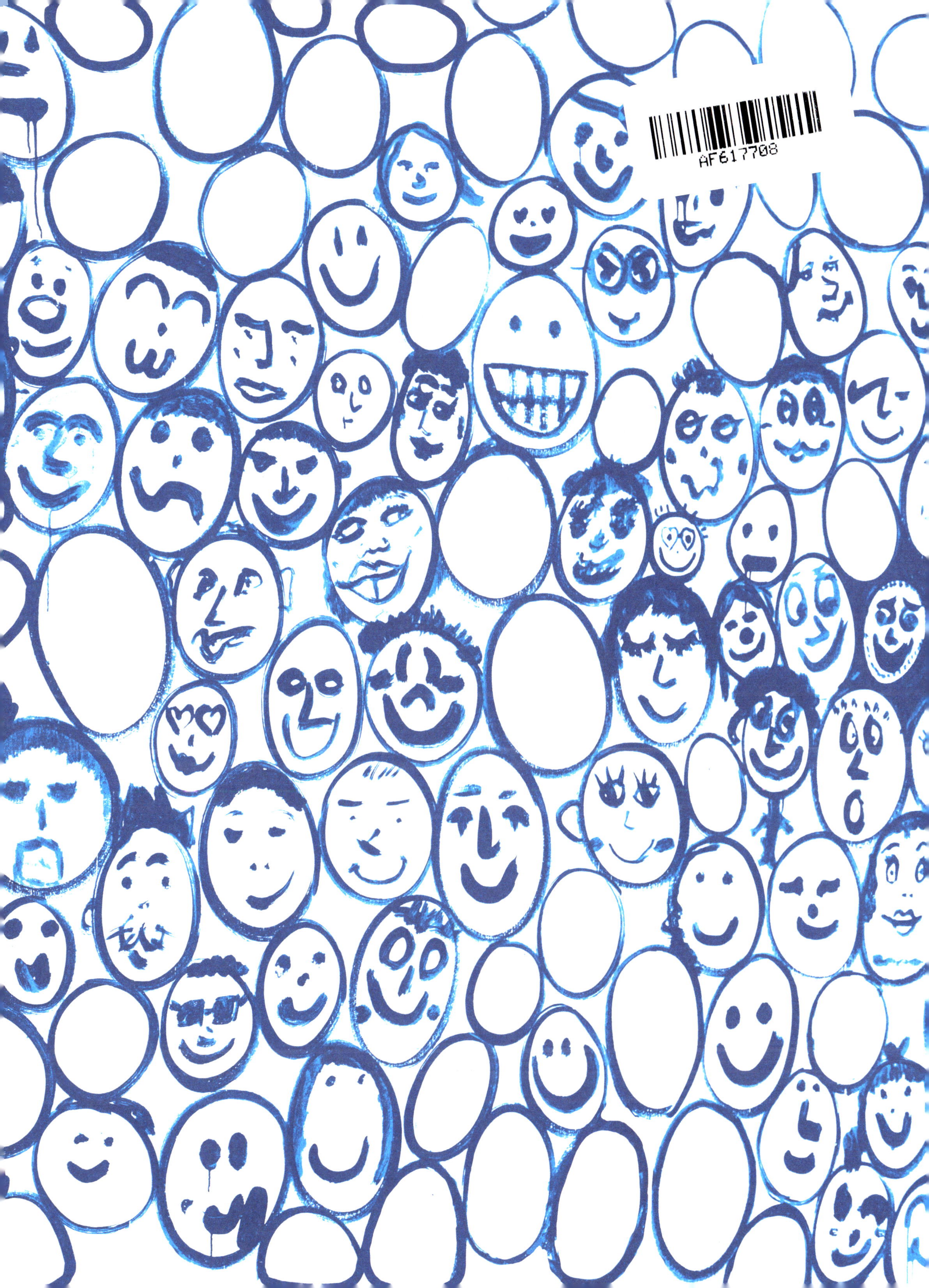

AF617708

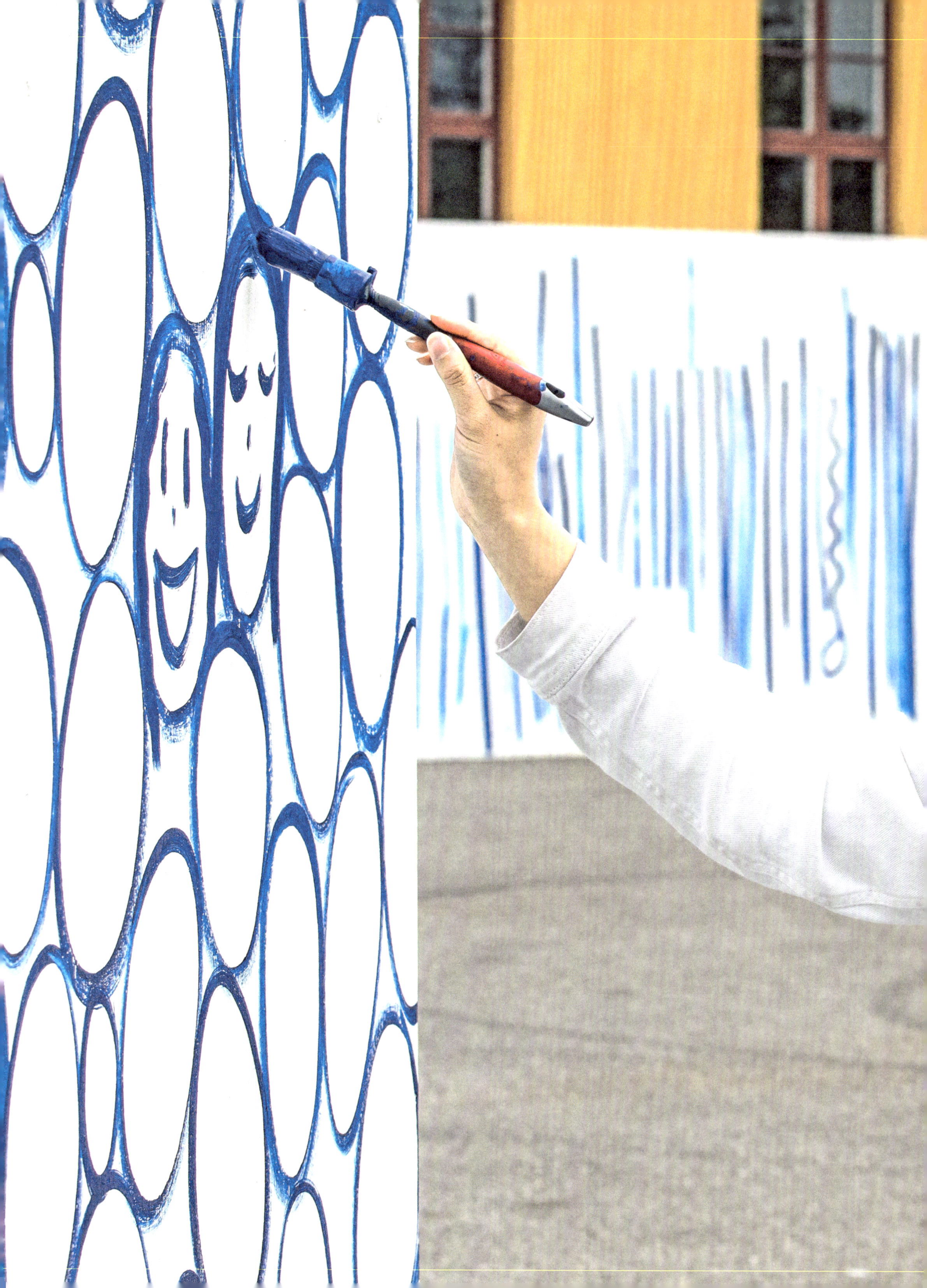

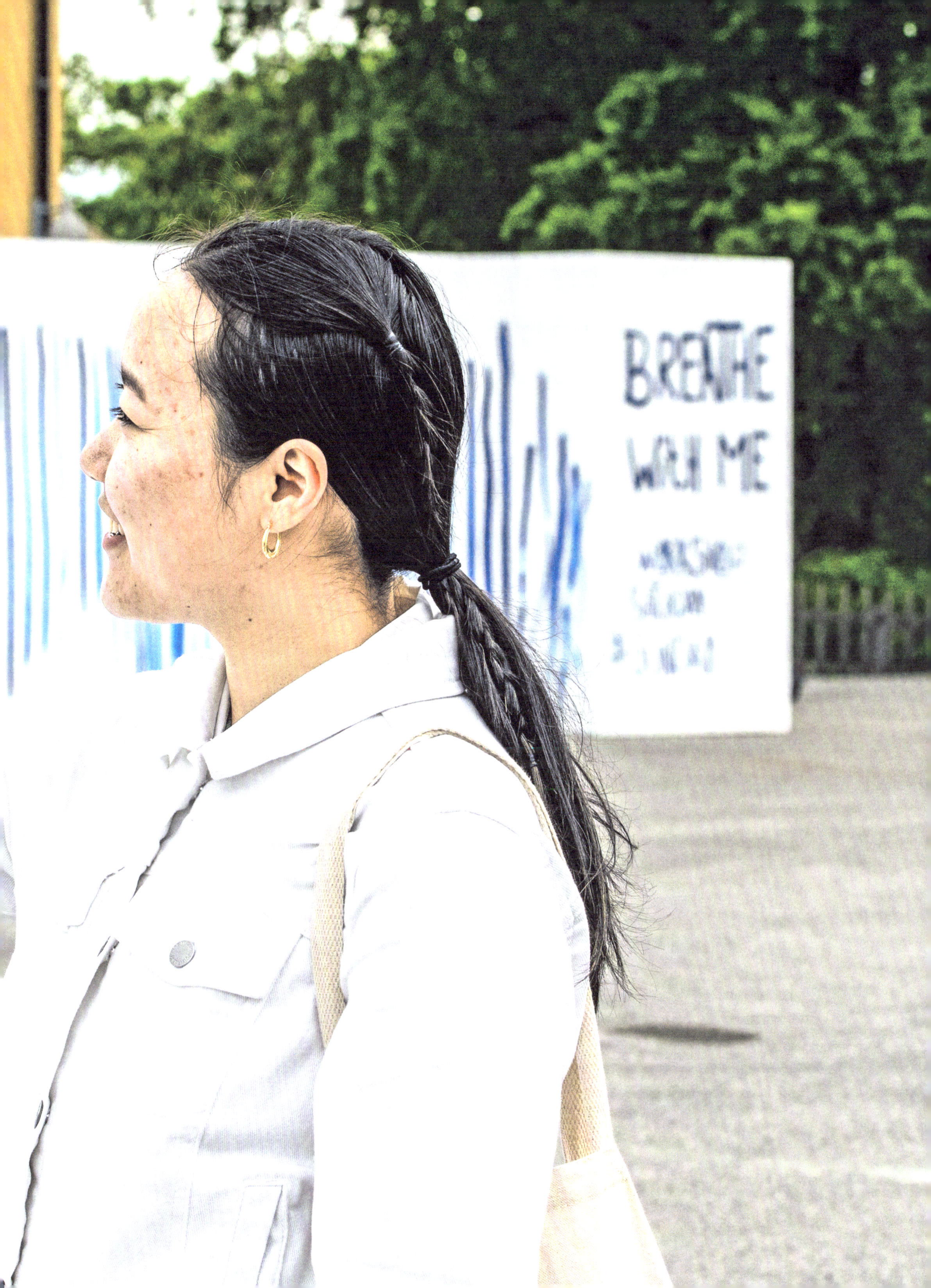
BREATHE
WITH ME

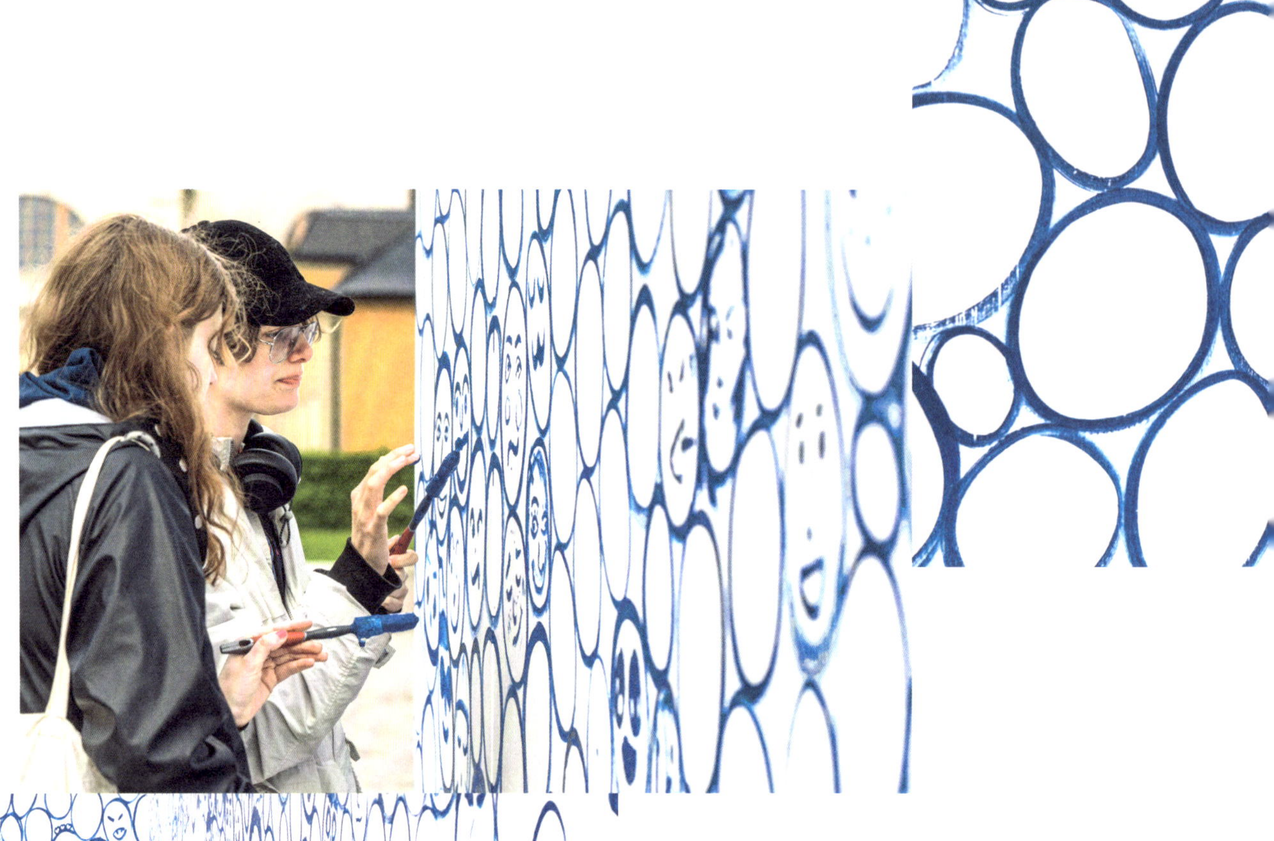

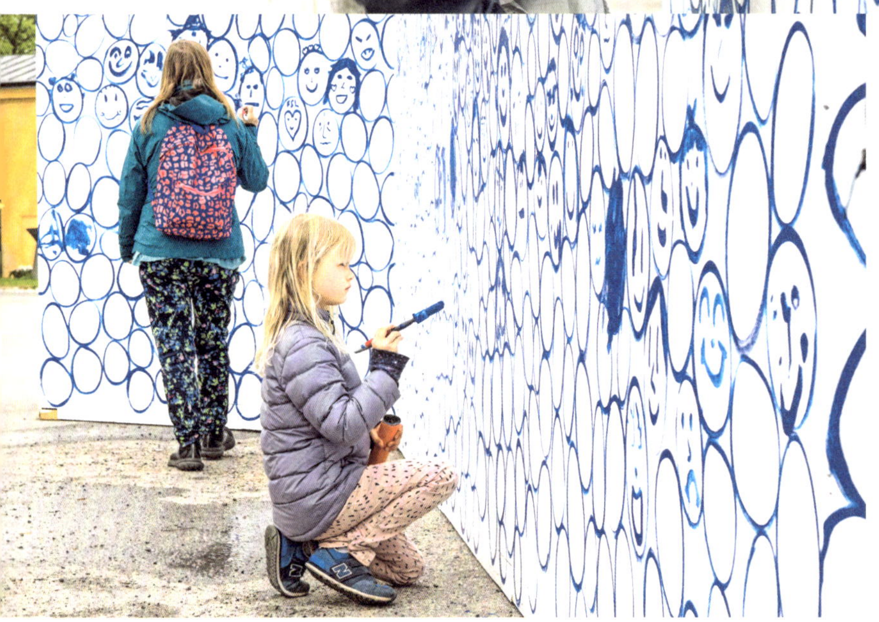

I dag känner jag mig som …
ger besökarna möjlighet att måla ett spontant självporträtt som illustrerar hur de mår. När de gör det visualiserar de sin sinnesstämning, hur de känner i målningsögonblicket. Om de är förväntansfulla, glada, oroliga, förvånade eller arga, irriterade, trötta eller bekymmerslösa. Målningarna ger en inblick i mycket personliga tankar. Samtidigt porträtterar de livet i dess helhet, speglar stämningen i vårt samhälle och uppmuntrar på så sätt till ett samtal om allas respektive livssituationer.

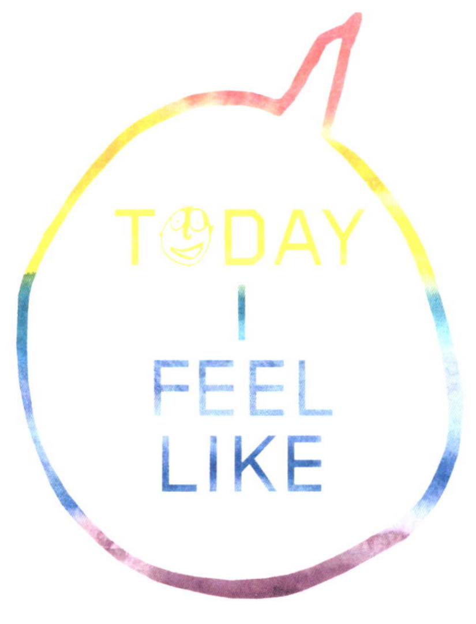

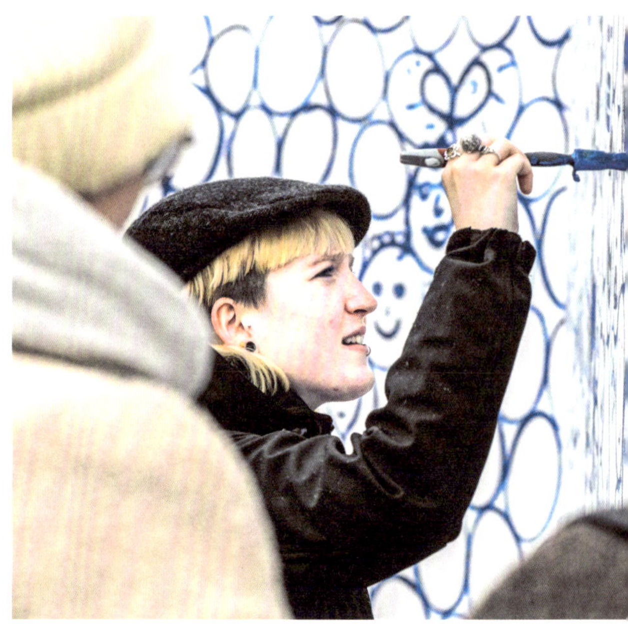

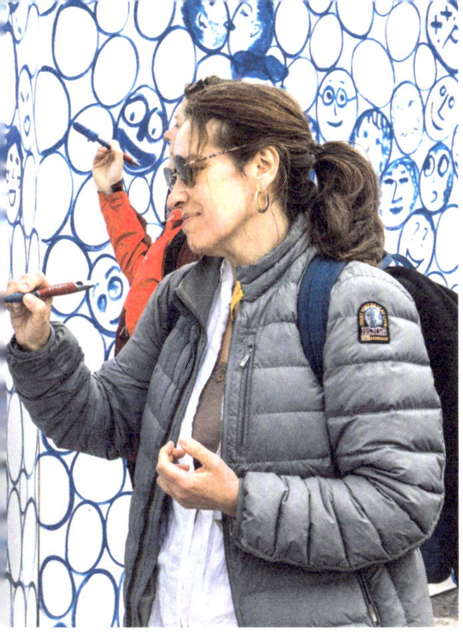

Today I feel like ... invites visitors to paint a spontaneous self-portrait that illustrates how they feel. In doing so, people visualize their mood, just as they feel in the moment of painting. If they are excited, happy, anxious, surprised or angry, irritated, tired or light-hearted. The paintings give an insight into very personal thoughts. At the same time, they portray life in its entirety, reflecting the mood in our society, and thus encourage exchange about the respective situation.

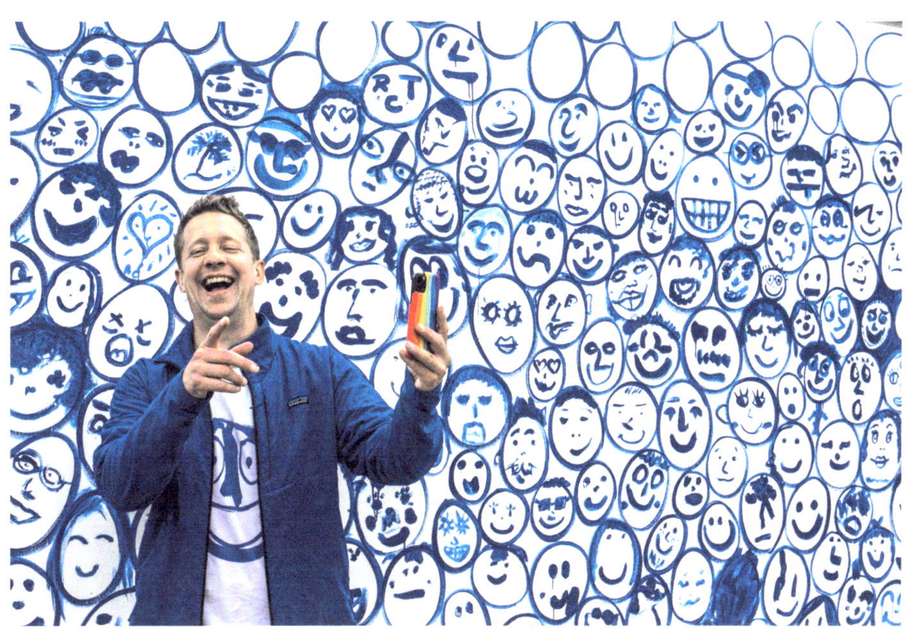

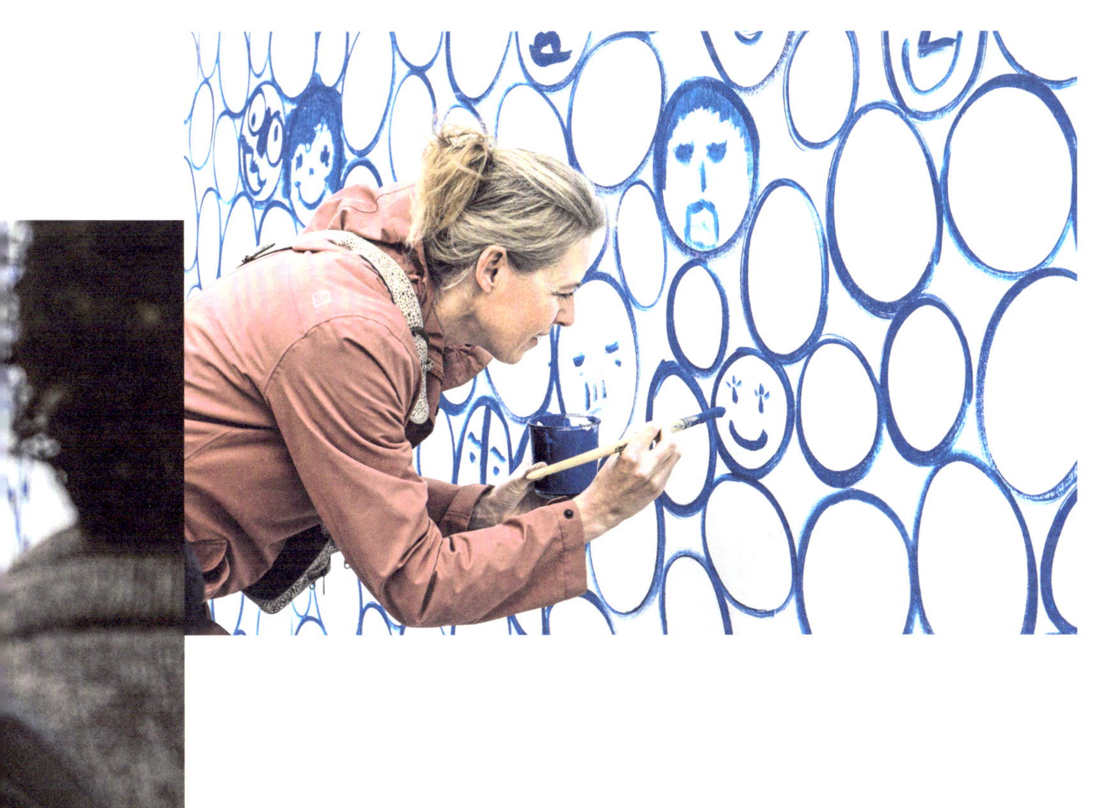

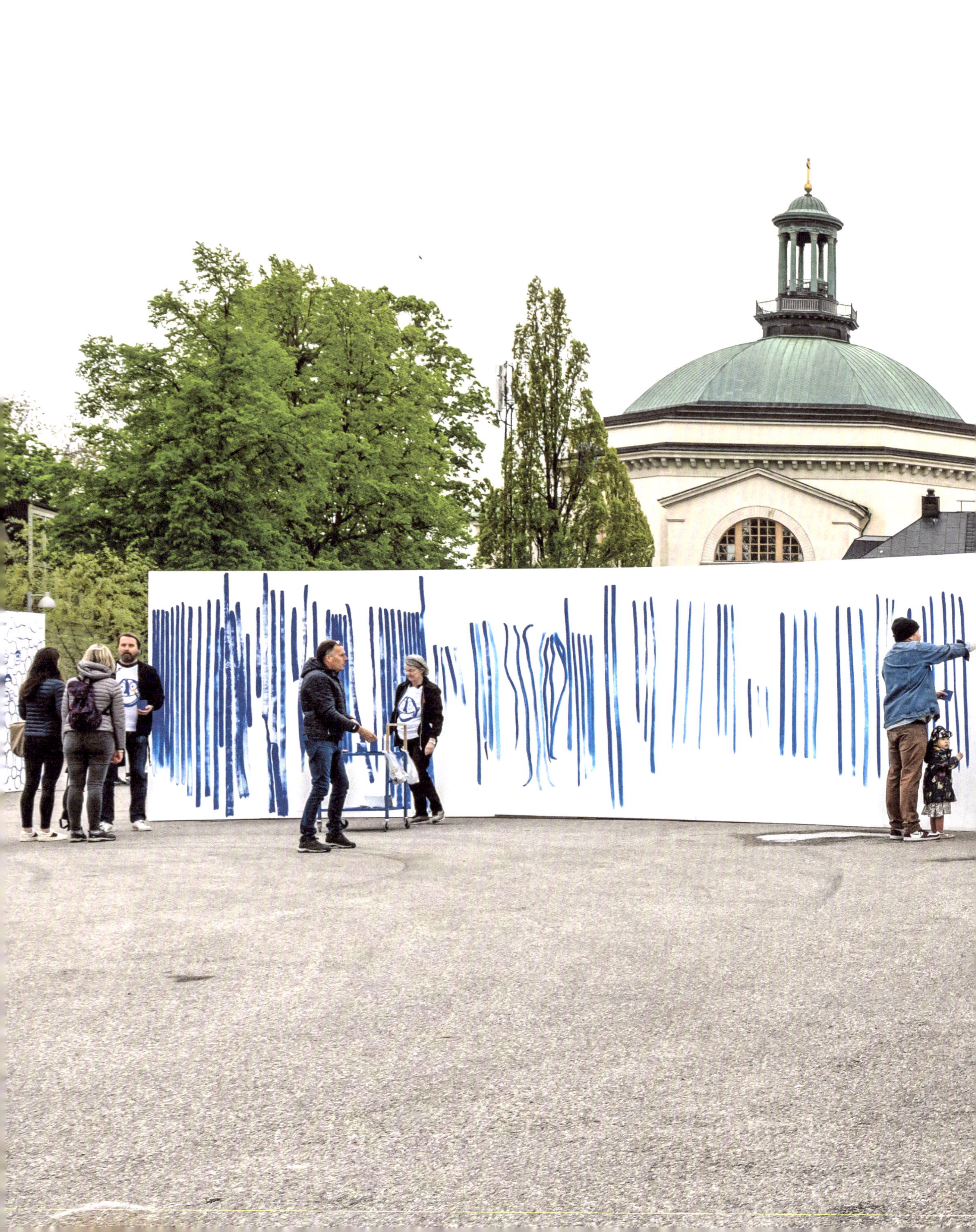

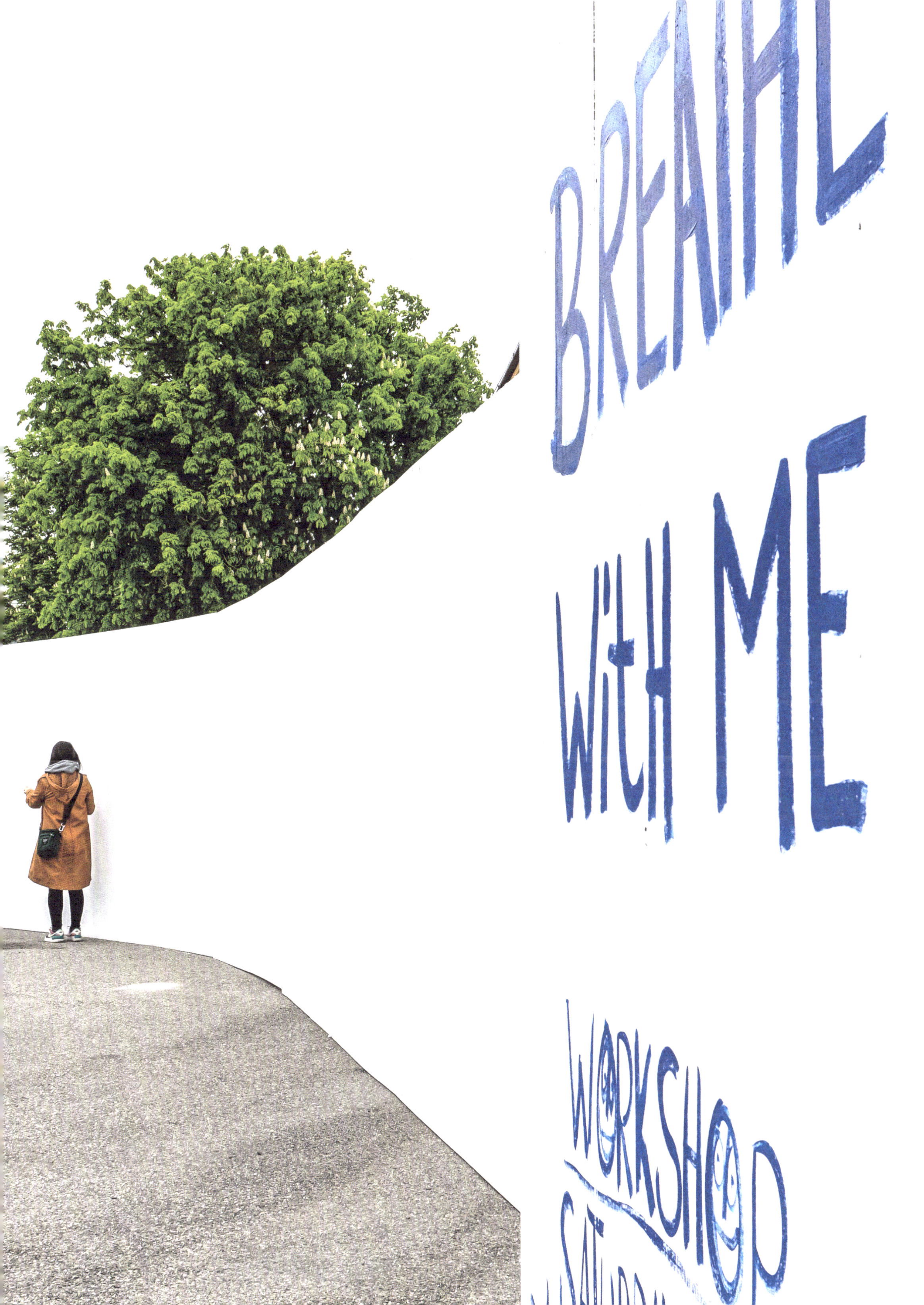
BREATHE
WITH ME
WORKSHOP

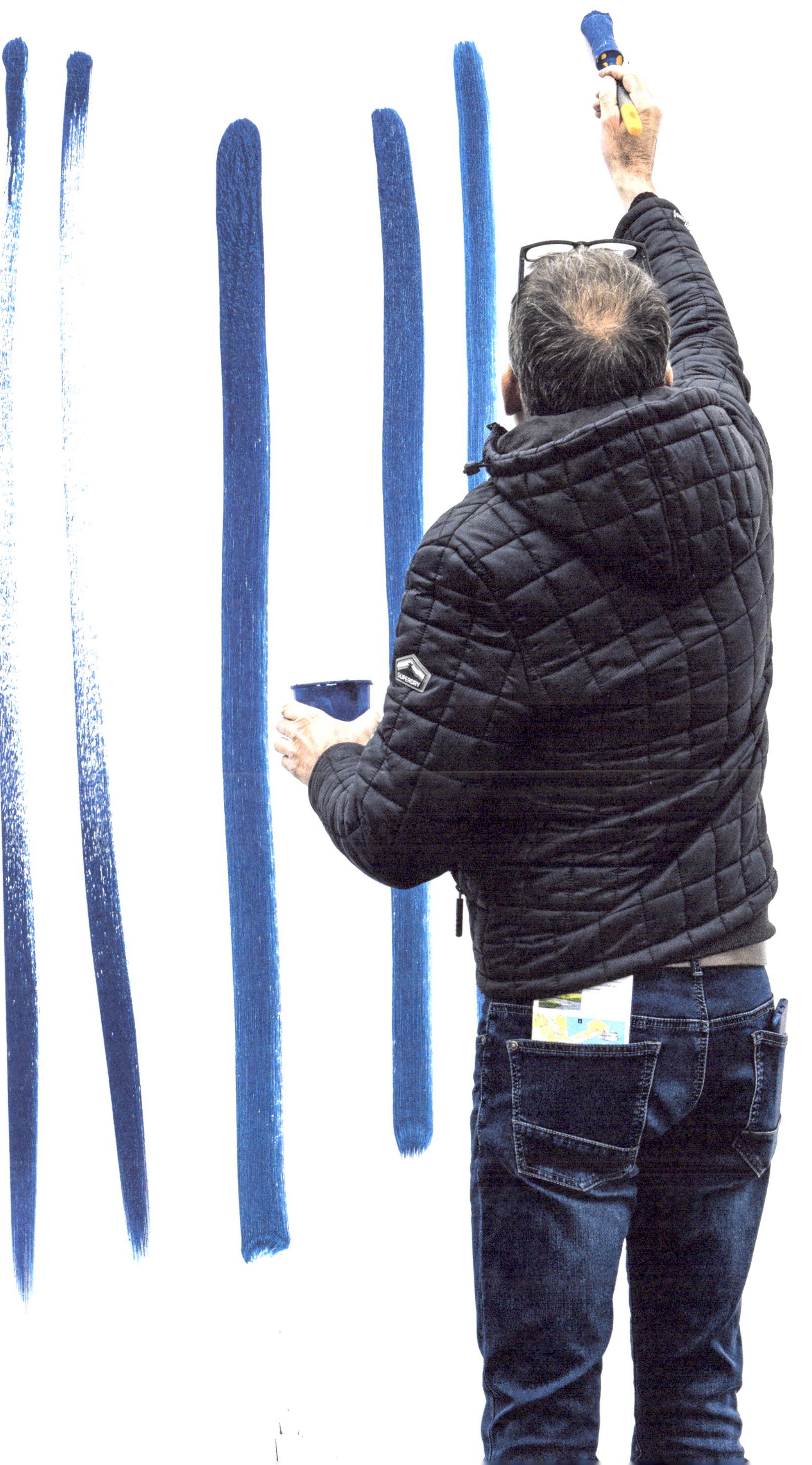
SUPERDRY

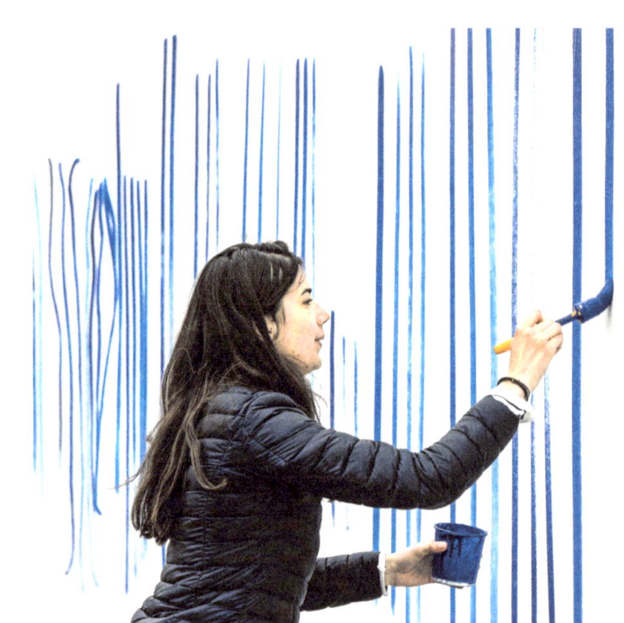

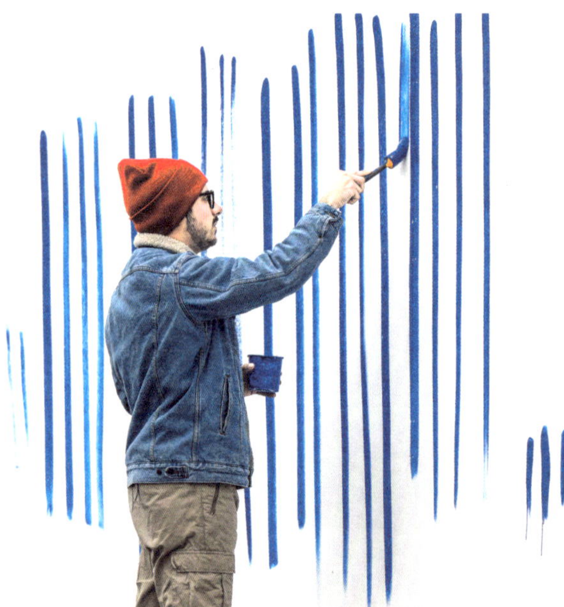

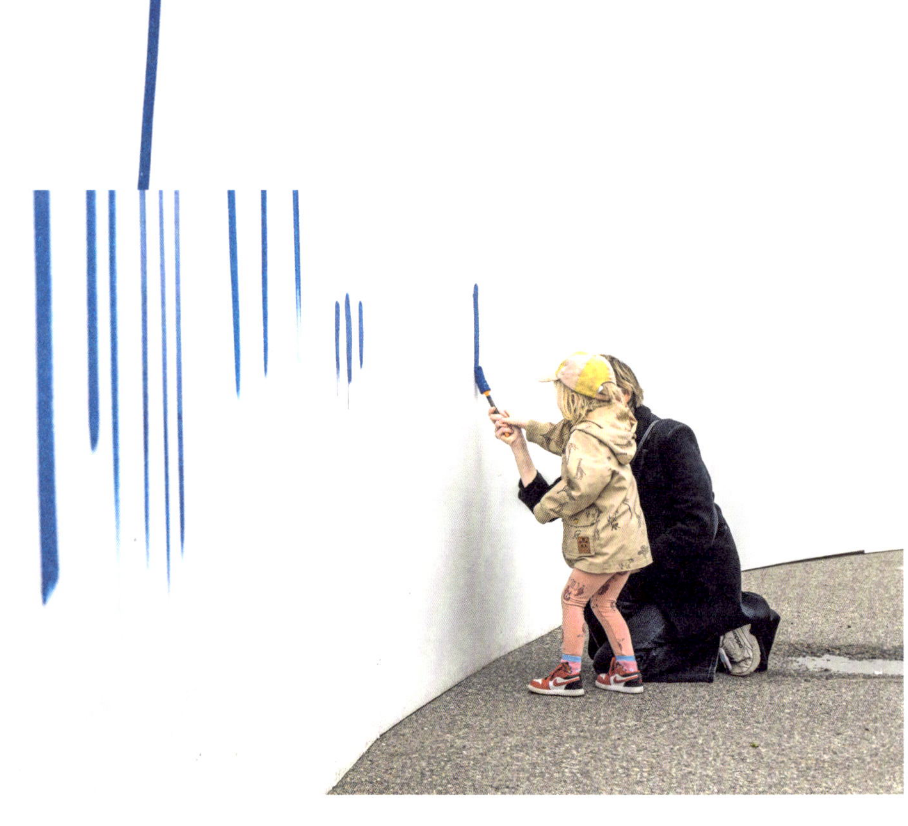

Andas med mig ger besökarna möjlighet att måla sin egen individuella "andning". Varje andetag tar formen av målade blåa parallella linjer: varje linje är en utandning. *Andas med mig* är ett verk som är både djupt personligt och som berör många aspekter av våra liv, och alla liv på hela planeten. Genom att låta sig styras av andningen får deltagarna möjlighet att reflektera över sig själva och världen runt omkring dem. När alla deltagarnas målade "andning" är på plats visualiserar konstverket inte bara vår individuella medvetenhet om oss själva, utan även våra gemenskaper, samhällen och miljöer. I sin helhet är *Andas med mig* ett kollektivt andetag för världen.

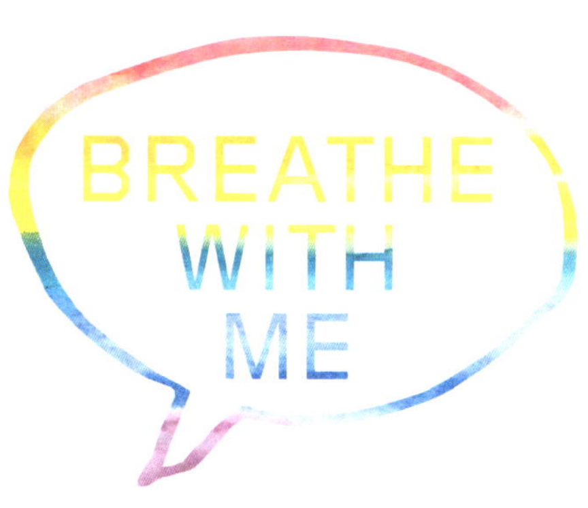

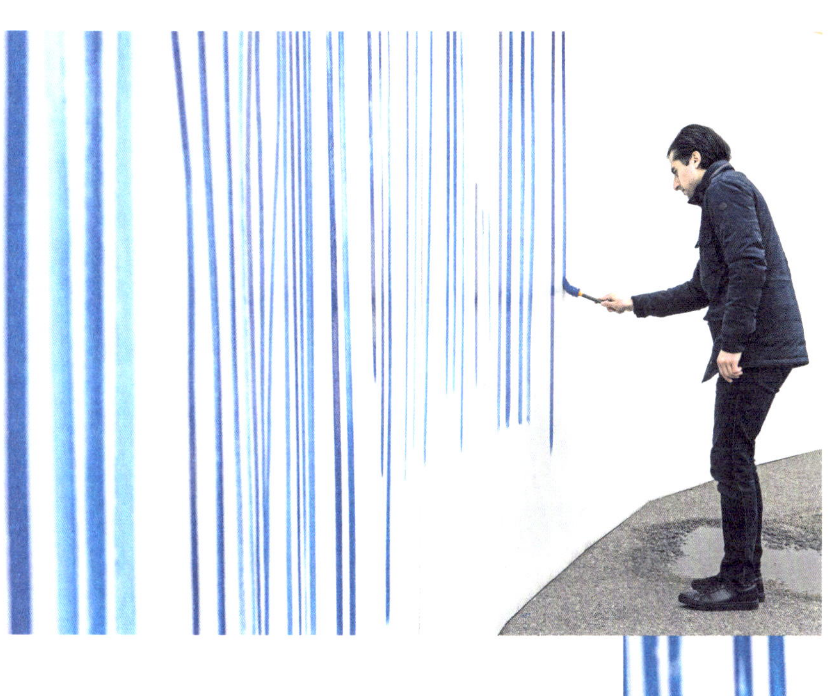

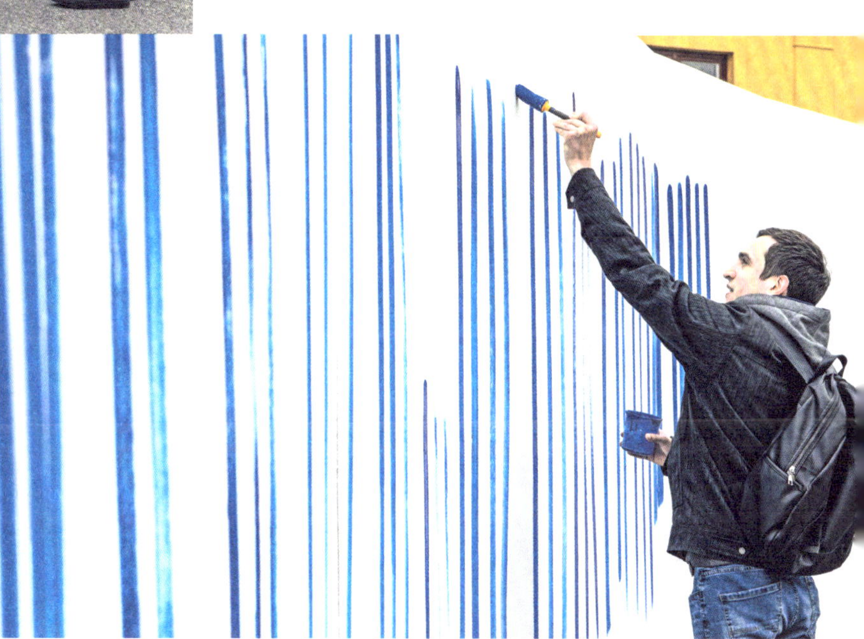

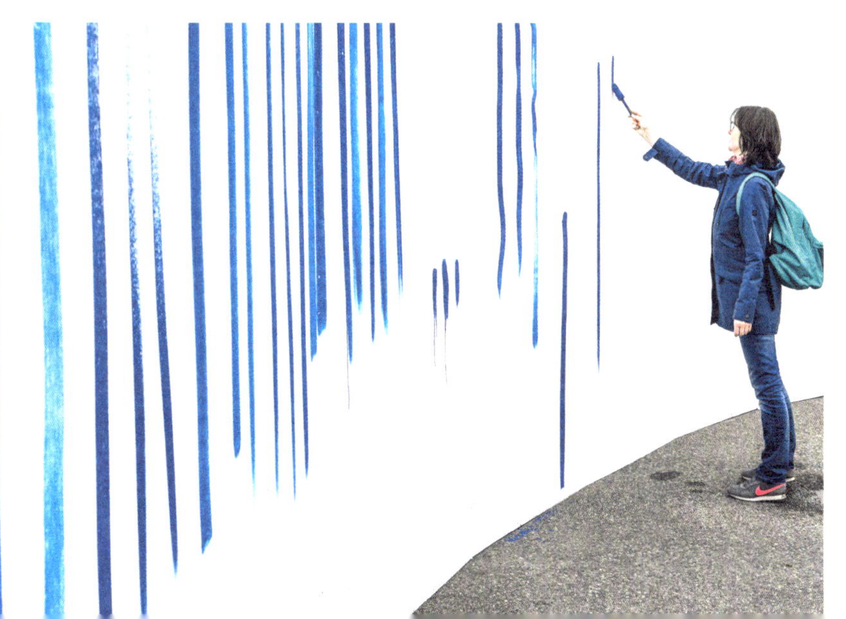

Breathe with Me invites audiences to paint their own individual "breath". Every breath will take the form of painted blue parallel lines: each line for an exhale. *Breathe with Me* is a work that is both deeply personal, and also a work that touches on many aspects of our lives, and the lives of our entire planet. Guided by the act of breathing, participation invites people to reflect on themselves and the world around them. With all the participants' painted "breaths" gathered together, the artwork visualizes not only our individual awareness of ourselves, but also our communities, societies, and environment. Altogether, *Breathe with Me* is a collective breath for the world.

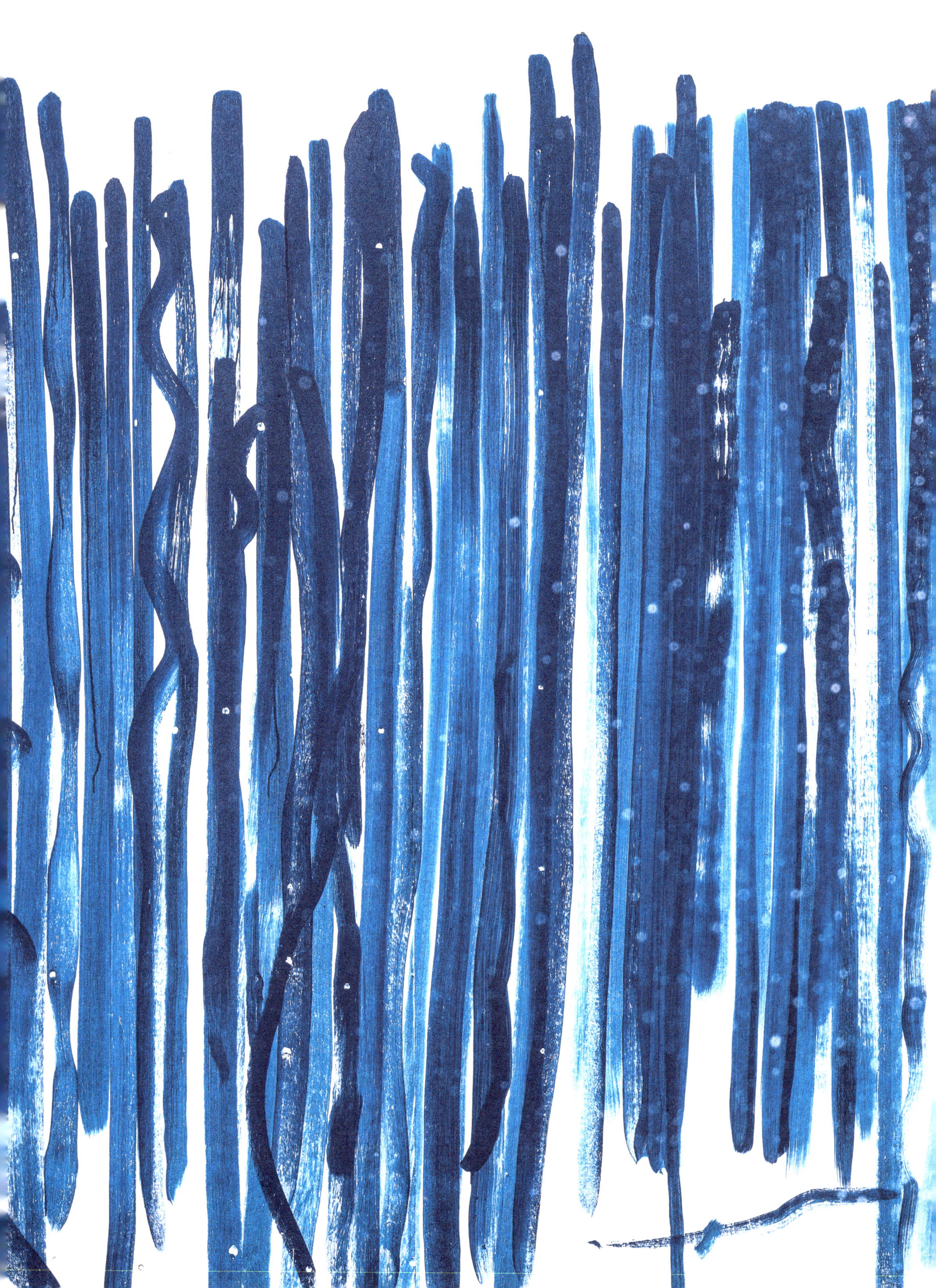

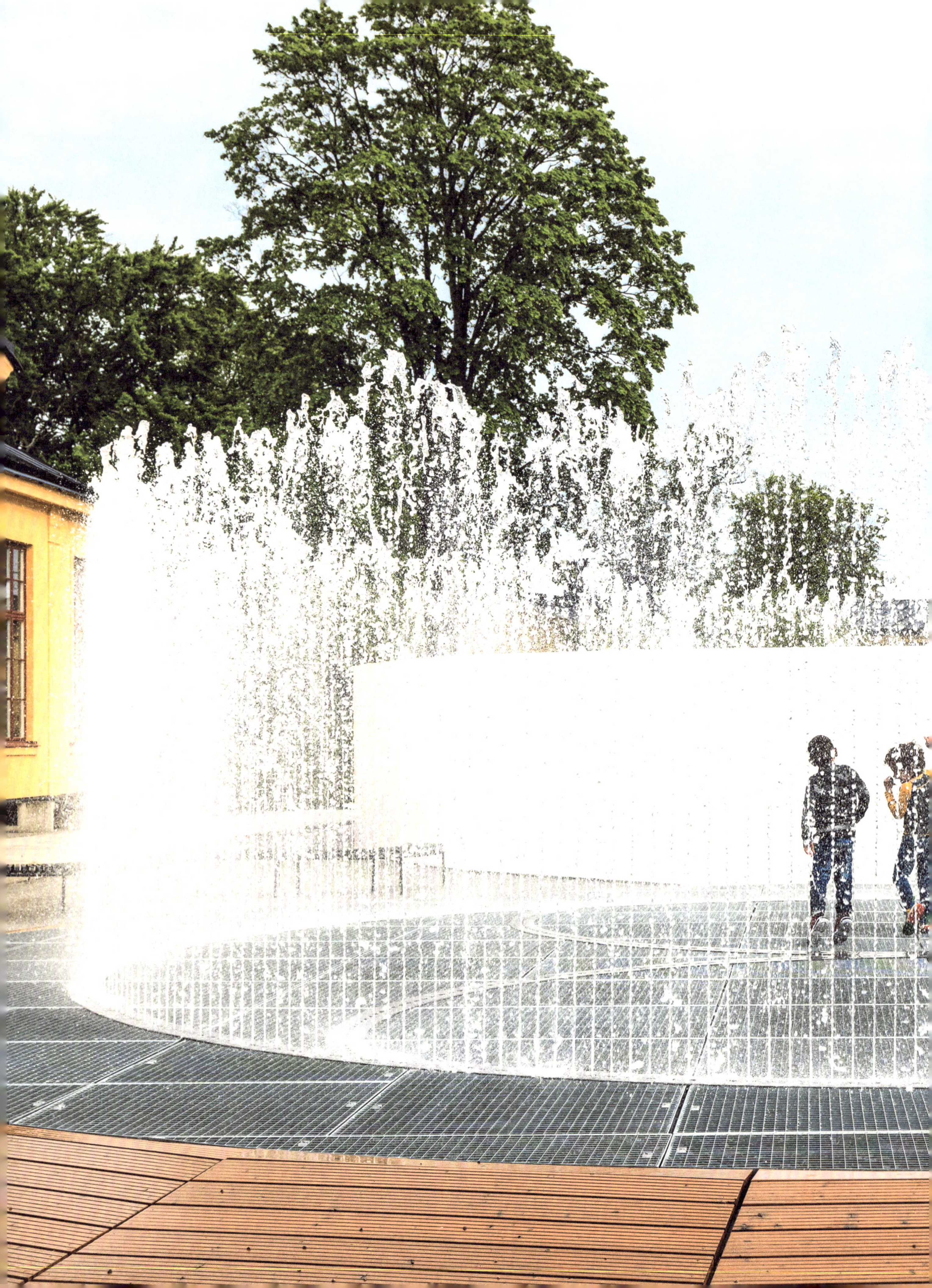

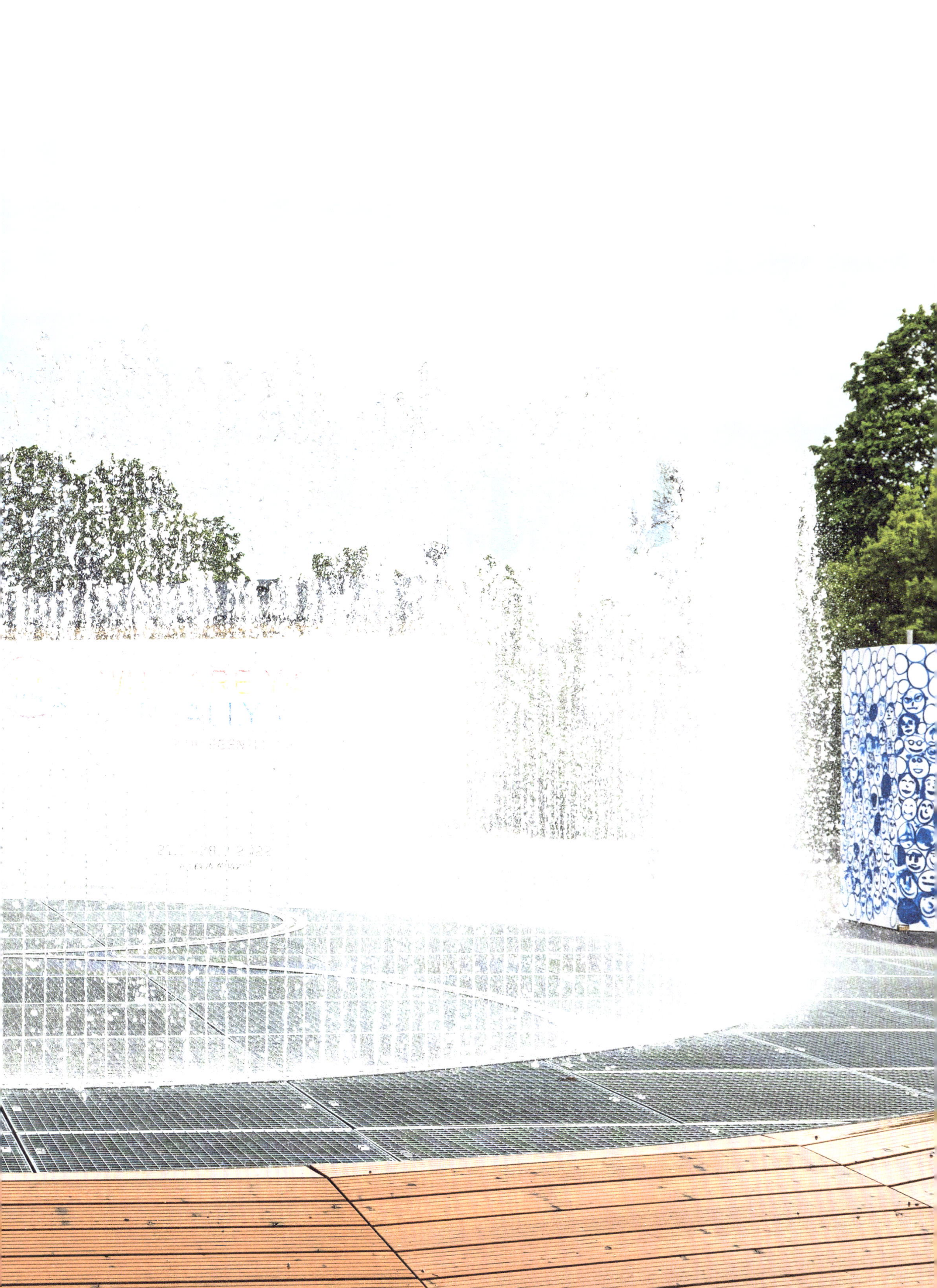

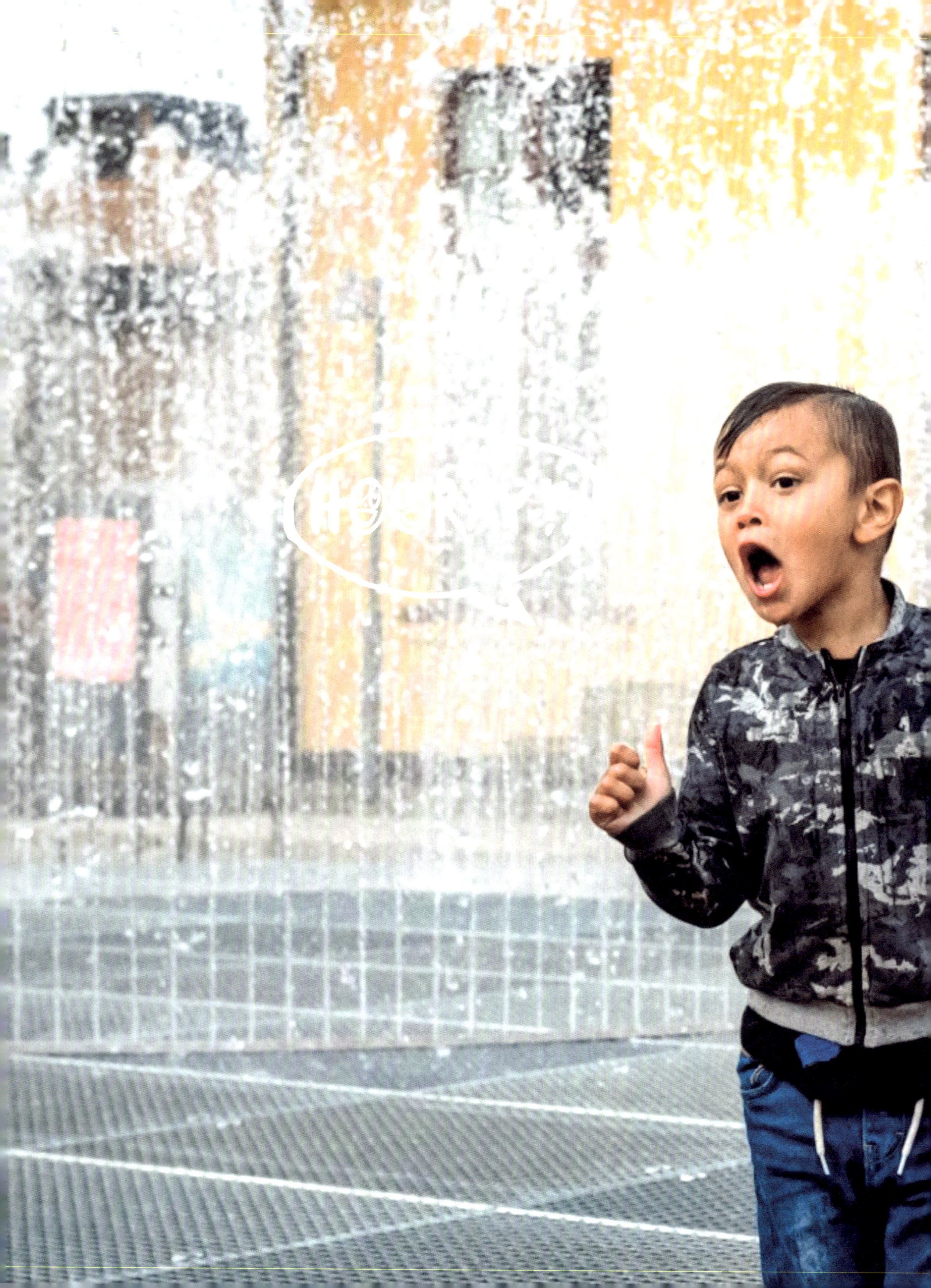

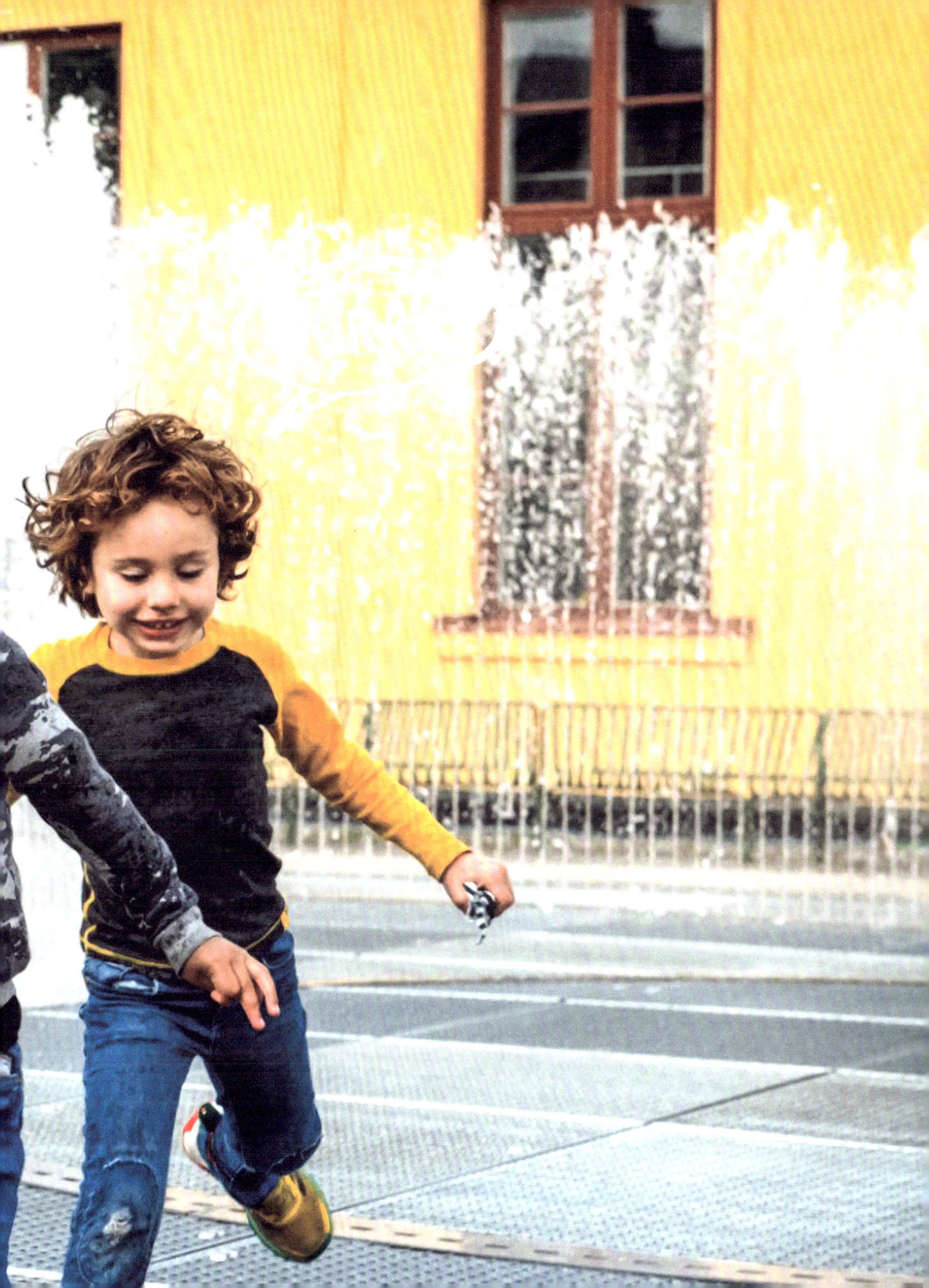

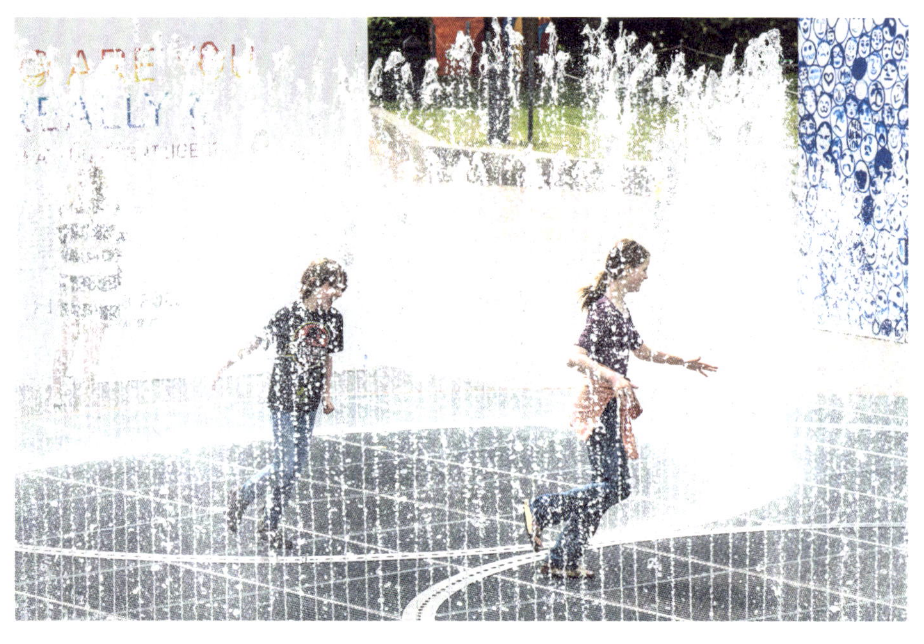
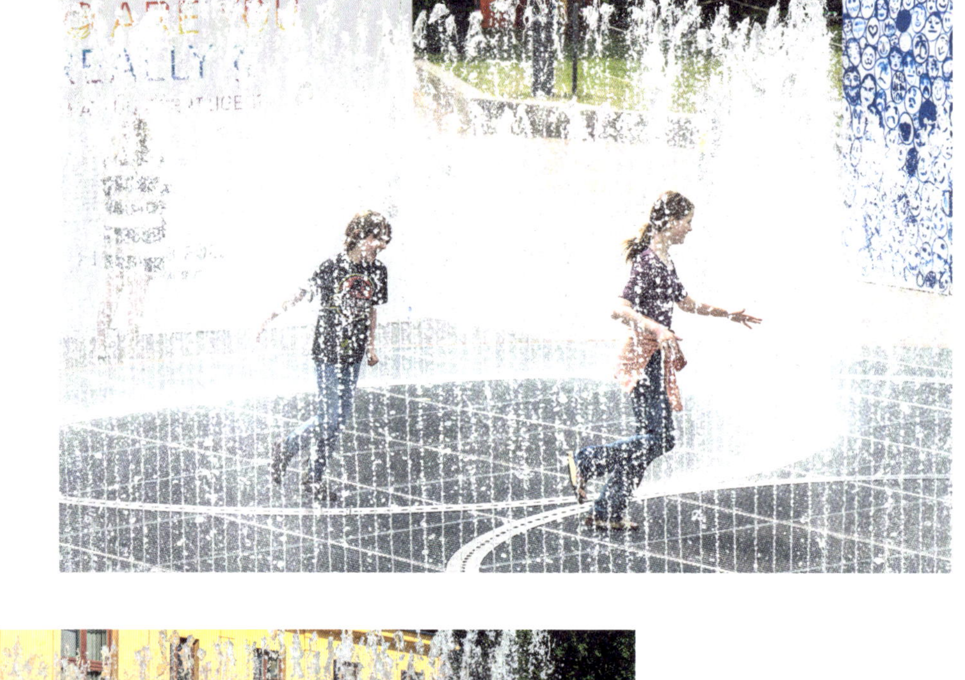
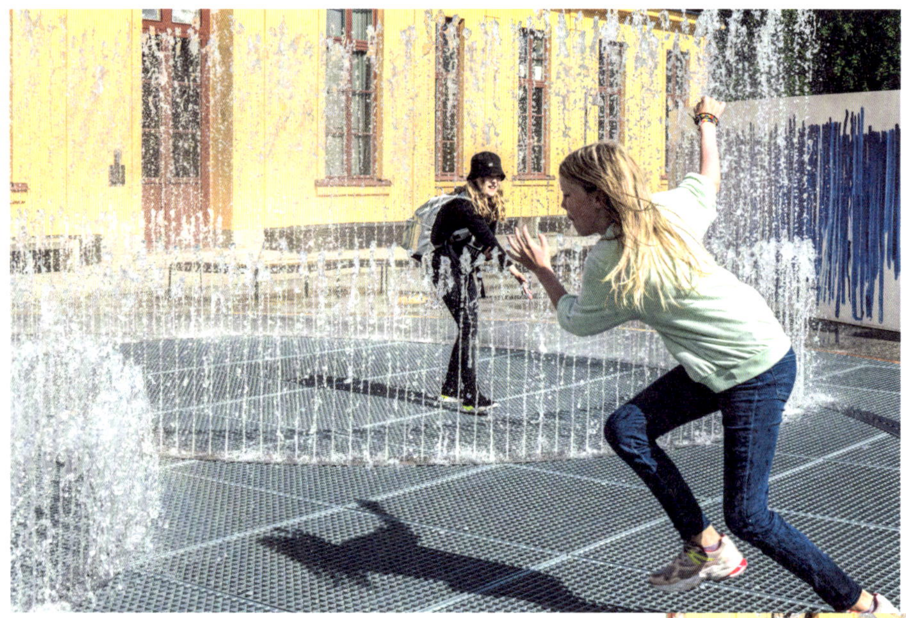
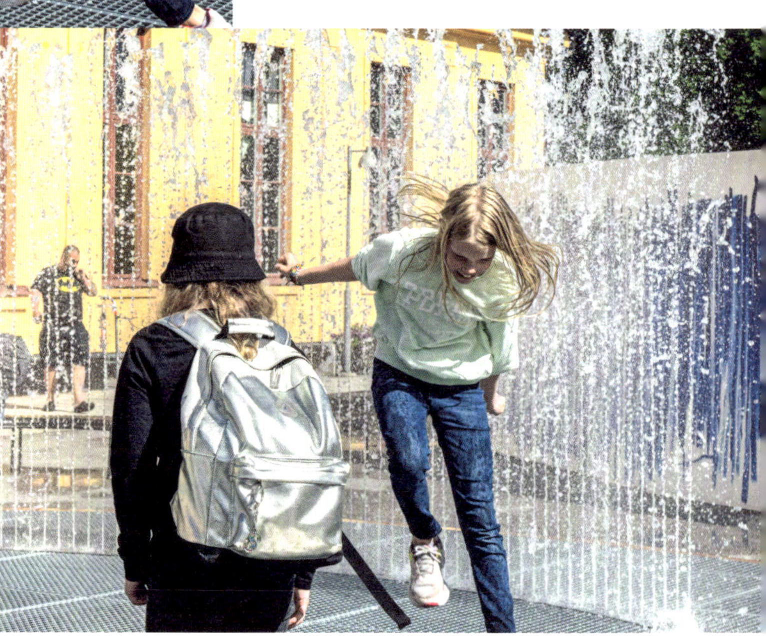

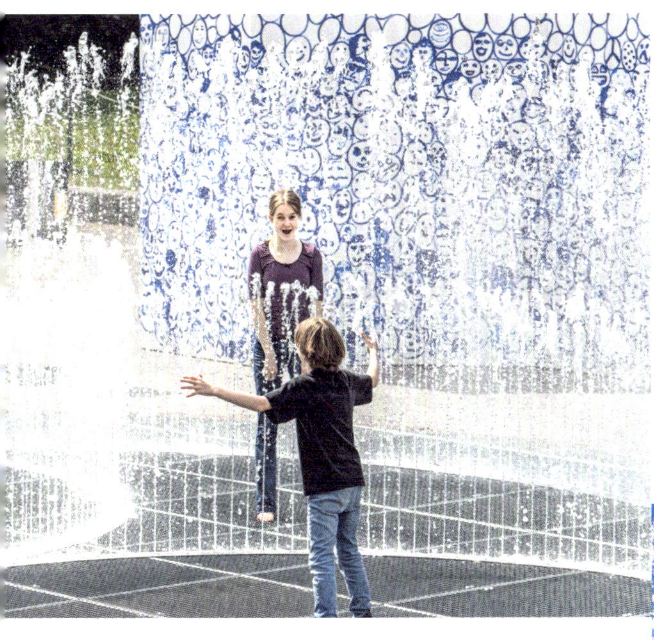

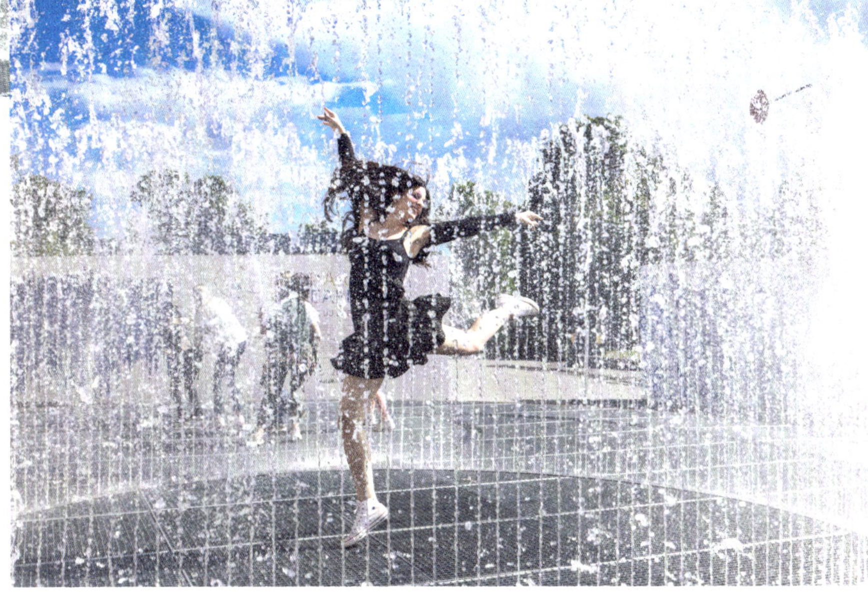

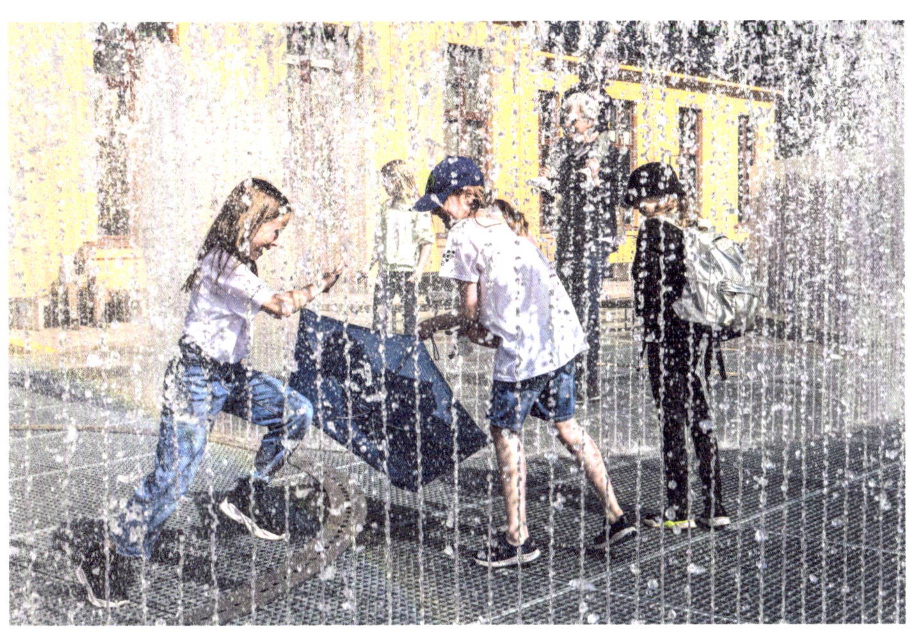

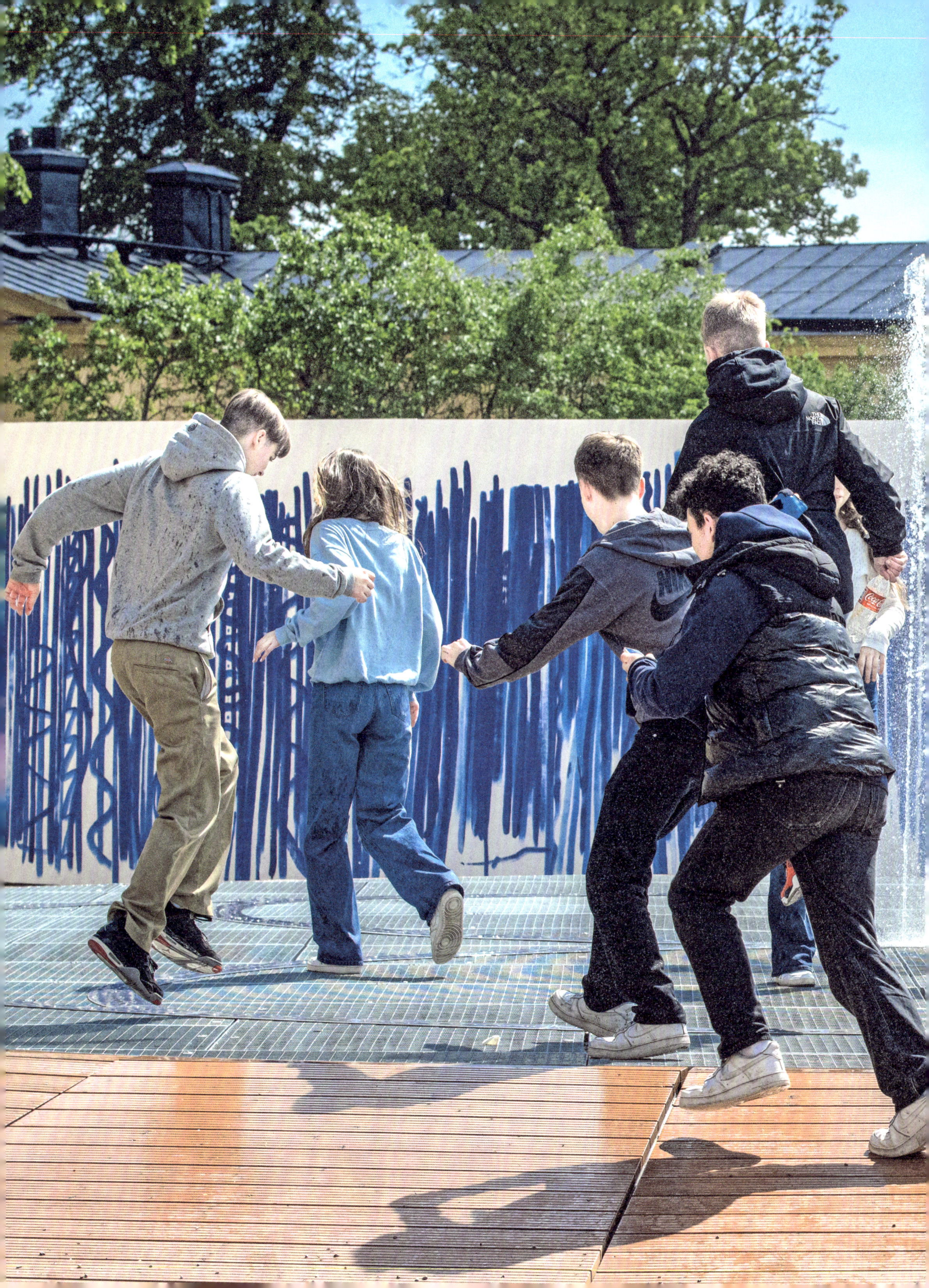

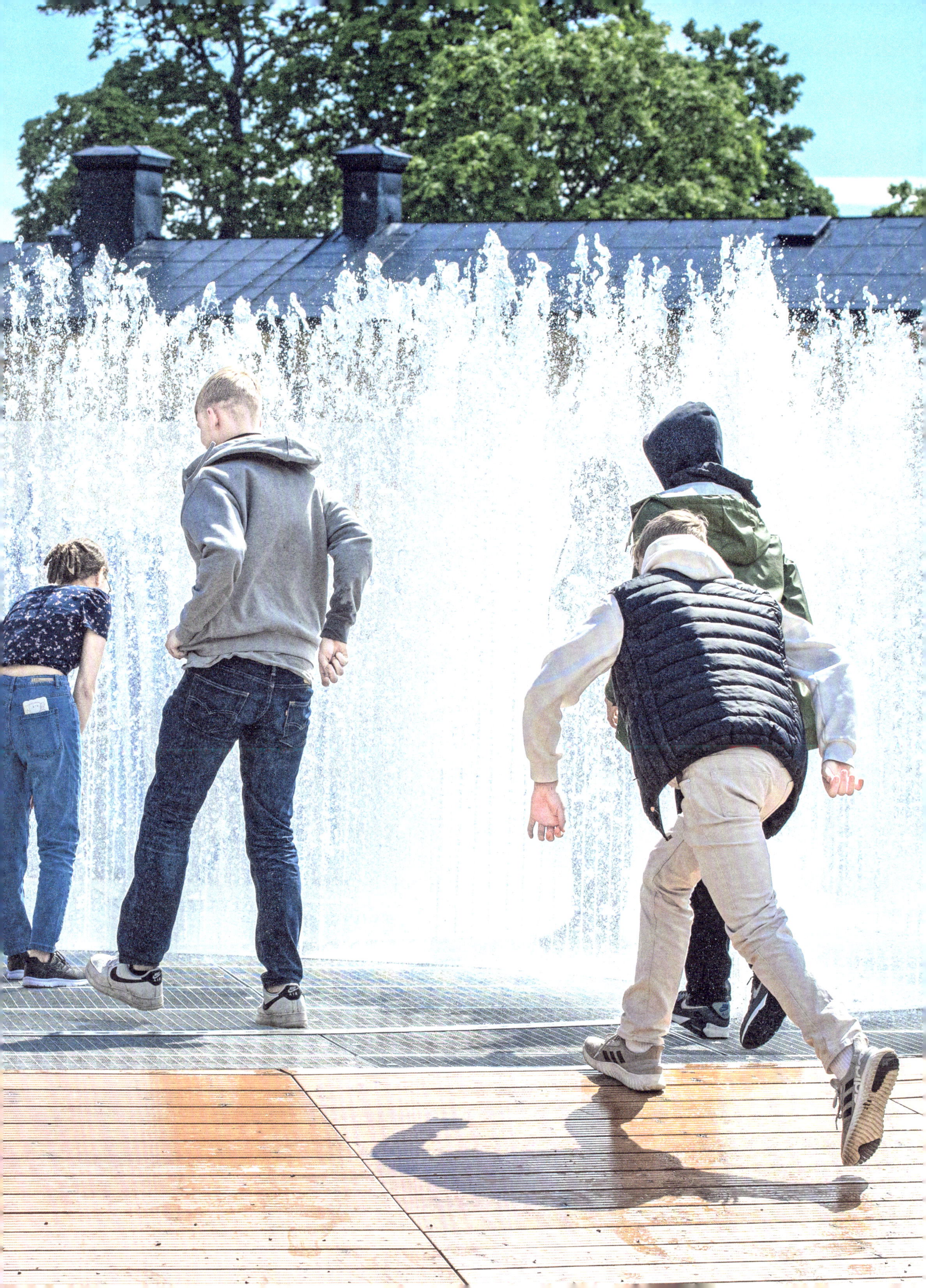

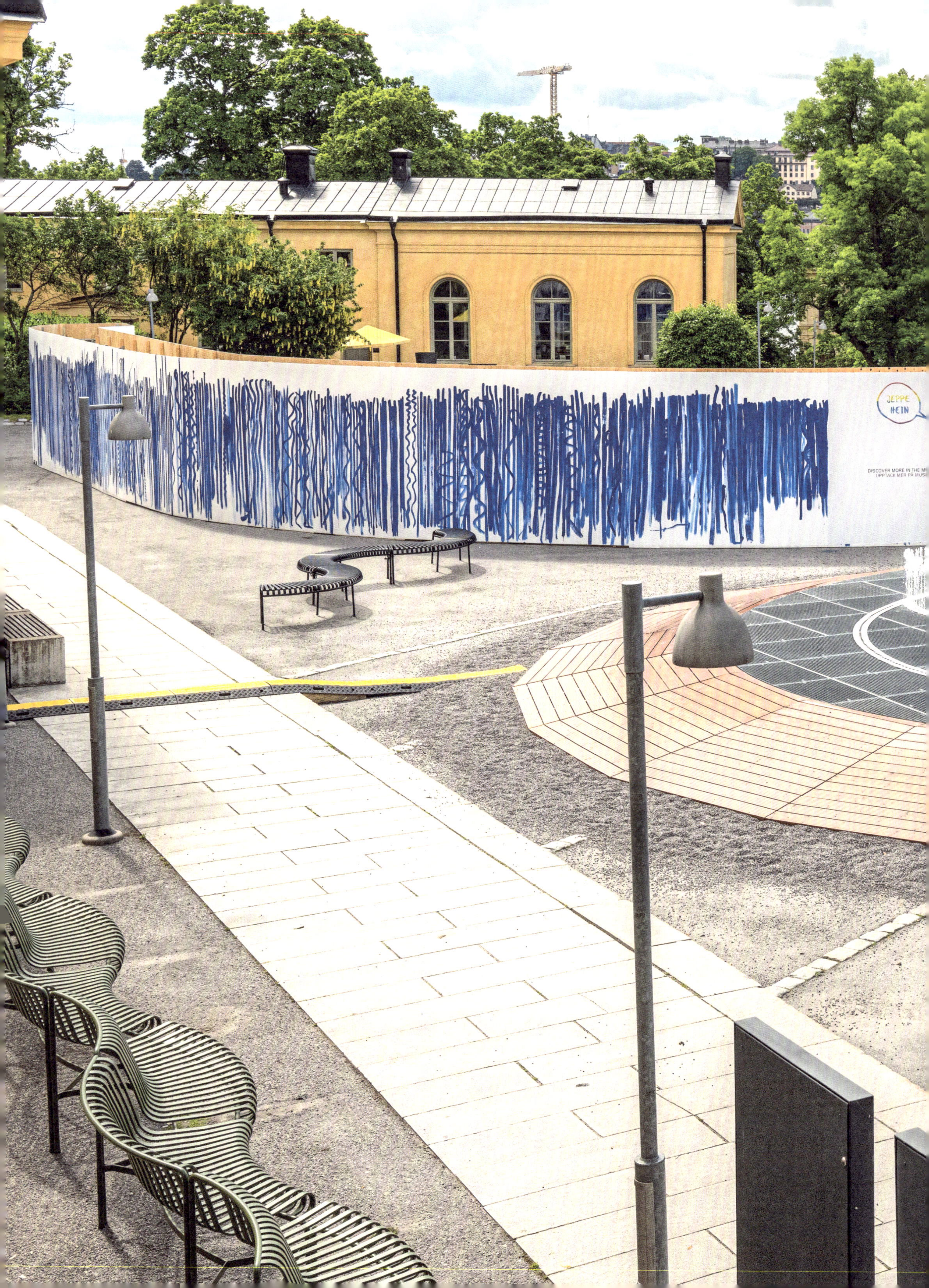
JEPPE
HEIN
DISCOVER MORE IN THE
UPPTACK MER PÅ

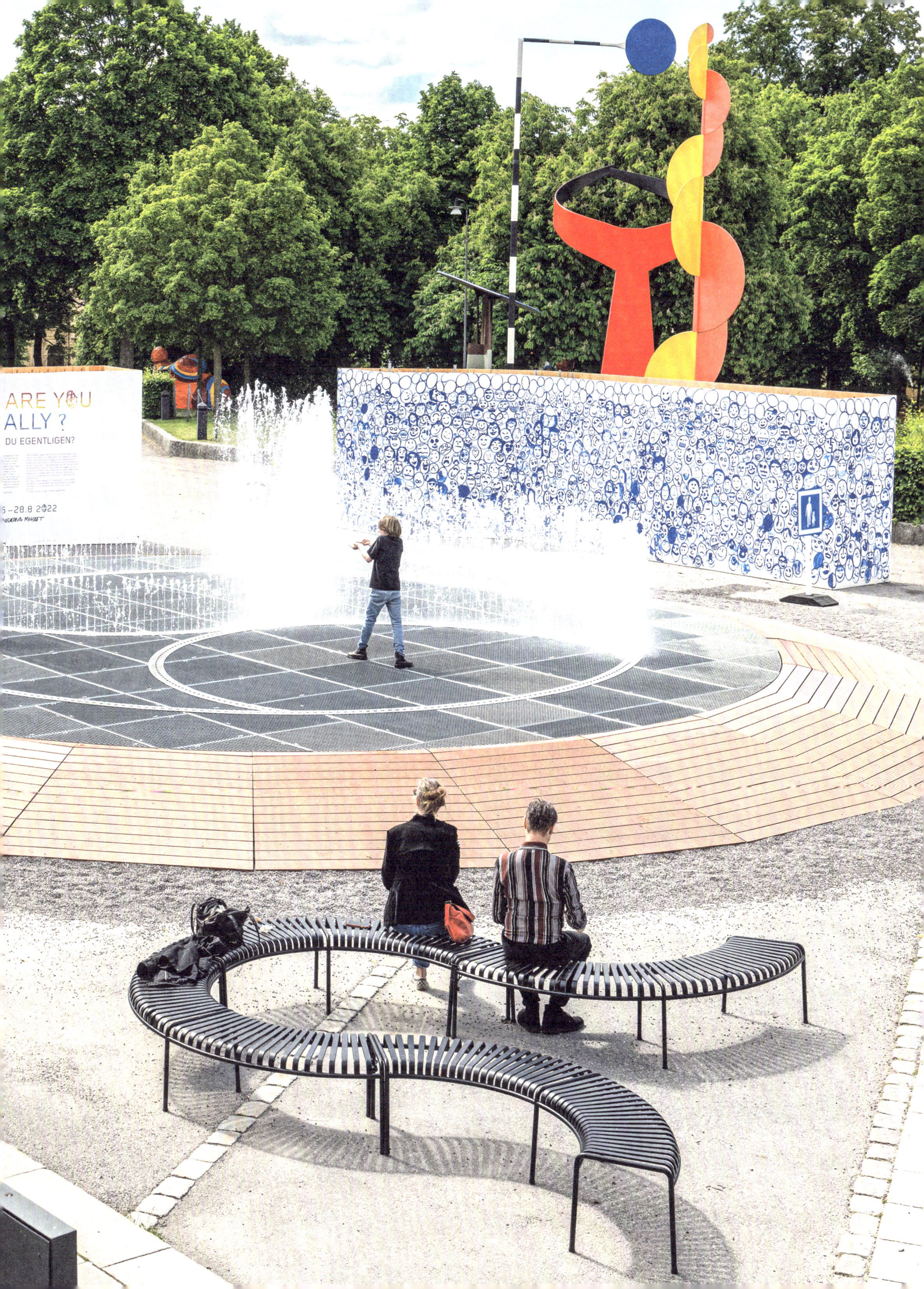
ARE YOU
ALLY ?
DU EGENTLIGEN?

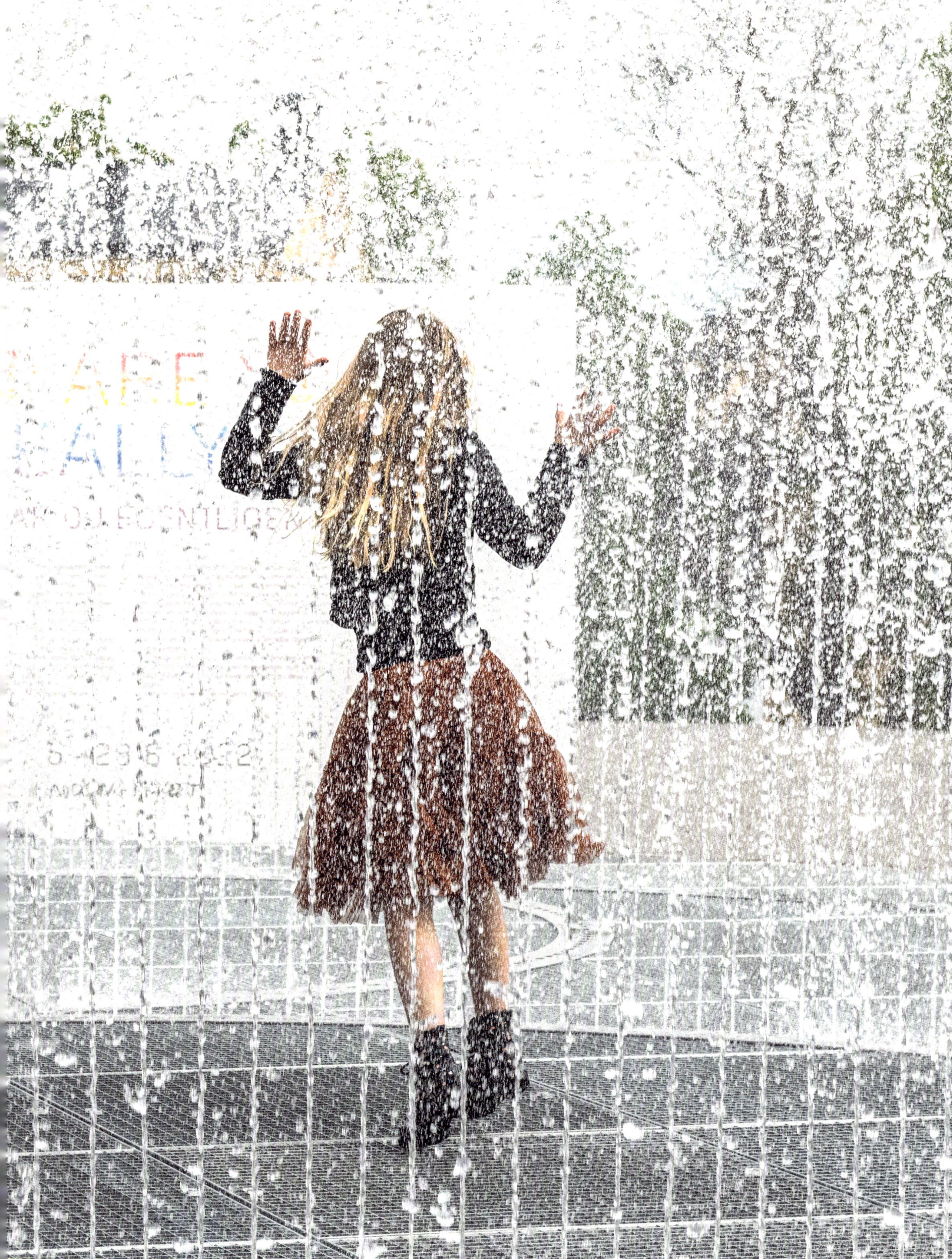

JEPPE HEIN

WHO ARE YOU REALLY ?

VEM ÄR DU EGENTLIGEN ?

MODERNA MUSEET

VERLAG DER BUCHHANDLUNG
WALTHER UND FRANZ KÖNIG

INNEHÅLL

CONTENTS

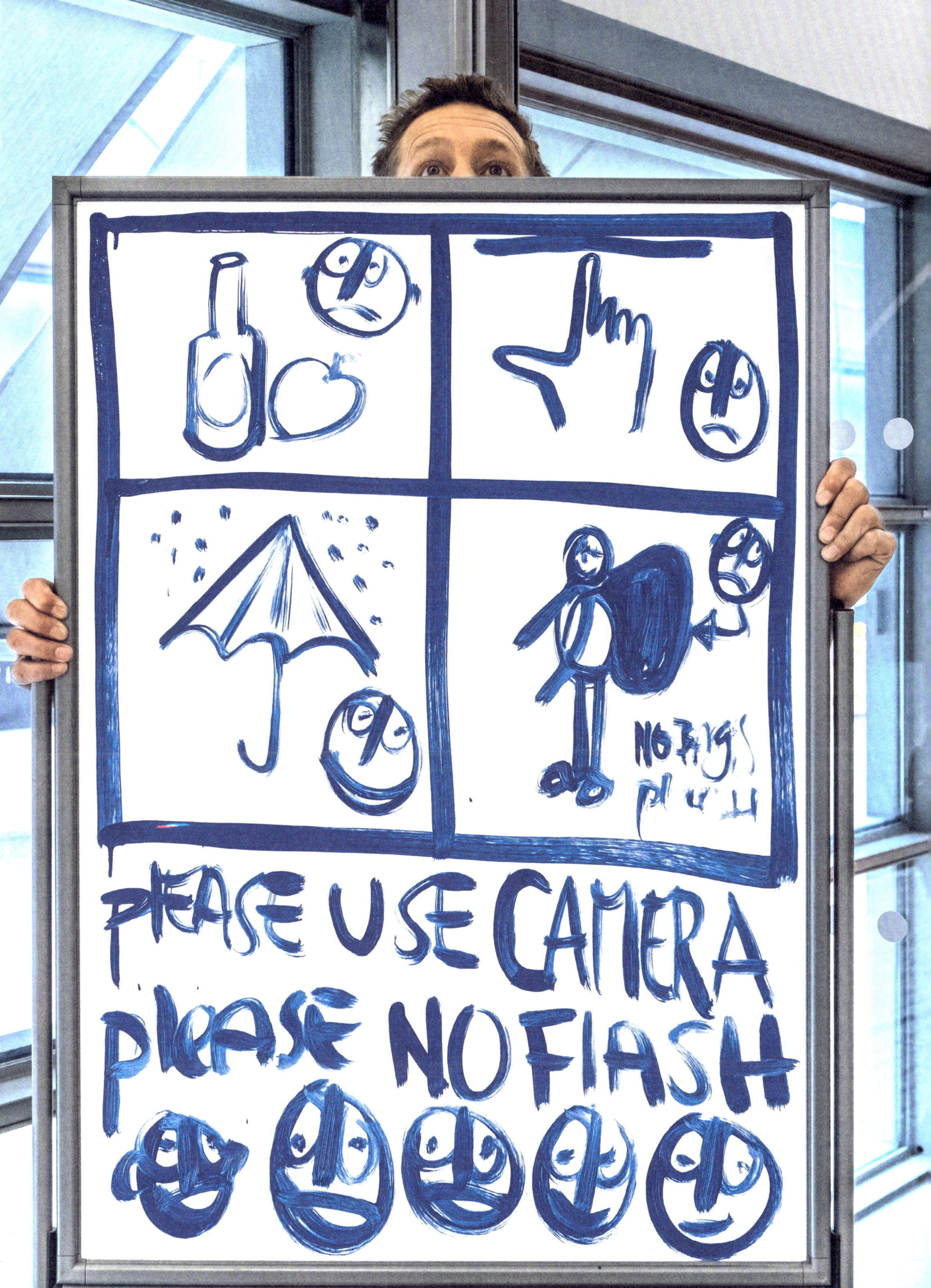

PLEASE USE CAMERA
PLEASE NO FLASH

FOREWORD

FÖRORD

Sommaren 2022 frågade Moderna Museet konstnären Jeppe Hein om han ville göra en utställning. Men han påtvingades två begränsningar. Han fick inte något på förhand avgränsat rum till sitt förfogande, och han fick inte transportera hit några konstverk. Det senare är en del av Moderna Museets strategi för hela 2022, då vi som ett möjligt svar på några av de stora frågor som klimatkrisen väcker inte transporterar konst till våra utställningar och därför i stället ber de konstnärer eller institutioner vi bjuder in att arbeta på plats. Jeppe Hein tog fasta på dessa begränsningar. Hans projekt börjar på platsen framför museets huvudentré och fortsätter i den långa, breda korridoren som leder besökarna till samlingspresentationen, där det finns fyra små rum. I stället för att installera verk har Jeppe Hein skapat *situationer*. Hans utställning bär titeln *Vem är du … egentligen?* och välkomnar publiken att interagera i de situationer som han orkestrerat, och som inte nödvändigtvis ger något slutgiltigt svar på den allomfattande frågan men i stället ger publiken en helt annan museiupplevelse, som bygger på tillit, mod och hängivelse.

Att gå utanför museiinstitutionens fastlagda ramar är en del av Moderna Museets arv. 1966 bjöd museet in Niki de Saint Phalle och Jean Tinguely att skapa ett verk på plats, och resultatet blev jätteinstallationen *Hon*: en enorm, stiliserad kvinnofigur vars sköte man fick gå in i om man

Moderna Museet invited the artist Jeppe Hein to make an exhibition in summer 2022, but with two restrictions. He was not assigned a space and no artworks could be transported. The latter is part of Moderna Museet's strategy for 2022. As a response to the many challenges of the climate crisis, no art will be shipped to our exhibitions this year. Instead, we are asking the artists and institutions we invite to work locally. Hein accepted these restrictions with gusto. His project extends from the plaza in front of the museum to the long, wide corridor leading to the permanent collection, with four small rooms inside. Instead of artworks, Hein has constructed *situations*. The exhibition with the title *Who are you … really?* invites visitors to interact in situations orchestrated by the artist. While it may not provide any definite answers to the title's universal question, the exhibition will offer visitors a completely different museum experience based on trust, dedication, and courage.

Transcending the established framework of the museum institution is part of our DNA. In 1966, Moderna Museet invited Niki de Saint Phalle and Jean Tinguely to create works on site. The result was *HON*, a giant, stylized female figure whose womb featured additional experiences for those who ventured inside. In 1968, the artist and activist Palle Nielsen set up *The Model*, a giant installation where children acted as co-creators, who could thereby reclaim

the museum space. Both of these radical works paved the way for Hein's challenging of the museum space in his very own way in 2022. With curiosity, sensitivity, aesthetic precision, and gentleness, he asks: Who are you really?
I would like to extend our warmest thanks to Jeppe Hein for taking up the challenge and making an exhibition where the *situation* itself is what stays with you. When this catalogue has long since been bleached by the sun and become brittle with time, the experience will remain. Thank you, Jeppe Hein, for answering our challenge with trust, dedication, and courage. I also extend our heartfelt thanks to the artist's studio in Berlin, in particular to Wiebke Petersen and Stephan Babendererde, whose enthusiasm made this exhibition possible. A big thank you to exhibition manager Olle Eriksson, without whose hard work there would be no exhibition. I want to thank my many accomplished colleagues who have invested themselves and their time in this extensive and painstaking effort, in particular the many museum hosts who have instructed visitors. For their contributions to this publication, I thank Peter Høeg and Finn Janning, as well as graphic designer Yvonne Quirmbach and managing editor Teresa Hahr and her team. Our sincerest gratitude to HAY and especially to KVADRAT for supporting an exhibition that dares to go new ways. Indeed, if art does not lead the way, who will?

Gitte Ørskou
Director

ville uppleva mer. 1968 installerade konstnären och aktivisten Palle Nielsen verket *Modellen*, även det en gigantisk skapelse, gjord tillsammans med barn, en installation där barnen kunde vara medskapare och på andra sätt *reclaima* museirummet, som man i dag skulle säga. Båda dessa radikala verk hör till de föregångare som gjort det möjligt för Jeppe Hein att 2022 utmana museirummet på sitt egensinniga sätt. Med nyfikenhet, känsla, estetisk ackuratess och ömhet ställer han frågan: Vem är du egentligen?
Jag vill rikta ett varmt tack till Jeppe Hein för att han antagit utmaningen och skapat en utställning där själva *situationen* är det som återstår för publiken. När den här katalogen för länge sedan blekts av solen och förmultnat av tidens tand är det denna erfarenhet som kommer att finnas kvar. Tack, Jeppe Hein, för att du gripit dig an denna utmaning med tillit, hängivelse och mod. Jag vill även varmt tacka Jeppe Heins ateljé i Berlin, särskilt Wiebke Petersen och Stephan Babendererde, vilkas entusiasm har varit en förutsättning för att utställningen kunnat bli till. Ett stort och varmt tack riktar jag också till utställningsproducenten Olle Eriksson, som har gjort ett fantastiskt jobb med att få utställningen på plats, och till mina många duktiga kolleger, som har lagt ner sin själ och sin tid på det omfattande och omsorgsfulla arbetet, särskilt alla de museivärdar som har instruerat besökarna. För deras bidrag till denna publikation vill jag rikta ett stort tack till författarna Peter Høeg och Finn Janning, samt till formgivaren Yvonne Quirmbach och till redaktionsansvariga Teresa Hahr med sitt team. Dessutom skulle jag vilja rikta ett stort tack till HAY och särskilt till KVADRAT för deras stöd till denna utställning som vågar gå nya vägar. Men om inte konsten tar på sig den rollen, vem ska då göra det?

Gitte Ørskou
Överintendent

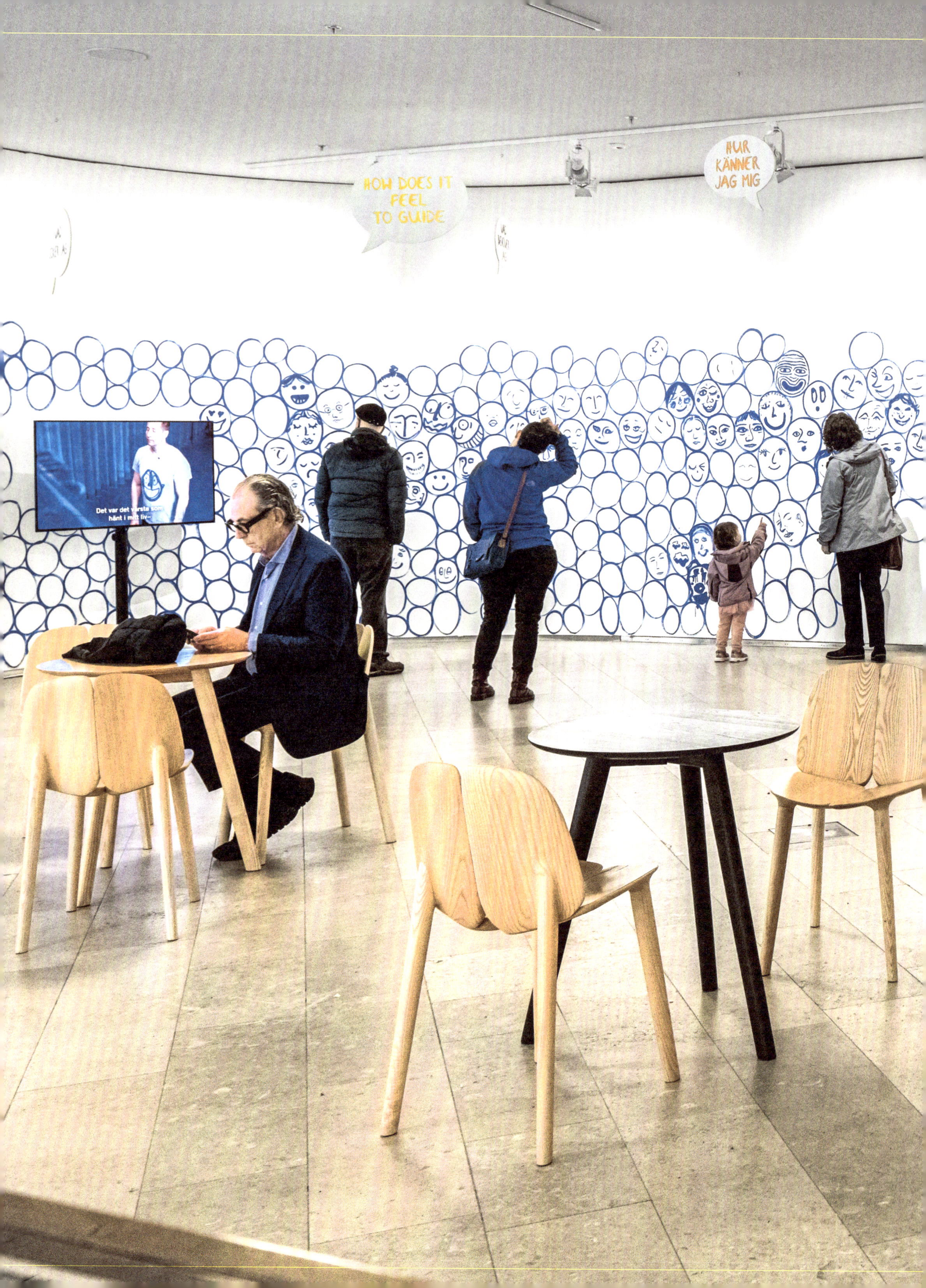
HOW DOES IT FEEL TO GUIDE
HUR KÄNNER JAG MIG

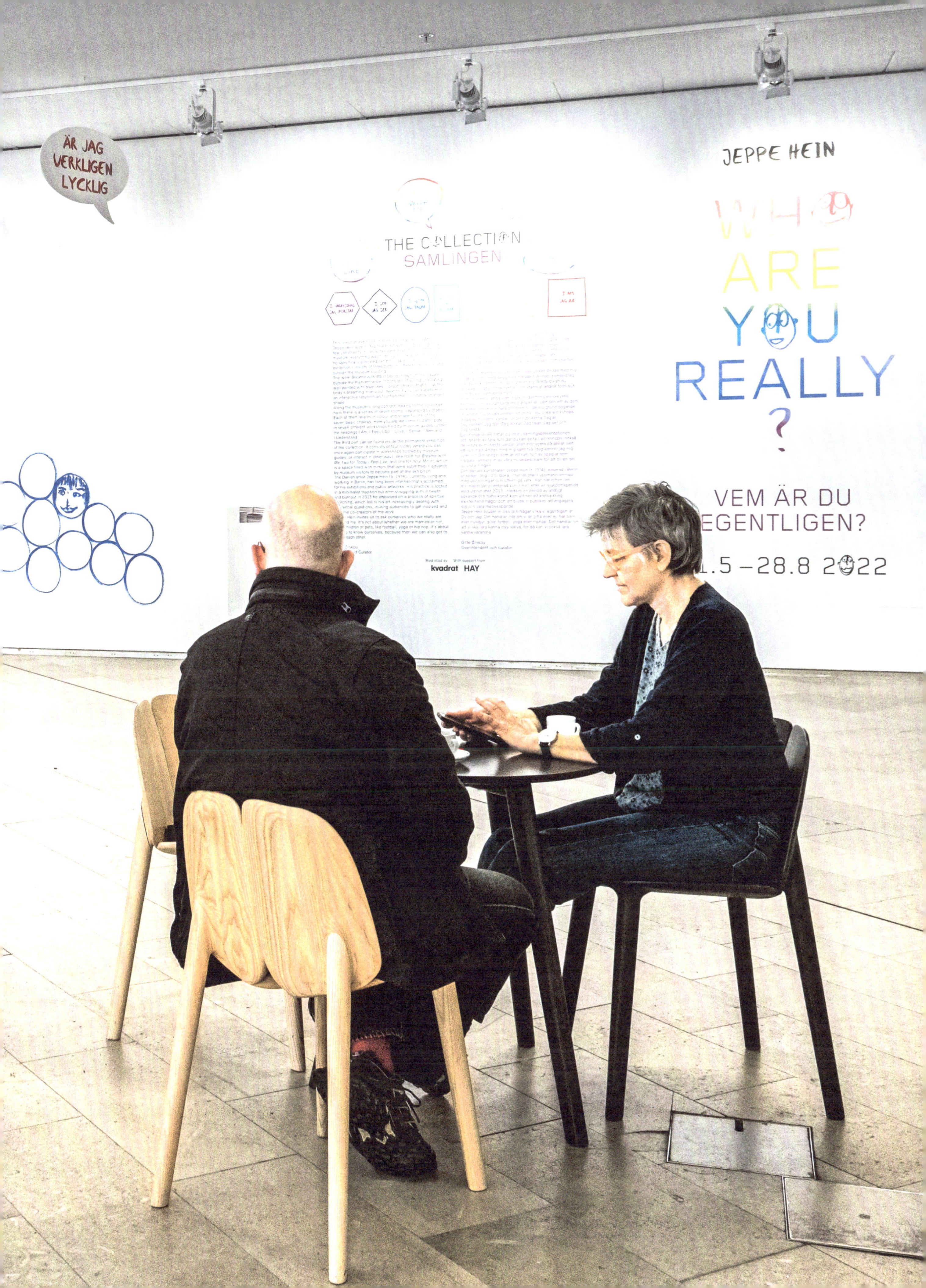
ÄR JAG VERKLIGEN LYCKLIG
THE COLLECTION
SAMLINGEN
JEPPE HEIN
WHO ARE YOU REALLY ?
VEM ÄR DU EGENTLIGEN?
1.5 – 28.8 2022
kvadrat HAY

Moderna Museets personal har bjudits in till entrén – intendenter, butiksassistenter, lokalvårdare, pedagoger, kockar och servitriser, ekonomiansvariga, säkerhetspersonal, för att nämna några – för att måla ett spontant självporträtt som visar hur de känner sig i dag. Genom att göra detta illustrerar de sin egen sinnesstämning och samtidigt sinnesstämningen hos hela den delen av personalen som för många besökare förblir osynlig.

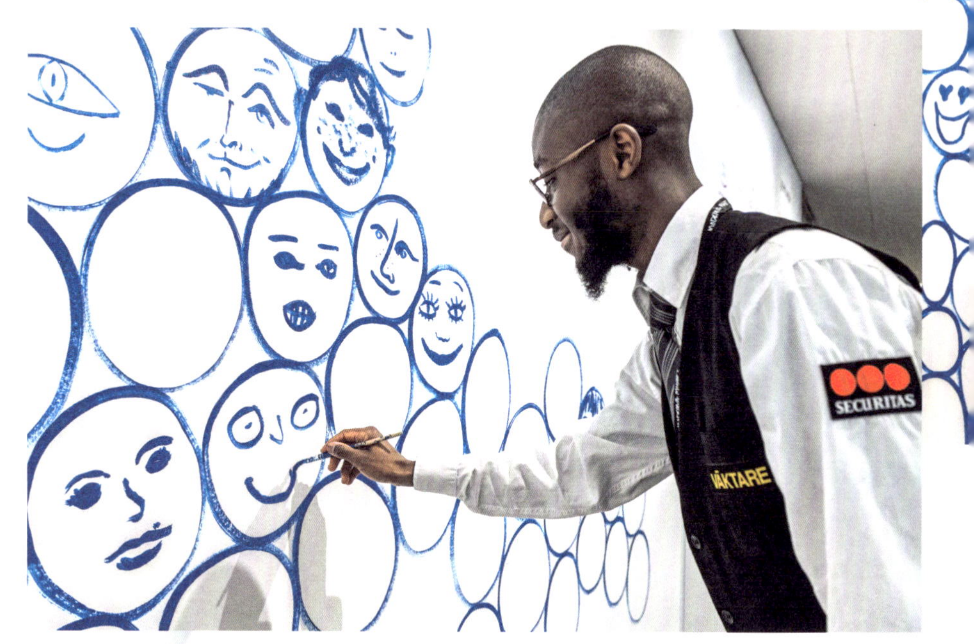

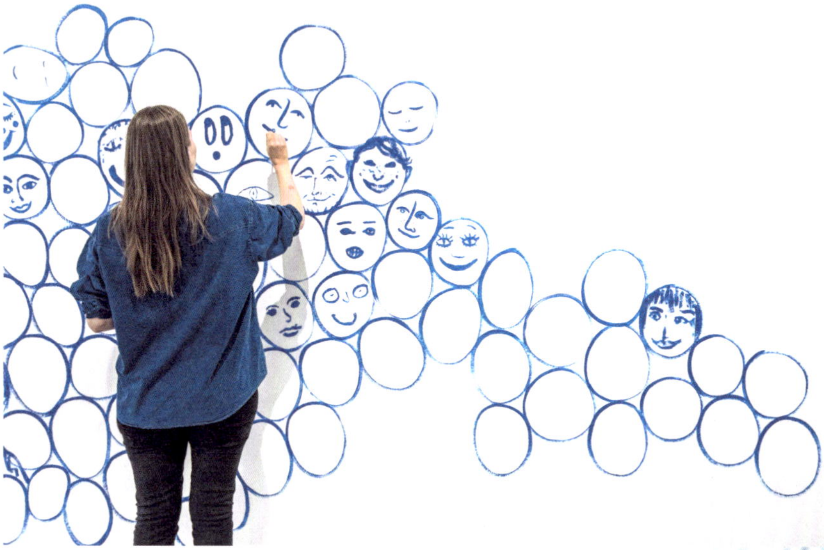

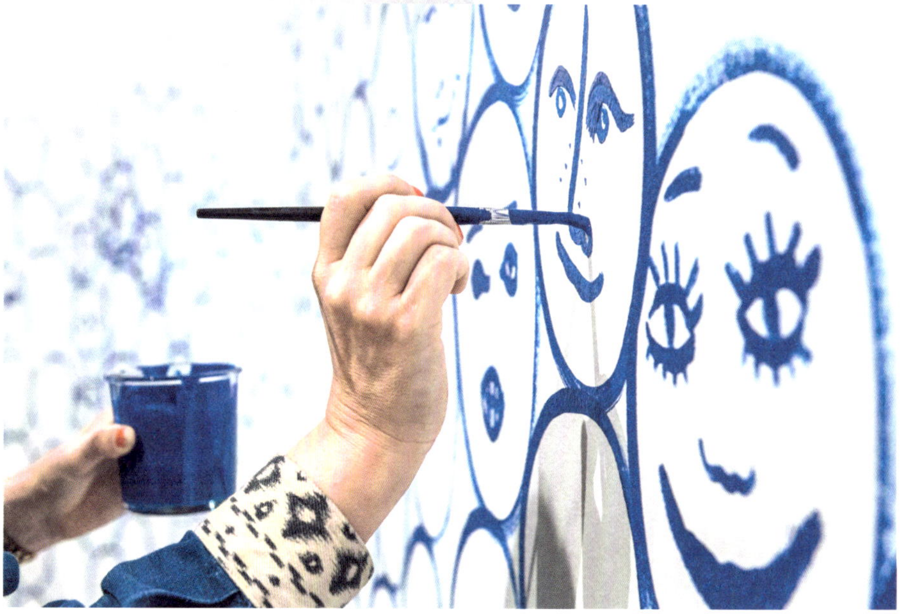

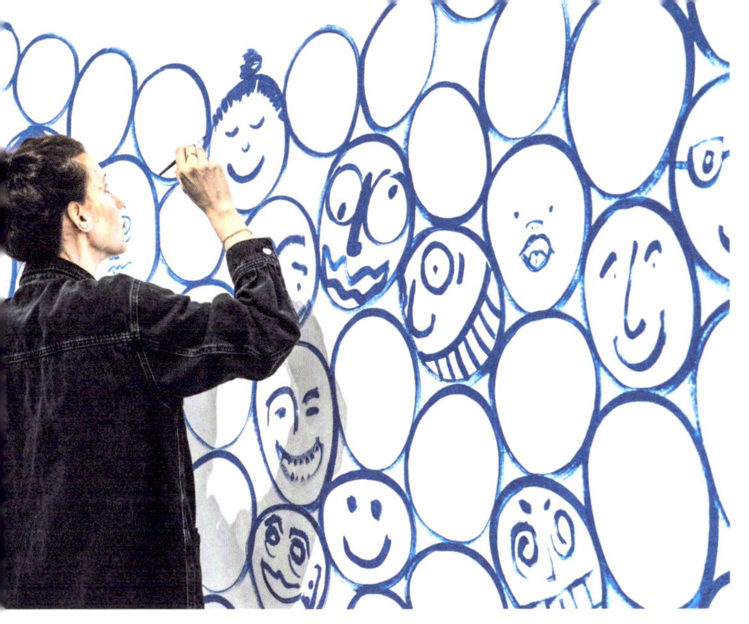

In Moderna Museet's foyer, the museum staff – curators, museum shop assistants, cleaners, educators, chefs and waitresses, accountants, security, just to mention a few – have been invited to paint a spontaneous self-portrait that illustrates how they feel. In doing so, they visualize their personal mood, and at the same time the mood of the entire team, most of whom remain invisible to visitors.

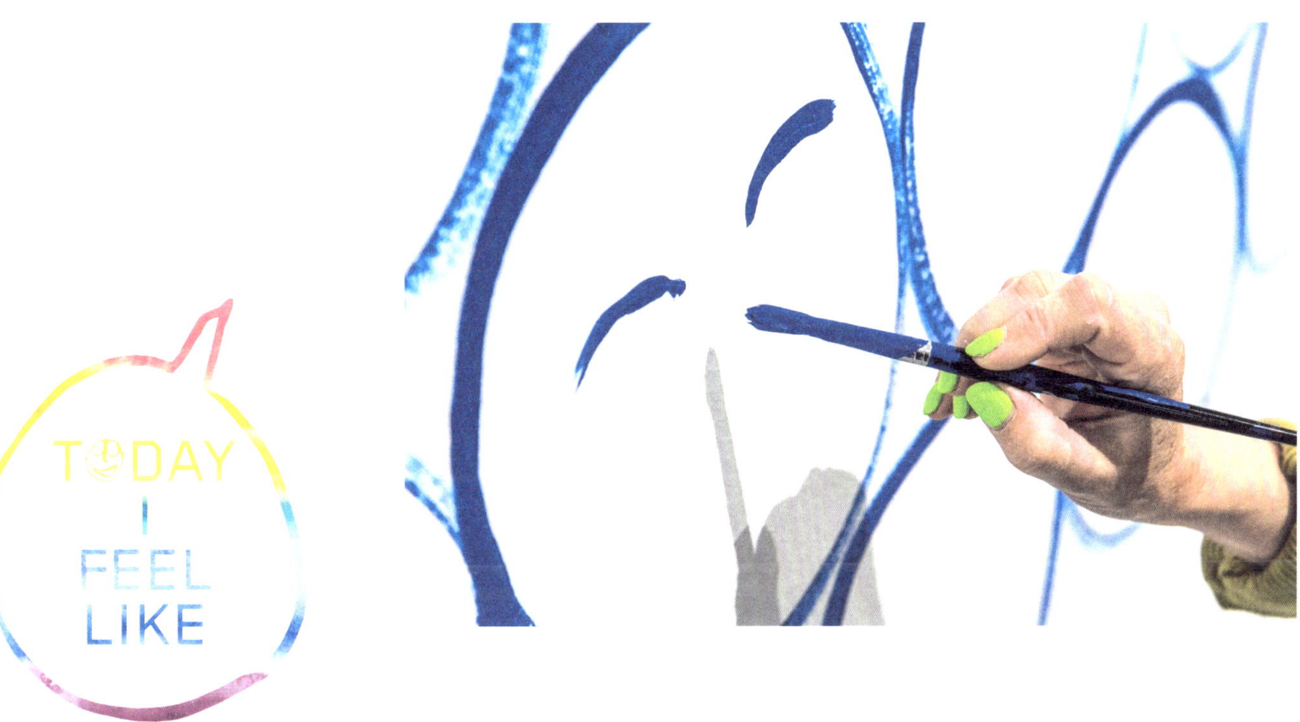

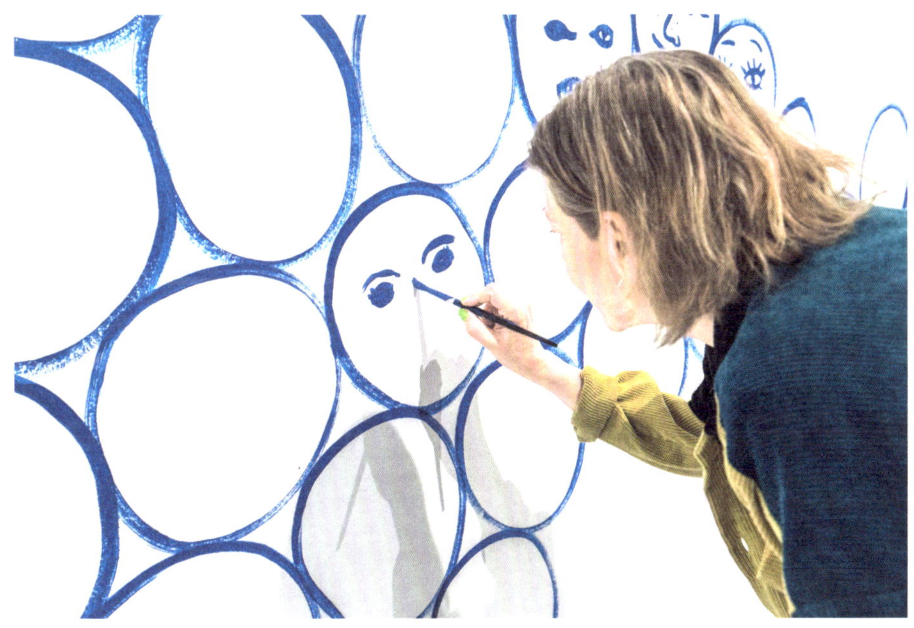

HÄNGIVELSE, TILLIT, MOD: OM JEPPE HEINS *VEM ÄR DU EGENTLIGEN?*

TRUST, DEDICATION, COURAGE: ON JEPPE HEIN'S *WHO ARE YOU REALLY?*

GITTE ØRSKOU

Platsen framför Moderna Museet är vanligtvis en platt asfaltyta vars enda funktion är att leda besökarna till museets ingång. Sommaren 2022 möts man emellertid av en något annorlunda syn. Långa, två meter höga väggytor buktar sig fram över platsen, och de vita ytorna täcks av lodräta, blåskimrande penselstreck som dragits olika högt upp och med varierande rytm. Det rör sig om projektet *Andas med mig* (*Breathe with Me*) av Jeppe Hein; ett projekt där museets besökare uppmanas att dra ett penselstreck som varar lika länge som ett andetag. Man får ställa sig framför en av ytorna med en pensel i handen. Andas in, fokusera, andas ut. På så sätt förmedlas spåret av ett ögonblicks lugn till omvärlden som taktila, fysiska gester. Bakom de många dukarna tornar en fontän upp sig, en så kallad vattenpaviljong, *Rymd i cirklar* (*Space in Circles*), som ständigt skiftar form. En vattenvägg reser sig för att sedan försvinna igen. En ny störtar fram och skvätter ner oss. Det tjuts, leks, skrattas, springs: människor som får uppleva hur det känns att ge kropp åt andetag innan de går in genom dörren till museet.

Vem är du ... egentligen? är titeln på den utställning som Jeppe Hein våren och sommaren 2022 håller på Moderna Museet och där man hälsas välkommen av *Andas med mig* och *Rymd i cirklar* redan innan man kommer in i museibyggnaden. Eller rättare sagt, det är ingen utställning i traditionell mening, eftersom konstnären ålagts vissa

Moderna Museet's front plaza is ordinarily a flat expanse of asphalt, whose sole function is to lead visitors to the museum's entrance. In summer 2022, museum-goers are greeted by an altogether different sight: sections of two-metre-high panels snaking across the plaza, their white surfaces filled with vertical, bright blue brushstrokes applied at different heights and with varying rhythms. Jeppe Hein's *Breathe with Me* invites visitors to leave a brushstroke lasting the length of a breath. As you position yourself before the panel, brush in hand: breathe in, focus, breathe out. After this moment of calm, the traces of the gesture are shared with the world as tactile, physical presences. Behind the many panels, a fountain appears, a water pavilion, *Space in Circles*, that is constantly changing shape. A wall of water rises and disappears again. A new one leaps up, soaking bystanders. There is squealing, playing, laughing, running. You experience being a breath, a body, before you walk in the door of the museum.

Who are you ... really? is the title of Hein's exhibition at Moderna Museet in spring and summer 2022. *Breathe with Me* and *Space in Circles* greet us before we even enter the museum. Clearly, this is not an exhibition in the conventional sense. The artist was given the restriction that no artworks could be transported to the exhibition. Moreover, he was not assigned an exhibition space. In response, he elected to intervene in the building and the

permanent collection, creating encounters for visitors that put interaction front and centre instead of making us passive viewers of an artwork.
Jeppe Hein (b. 1974) has exhibited all over the world for the past 20 years, creating a large number of permanent works and exhibitions increasingly involving the viewer in concrete ways. Since 2013, Hein's art has acquired a spiritual dimension. After a burnout, the artist set out on a personal, spiritual journey that he has incorporated into his art, which insistently reaches out to the viewer and requests our attention. Asking "Who are you really?", Hein dares visitors to the museum to interact with the situations he sets up.
Another section of the exhibition is located in the long corridor leading to the permanent collection. In this space, Hein has installed a series of seven rooms, shaped and coloured according to the seven chakras, used in yoga, inviting visitors to perform small exercises, assisted by museum staff. The seven rooms are titled, respectively, *I Am*, *I Feel*, *I Do*, *I Love*, *I Speak*, *I See*, and *I Understand.* Softly carpeted and divided by semi-transparent fabric, the rooms are open for interaction. The third part of the exhibition consists of four rooms located in the permanent collection, where we are encouraged to take part in workshops. *Breathe with Me* reappears there, as does a workshop inviting us to paint faces on the wall according to the premise *Today I feel like* ... A large installation, *Your Mirror*, is made up of mirrors loaned by museum-goers for the duration of the exhibition. While the mirror as a material has long been a part of Hein's artistic vocabulary, the restriction against transporting artworks allowed for a different kind of gesture. Visitors actively choose to take a mirror off the wall and bring it to the museum, where it hangs among a cacophony of mirrors. What happens to you in the process of making that decision, gesture, and movement? What happens when you see yourself in someone else's mirror? These are questions asked of visitors to *Who are you ... really?*

Hein's art tends to affect us physically. While the Minimalist tradition constitutes the backdrop for his work, especially his early work, his art unfolds in the situations he orchestrates rather than in physical manifestations. In works like *Breathe with Me*, which has been installed the world over, including at the UN Headquarters and in Central Park in New York, and the many water pavilions that have appeared around the globe, the artist has left his mark in recent years, sparking life at the sites of his interventions. For Hein, the artwork is not a self-contained entity. Constantly and insistently, the artwork reaches out to the world around it – boldly and, notably, without compromising the art experience. His works continually push the limits of what art can do. But not for the sake of provocation. On the contrary, they

hinder: dels fick han inte transportera några konstverk till museet, dels fick han inget utställningsrum. Jeppe Heins lösning blev att göra interventioner i både byggnaden och samlingen och skapa möten med publiken som sätter samspelet i centrum i stället för att låta publiken vara passiva betraktare av verk.
Jeppe Hein (f. 1974) har under de senaste tjugo åren haft utställningar över hela världen. Han har skapat en lång rad permanenta verk och utställningar som i allt högre grad har involverat publiken i bokstavlig mening. Sedan 2013 har Jeppe Heins konst haft en andlig dimension. Efter att ha bränt ut sig inledde han ett andligt sökande som han införlivade med sin konst, där han ständigt dristar sig att söka kontakt med betraktaren och be om uppmärksamhet. Genom att ställa frågan "Vem är du egentligen?" hoppas Jeppe Hein att museets besökare ska våga förhålla sig till de situationer han iscensätter.
Utställningens andra del finns i museets långa korridor, som bildar ingång till samlingspresentationen. Här har Jeppe Hein installerat en serie av sju rum som färg- och formmässigt anknyter till de sju chakran som används inom yogan och där man är välkommen att delta i mindre övningar ledda av museets värdar. De sju rummen, som har rubrikerna *Jag är*, *Jag känner*, *Jag gör*, *Jag älskar*, *Jag talar*, *Jag ser* och *Jag förstår*, är skapade av halvgenomskinligt material och har mjuka mattor, och man kan interagera med dem om man vill. Utställningens tredje del består av fyra rum inne i samlingspresentationen. I dessa rum uppmanas vi att delta i workshoppar. Här återkommer *Andas med mig*, och likaledes en workshop där vi uppmanas att rita ansikten på väggen med utgångspunkt i ledorden *I dag känner jag mig som ...* (*Today I feel like ...*). *Din spegel* (*Your Mirror*) är en stor installation som består av speglar som museibesökarna själva har lånat ut. Spegeln som material har länge ingått i Jeppe Heins konstnärliga vokabulär, men begränsningen att han inte fått transportera verk har skapat utrymme för en annan sorts gest. Som besökare väljer man aktivt att ta med sig en spegel och bära den till museet, där den sedan får hänga i en kakofoni av speglar så länge utställningen pågår. Vad händer med en människa i denna beslutsprocess, denna gest, denna rörelse? Vad händer när vi ser oss själva i någon annans spegel? Det är frågor som dessa besökaren möts av på utställningen *Vem är du ... egentligen?*

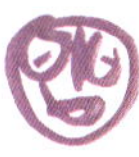 

Jeppe Heins verk har en benägenhet att sätta sig i kroppen på betraktaren. Även om den minimalistiska traditionen kan sägas utgöra en klangbotten för hans arbete, särskilt i de tidiga verken, utspelas hans konst snarare i de situationer han iscensätter än i de fysiska gestaltningarna. Med verk som *Andas med mig*, som uppförts över hela världen, bland annat i FN:s högkvarter och i Central Park i New York, och de många vattenpaviljonger man har kunnat möta på

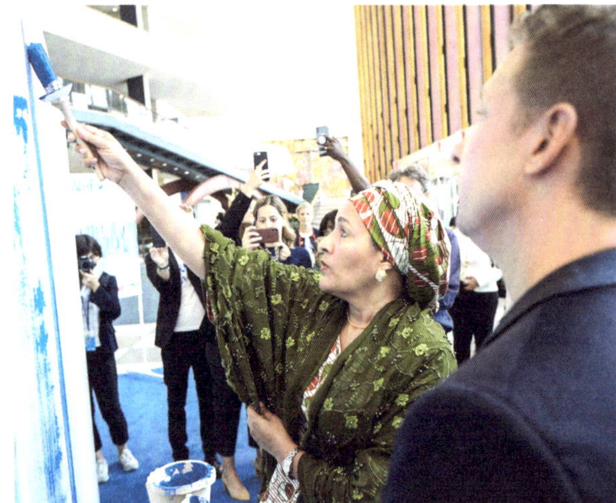

Breathe with Me, an art project by Jeppe Hein and ART2030
ett konstprojekt av Jeppe Hein och ART2030.

Left: UN Deputy Secretary-General Amina J. Mohammed and Jeppe Hein at the UN Headquarters.
Vänster: FN:s vice generalsekreterare Amina J. Mohammed och Jeppe Hein i FN:s högkvarter.
Below: Installation view, Central Park, New York, 2019.
Nedan: Installationsbild, Central Park, New York, 2019.

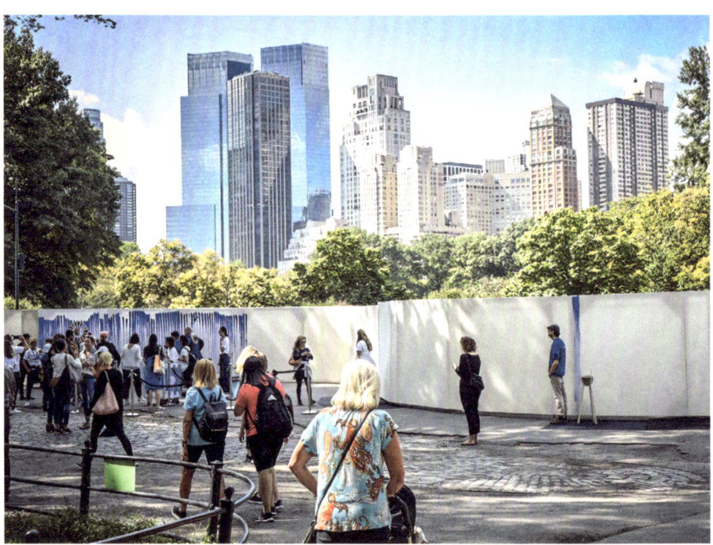

olika platser jorden runt, har han på senare år gjort avtryck och skapat liv där han har genomfört sina interventioner. Hos Jeppe Hein är konstverket inte en sluten, oberoende enhet. Verket träder konstant och oförtröttligt i förbindelse med omvärlden, djärvt och oförväget och märk väl utan att kompromissa med konstupplevelsen. Hans verk överskrider ständigt gränserna för vad konstverket förmår. Men inte för provokationens skull. Tvärtom väcker de snarare vår tillit för att sedan uppvisa en helt ny, kommunicerande och aktiverande sida vars viktigaste funktion är att sätta i gång någonting inom *oss*.

Att betraktaren är det kanske viktigaste materialet för konstnären kan låta en aning banalt, för är det inte alla konstnärers plikt att tänka verket som en del av världen och därmed de människor som möter det? I Jeppe Heins fall har detta dock fått ett synnerligen fysiskt resultat. När man som besökare själv får välja en tibetansk klangskål med en särskild färg, och låta en mjuk gummihammare röra sig längs dess kant så att vibrationerna får färgen att skvätta upp och avsätta spår på ett papper – ja, då är man i högsta grad ett aktivt, handlande subjekt som själv skapar verket, vilket endast orkestreras av de material och den vägledning som konstnären ställt till förfogande. Konstnären blir här den som sätter ramarna och drar upp riktlinjerna för ett deltagande, och däri består den konstnärliga interventionen.

I mötet med Jeppe Heins verk upplever man att man *själv*

engender our trust to reveal a whole new communicative and activating aspect, whose main purpose is prompting something in *us*.

That the viewer is the artist's most important material may sound a bit trite, for is it not the lot of any artist to conceive the work as part of the world, including those who encounter it? In Hein's case, this has led to a decidedly physical outcome. When museum-goers are encouraged to choose a Tibetan singing bowl with a specific colour of paint, and move a rubber mallet along the inside rim to create a vibration that causes the paint to spill out and leave marks on a sheet of paper – well, that makes you an active subject creating the artwork, orchestrated only by the materials and guidance provided by the artist. The artist here becomes a frame-setter, devising opportunities for participation. Herein lies the artistic intervention.

Encountering Hein's work gives you the experience of shaping your world *yourself*. The complex awareness of the relationship between a person and the world becomes, in Hein's art, a direct and immediate sensory experience, apprehended intuitively rather than intellectually. When you find yourself in the middle of Hein's fountain, intellectual reasoning is not the most pressing response. The body reacts spontaneously and instinctively to the wonder of the work, and only later does circumspection kick in. The experience of shaping your own worldview heightens your

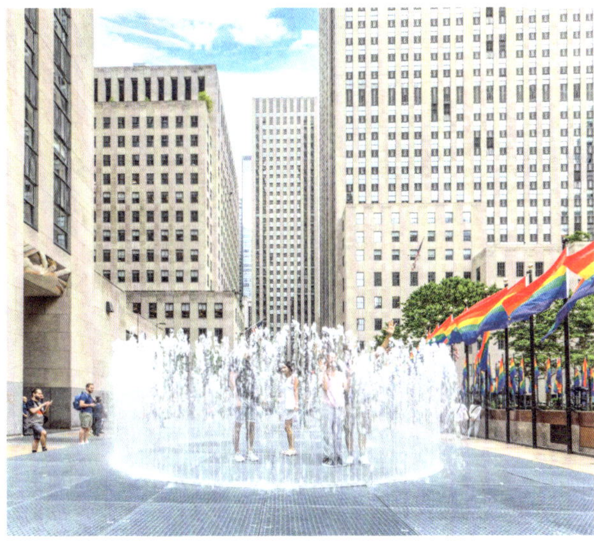

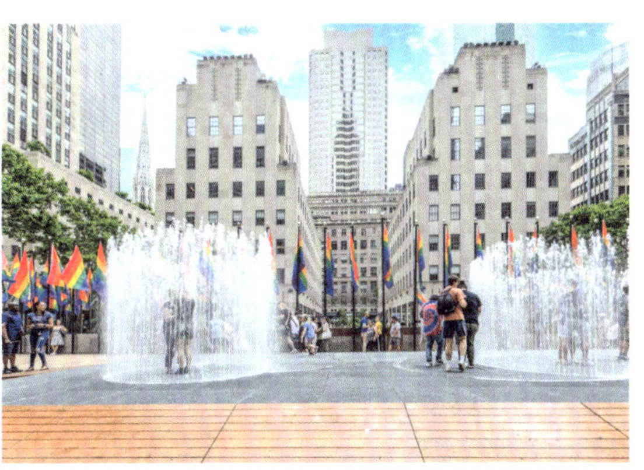

Changing Spaces,
Rockefeller Center,
New York, 2022.

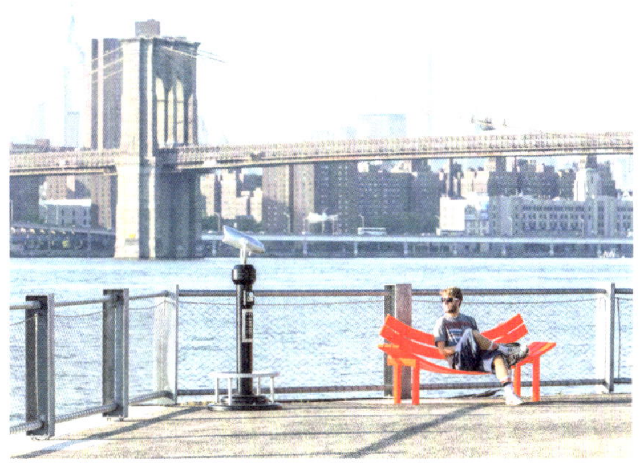

Modified Social Bench NY #11,
Brooklyn Bridge Park, New York, 2015.

awareness of being in the world. In Hein's art, the complex awareness of your body interacting with and shaping the world around you becomes a direct, sensory experience, growing out of the immediate interaction of body and space.

Never self-contained, Hein's art has always been based on and related to the viewer. While, in the first years of his practice, the viewer was mainly considered a body interacting with and triggering artworks via sensors, a greater understanding has crept into his work that the viewer not only senses and perceives, but is a feeling, reacting person. With the heightened focus on spirituality and the process, the viewer whom Hein relates to in *Who are you ... really?* is so much more than just a body. The category of "viewer" has been completely eliminated in favour of "participant". As listed in the exhibition, *I Am, I Feel, I Do, I Love, I Speak, I See*, and *I Understand* also signal a recognition towards an enhanced focus on being human in the world. In its simplicity, the sentence *I Am* contains the complexity of life. Asking for the ultimate trust from the viewer, who, entering the space, is turned into a participant, Hein takes art to a new place.

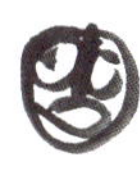 

formar sin värld. Den komplicerade medvetenheten om förhållandet mellan människan och världen blir hos Hein en direkt och omedelbar sinneserfarenhet som man snarare uppfattar intuitivt än intellektuellt. När man står mitt i hans fontän är det inte i första hand den intellektuella reflektionen som gör sig påmind. Kroppen reagerar spontant och instinktivt på verkets förunderlighet, och eftertanken kommer inte förrän efteråt. Upplevelsen av att man själv formar sin världsbild skärper uppmärksamheten på det egna varat i världen. Den komplicerade medvetenheten om att man med sin kropp ingår i och är med och skapar omvärlden blir hos Jeppe Hein en direkt sinneserfarenhet som vuxit fram ur det omedelbara samspelet mellan kropp och rum.

Jeppe Heins konst har aldrig varit sluten i sig själv, utan har alltid utgått från och förhållit sig till betraktaren. Under hans första verksamma år sågs betraktaren mest som en kropp som kunde interagera med och via sensorer sätta i gång verken, men på senare år har det smugit sig in en större förståelse för att betraktaren inte bara anar och förnimmer, utan också är en människa som känner och reagerar. Ett större fokus på andlighet och processer tycks ha vuxit fram, och därför är den betraktare som Jeppe Hein förhåller sig till i *Vem är du ... egentligen?* mycket mer än bara en kropp. Kategorien "betraktare" är helt utplånad till förmån för "deltagaren". *Jag är, Jag känner, Jag gör,*

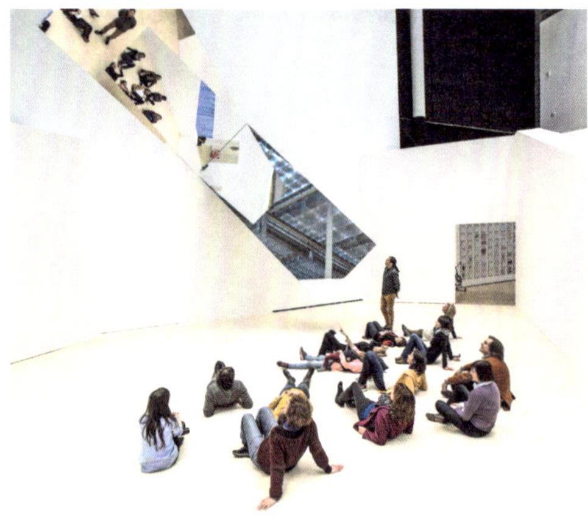

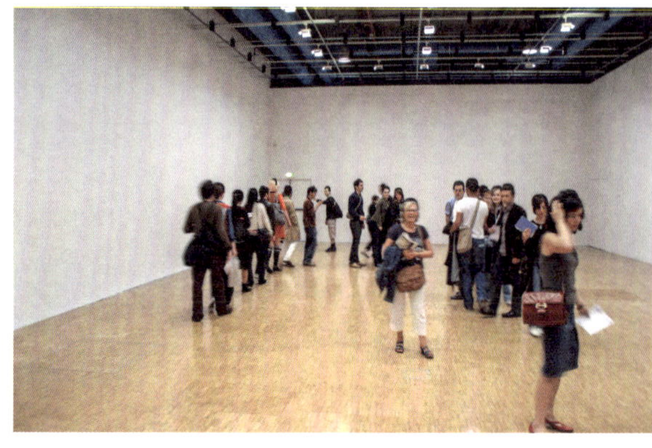

Top left Övre vänster:
360° Illusion III, 2007.
Bottom left Nedre vänster:
Bear the Consequences, 2003.
Top right Övre höger:
Invisible Labyrinth, 2005.
Bottom right Nedre höger:
Please do not touch the artwork, 2003.

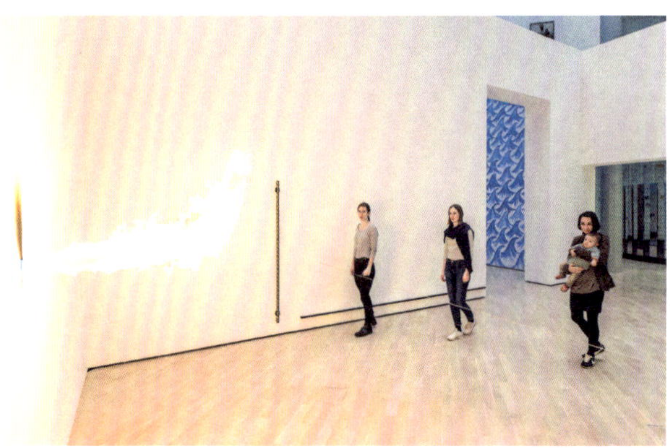

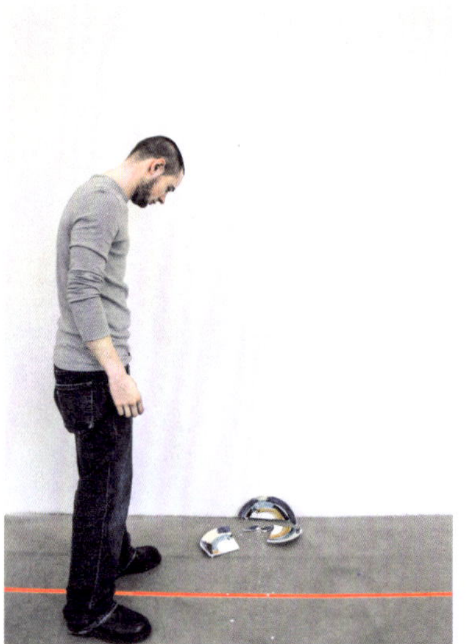

Jag älskar, *Jag talar*, *Jag ser* och *Jag förstår*, signalerar ju samtidigt en kunskapsprocess i riktning mot ett allt skarpare fokus på det mänskliga varat i världen. Frasen *Jag är* rymmer i all sin enkelhet tillvarons komplexitet. Genom att kräva maximal tillit av betraktaren, som genom att gå in i rummet förvandlar sig till deltagare, har Jeppe Hein tagit konsten till en ny nivå.

Jeppe Heins uppgörelse med ett fastlåst konstbegrepp kunde iakttas redan tidigt i det han gjorde, exempelvis i det verk som bär den försåtliga titeln *Var god vidrör ej konstverket* (*Please do not touch the artwork*) från 2003 – ett verk där en ensam keramikplatta som hänger på en vägg tvärt faller till golvet i samma stund som betraktaren kommer nära den. I bästa Mr Bean-stil ser sig betraktaren omkring, oerhört besvärad av den uppkomna situationen, ända tills hon kommer in i nästa rum, där de många sönderslagna plattorna från tidigare besök limmats ihop och hängts upp på väggen. Konstverket, alltså det kanoniserade, definierade konstverket, är inte plattan på väggen utan den situation som uppstår. Humor blandas här med kritisk reflektion över konstverkets historiskt upphöjda position. Inte heller i det tidiga verket med den lakoniska titeln *Ta konsekvenserna* (*Bear the Consequences*) (2003), som 2003 ställdes ut på

Hein's reckoning with an entrenched concept of art was evident in his practice early on. In the treacherously titled *Please do not touch the artwork* (2003), a lone ceramic plate on the wall abruptly crashes to the floor the moment a viewer approaches it. Like a regular Mr. Bean, the viewer looks around, mortified, before entering the next room where all the broken plates triggered by previous visitors have been glued back together and hung on the wall. The artwork, the canonized, defined artwork, is not the plate on the wall but the situation that arises, in this case mixing humour with critical reflection on the historically elevated role of the artwork. Another early piece, the concisely titled *Bear the Consequences* (2003), exhibited at Brändström & Stene gallery in Stockholm in 2003, likewise does not leave us alone. The work features a small gas flame emerging from the end wall of a room. As you approach the flame, it grows bigger, more aggressive and uncontrollable, until, after peaking, it recedes. Again, the flame is not the artwork. The art experience emerges from the conflicting feelings of curiosity and fear that are awakened in us when we cannot resist taking another small step towards the not-entirely-harmless flame.
For Hein, art exists in the imaginary, in the viewer's imagination and consciousness. *Invisible Labyrinth*, a 2005 installation at the Centre Pompidou in Paris, existed exclusively in the visitors' imagination. Every time someone

walked into an invisible wall made of infrared signals, a vibrating alarm went off in their headsets. The result was people tiptoeing around, daunted, tittering, in a big empty room, where the very invisibility of the labyrinth made it exceedingly palpable.

Hein's works lend a both charming and maladapted presence to their sites. Over the years, he has created mobile walls and benches that slide back and forth, large balls with motors and detectors that roll along behind visitors. He is known for a variety of *Modified Social Benches* in public spaces that require an unstable physical approach, curving in shapes that challenge our ways of using benches. He has made a great number of mirror sculptures that turn the world upside down. What all his works have in common is that they, quite literally, physically affect those who interact with them.

 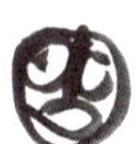

With *Who are you ... really?*, Hein is taking another step towards the viewer, with whom his artistic work longs to merge. The exhibition can be seen as the culmination of an art practice that in recent years has increasingly insisted on reaching out to us, the sensing subjects, simply asking for our trust. Not seductively or ingratiatingly, but in an upstanding, watchful, calm manner, Hein's recent work has increasingly dismantled the artwork as a concrete category and instead insisted that art is about people. Essentially, it is about trust. Trust that viewers are willing to open their minds. That the museum is prepared to cede its authority and instead meet its audience with curiosity and openness. Only when we trust that engaging with the world around us takes dedication and courage can we be transported to new places and perhaps, for a while, dare ponder the question: "Who are we, really?"

Gitte Ørskou is the director of Moderna Museet since 2019. She has previously been director of Kunsten Museum of Modern Art Aalborg and chief curator at ARoS Aarhus Kunstmuseum.

Gitte Ørskou är sedan 2019 överintendent vid Moderna Museet. Hon har tidigare varit chef för konstmuseet Kunsten Museum of Modern Art Aalborg och chefscurator vid ARoS Aarhus Kunstmuseum.

galleri Brändström & Stene i Stockholm, lämnas vi i fred. I verket slår en liten gaslåga ut från den bortre väggen i ett rum. När vi närmas oss lågan blir den större och större, mycket aggressivare och svårare att kontrollera, tills den, när den är som störst, krymper ihop. Återigen är det inte lågan som är konstverket. Konstupplevelsen uppstår ur alla de motstridiga känslorna av nyfikenhet och rädsla som väcks hos oss när vi trots allt inte kan låta bli att ta bara ett pyttelitet steg fram mot den inte helt ofarliga lågan.

Konsten finns för Jeppe Hein i det imaginära, alltså i betraktarens egen fantasi och föreställning. Installationen *Osynlig labyrint* (*Invisible Labyrinth*) från 2005, som ställdes ut på Centre Pompidou i Paris, var just som titeln anger en osynlig labyrint, och den uppstod uteslutande i publikens fantasi. Varje gång de steg in mellan labyrintens osynliga väggar, som skapats av infraröda signaler, ljöd ett vibrerande alarm i hörlurarna. Resultatet blev att besökarna trippade försiktigt, överrumplade, lite rädda och skrattande i ett stort, tomt rum – ett rum där just labyrintens osynlighet gjorde den synnerligen närvarande.

Med en både charmig och oberäknelig närvaro infogar sig Jeppe Heins verk i sina miljöer. Hein har under årens lopp skapat rörliga väggar och parkbänkar som både ryker och viner fram och tillbaka. Han har skapat jättelika kulor som med hjälp av motorer och detektorer rullar omkring i hälarna på publiken. Han är känd för sina många *Modifierade sociala bänkar* (*Modified Social Benches*) i offentlig miljö som kräver ett annorlunda fysiskt förhållningssätt, eftersom de buktar sig i alla möjliga former som trotsar vårt sätt att använda en bänk. Han har skapat en lång rad spegelskulpturer som ställer världen på ända. Alla hans verk har det gemensamt att de i bokstavligaste mening sätter sig i kroppen på de människor som upplever dem.

Med *Vem är du ... egentligen?* tar Jeppe Hein ytterligare ett steg mot den betraktare som hans konstnärliga arbete när en längtan efter att förenas med. Utställningen kan ses som en kulmen på en konstnärlig praktik som alltmer har propsat på att vända sig till oss som förnimmande subjekt och helt enkelt be om vår tillit. Inte på något förledande eller insmickrande sätt, utan rakryggat, vaksamt och lugnt har Jeppe Hein i sitt arbete under de senaste åren i allt högre grad demonterat verket som konkret kategori och i stället insisterat på att konst handlar om människor. Det handlar i grunden om tillit. Tilltro till att betraktaren vågar öppna sina sinnen. Tilltro till att museet vågar släppa sin auktoritet och i stället möta publiken med nyfikenhet och öppenhet. Bara om vi i mötet med vår omgivning har tillit, hängivelse och mod kan vi komma någon vart och kanske, för ett ögonblick, våga fundera över frågan: "Vilka är vi, egentligen?"

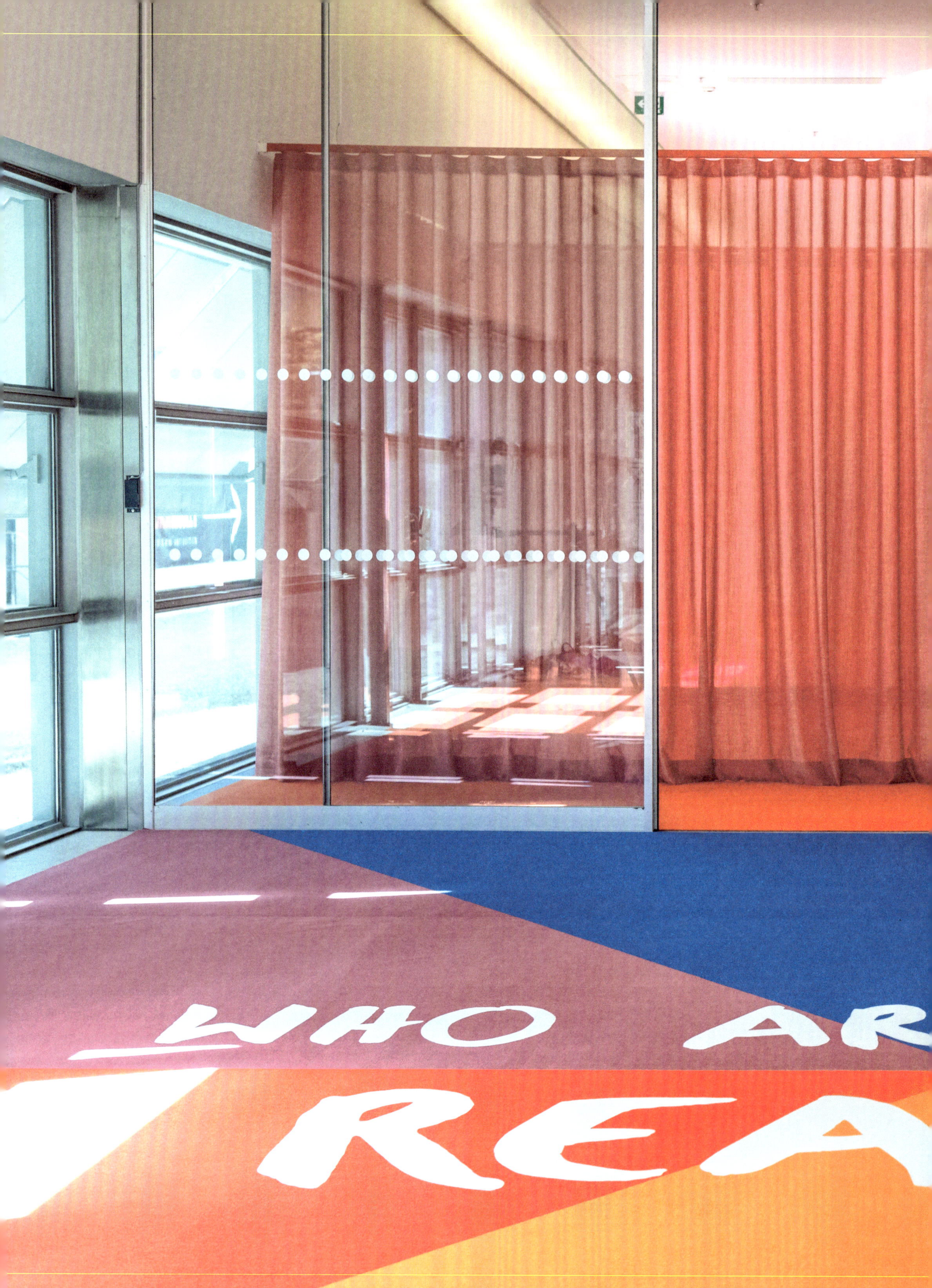

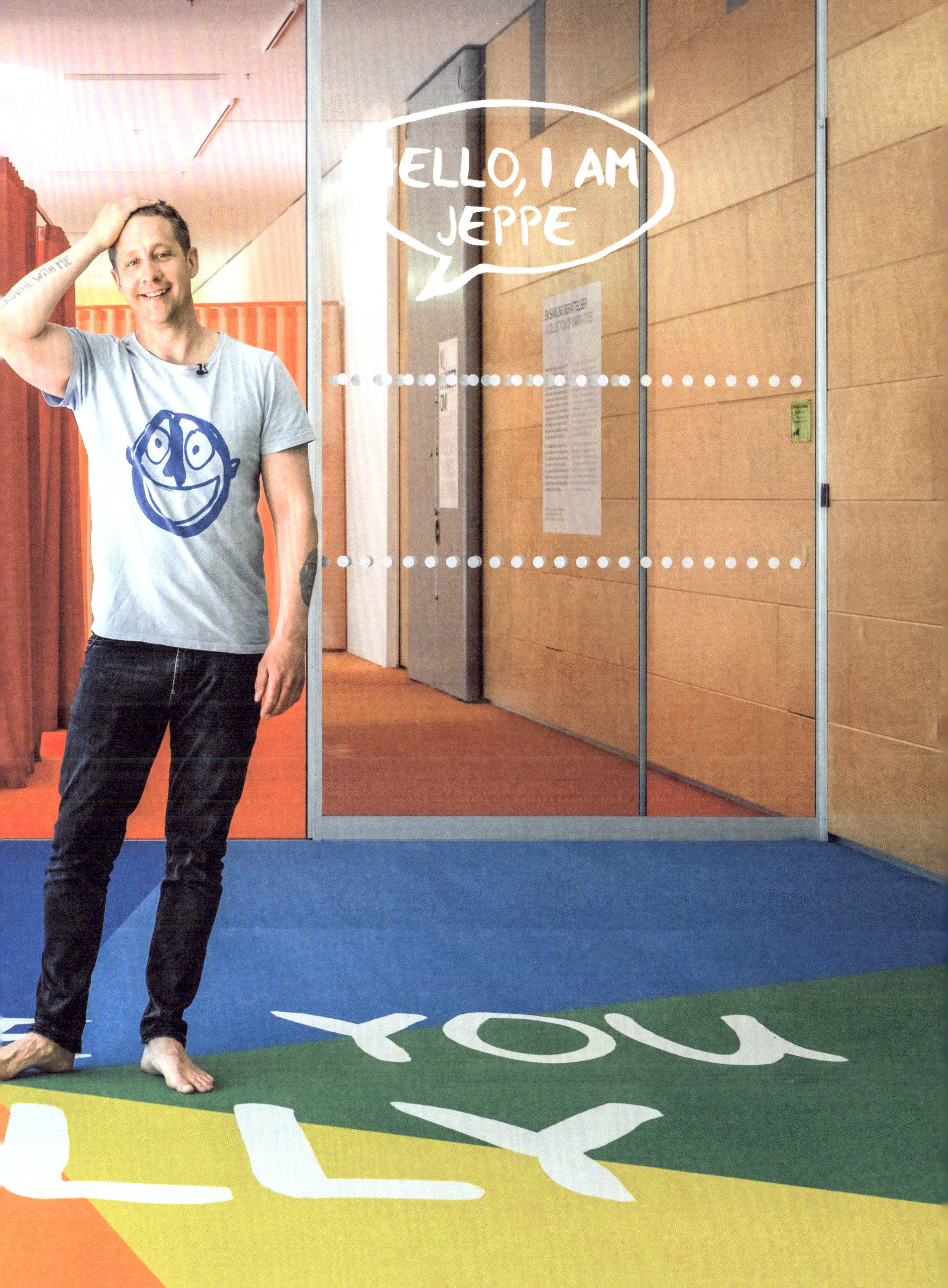
ELLO, I AM JEPPE
YOU

VEM ÄR DU EGENTLIGEN?

WHO ARE YOU REALLY?

JEPPE HEIN

Vem är du?
Det handlar inte bara om vad du jobbar med, om du är gift eller har barn och husdjur, om du gillar fotboll, yoga eller hiphop.
Nej, utan vem är du … egentligen?

Jag är Jeppe.
Jag är 80 % vatten och 20 % choklad.
Jag är en känslig, kreativ mansperson med öppet hjärta och sinne.
Jag är ömtålig och viljestark. Jag kan bli sårad, och tyvärr har jag också sårat andra människor i mitt liv.
Vissa tycker att jag är rolig, andra inte.
Jag är dyslektisk men duktig på ord.
Jag är man till en hustru, har fyra underbara och krävande barn och mitt hjärta ler.

Och vem är du?
Jag uppmanar dig att delta i min undersökning av frågan ”Vem är du … egentligen?” på Moderna Museet, som kräver att vi alla definierar eller omdefinierar vilka vi är, både som individer och som medmänniskor.

När museet erbjöd mig en separatutställning och att skapa allt på plats, utan att frakta några konstverk till Stockholm,

Who are you?
It is not just about what you do for living, whether you're married or have children and a pet, if you like football, yoga, or hip hop.
I mean, who are you… really?

I am Jeppe.
I am 80% water and 20% chocolate.
I am a sensitive, creative male human being with an open heart and mind.
I am fragile and strong-willed. I can be hurt, and I have also unfortunately hurt other people in my life.
Some people find me funny, some not.
I am dyslexic, but good with words.
I am a husband of a wife, with four wonderful and challenging kids, and my heart smiles.

And who are you?
I invite you to participate in my investigation of the question "Who are you … really?" at Moderna Museet, challenging each of us to define or redefine, who we are as individuals as well as fellow human beings.

When the museum invited me to realize a solo show without shipping any artworks to Stockholm and instead

create everything on site, I didn't see it as a difficulty, but as an opportunity. An opportunity to continue what I have always been interested in: my artistic practice is about people, physical meetings, dialogue, and social interaction. You viewers are an essential part of my work and most of my installations can only be experienced through your presence. Sometimes I even offer you the chance to create your own artworks. This time there will be no artworks at all without you. Will it change your understanding of art, of a museum, of yourself?

At Moderna Museet, I have created creative spaces that encourage you to open up to new experiences, entice new aspects of your individual skills, and thus push the boundaries of your individual personality. They will also allow you to enter into face-to-face dialogues with others, since, although we are connected to the world nowadays, there are fewer and fewer direct interpersonal encounters.

The workshops are related to the seven major chakras, energy points arranged vertically along the axial channel of the body that inspire me and my artistic approach. I hope it will serve as a guide for you to connect to yourself:

såg jag det inte som en svårighet utan som en möjlighet. En möjlighet att fortsätta med det som jag alltid varit intresserad av: min konstnärliga praktik handlar om människor, fysiska möten, dialog och socialt samspel. Ni betraktare är en oumbärlig del av min konst, och de flesta av mina installationer kan bara upplevas om ni är där. Ibland ger jag er till och med en möjlighet att göra egna verk. Den här gången kommer det inte att finnas några konstverk alls utan er. Kommer det att förändra er uppfattning om konst, om museer, om er själva?

På Moderna Museet har jag inrättat skapande rum som uppmuntrar dig att vara öppen för nya erfarenheter och vidgar din personlighets gränser genom att locka fram nya sidor av det just du kan. De låter dig även gå i dialog ansikte mot ansikte med andra, för att fastän vi numera står i kontakt med omvärlden blir de direkta mellanmänskliga mötena allt färre.

Workshopparna är relaterade till de sju viktigaste chakrana, lodrätt ordnade energipunkter längs kroppens centralkanal som har inspirerat mig och min konstnärliga metod. Jag hoppas att de ger er den vägledning ni behöver för att få kontakt med er själva:

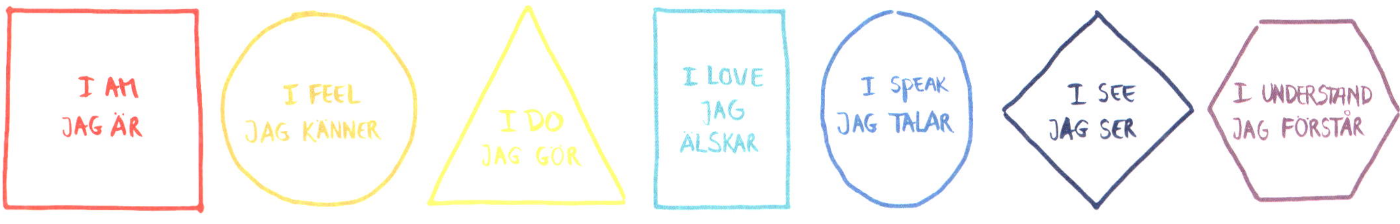

The visible results and traces of our creativity and activity will be layered in the museum as sediments of social engagement. The constantly changing exhibition spaces will make every visit a new visit to wonder, dream, laugh, talk, relax, feel, and find out: "Who are you ... really?"

De synliga resultaten och spåren av vår kreativitet och aktivitet kommer att avlagras på museet som sediment av socialt engagemang. De ständigt föränderliga utställningsrummen kommer att göra varje besök till ett nytt tillfälle att undra, drömma, skratta, prata, slappna av, känna efter och hitta svaret på frågan: "Vem är du ... egentligen?"

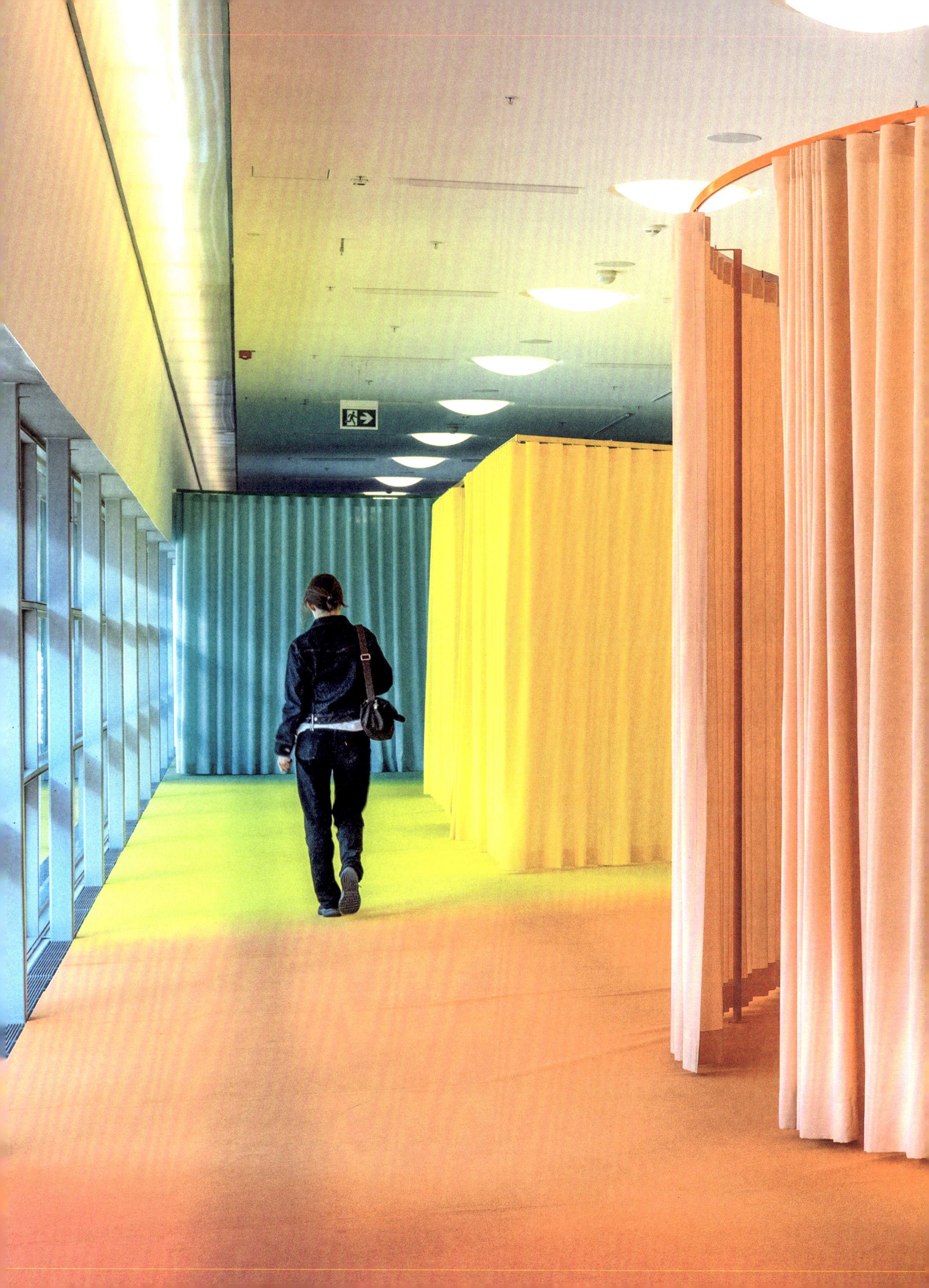

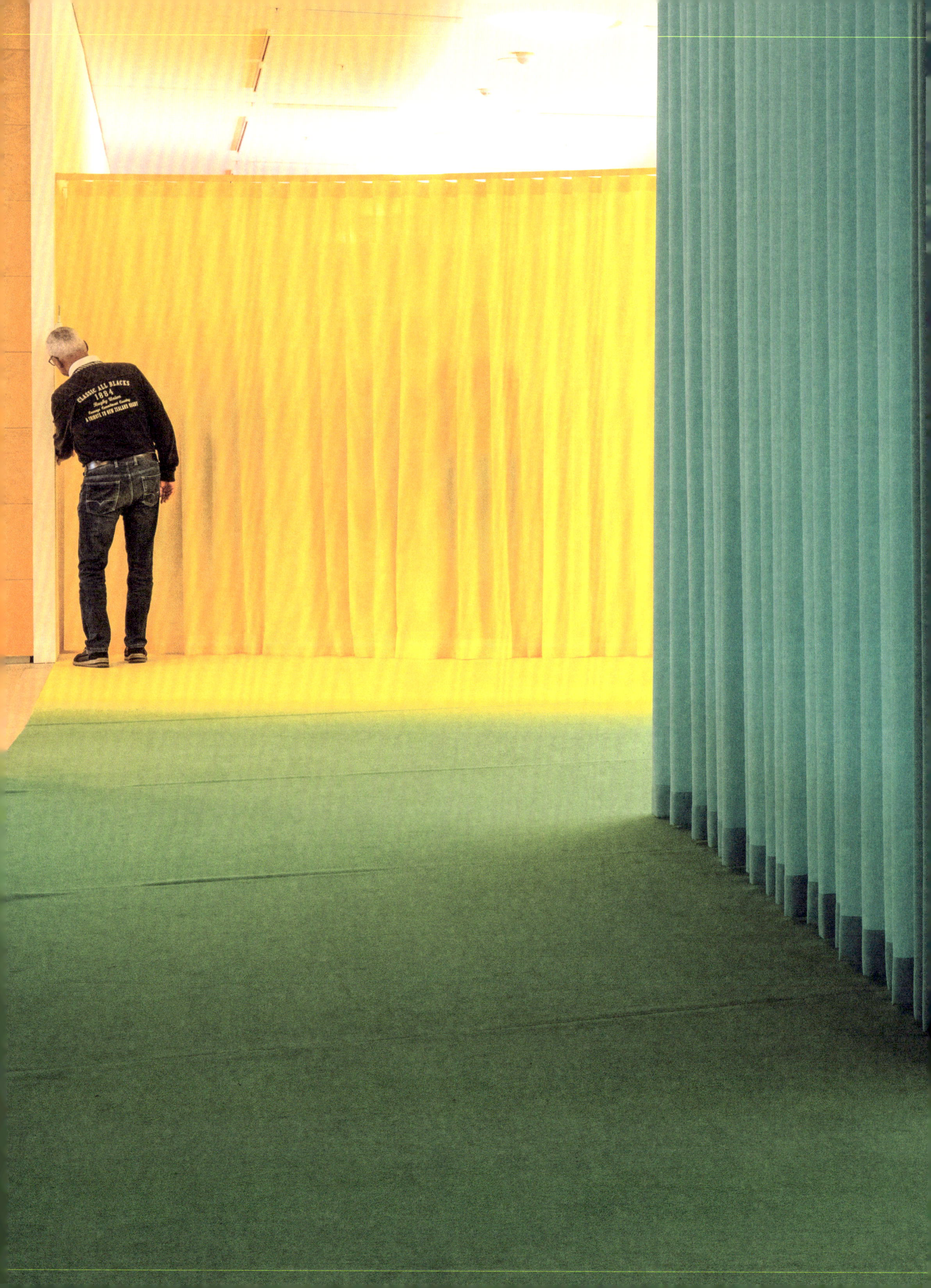
CLASSIC ALL BLACKS
1884
Rugby Union

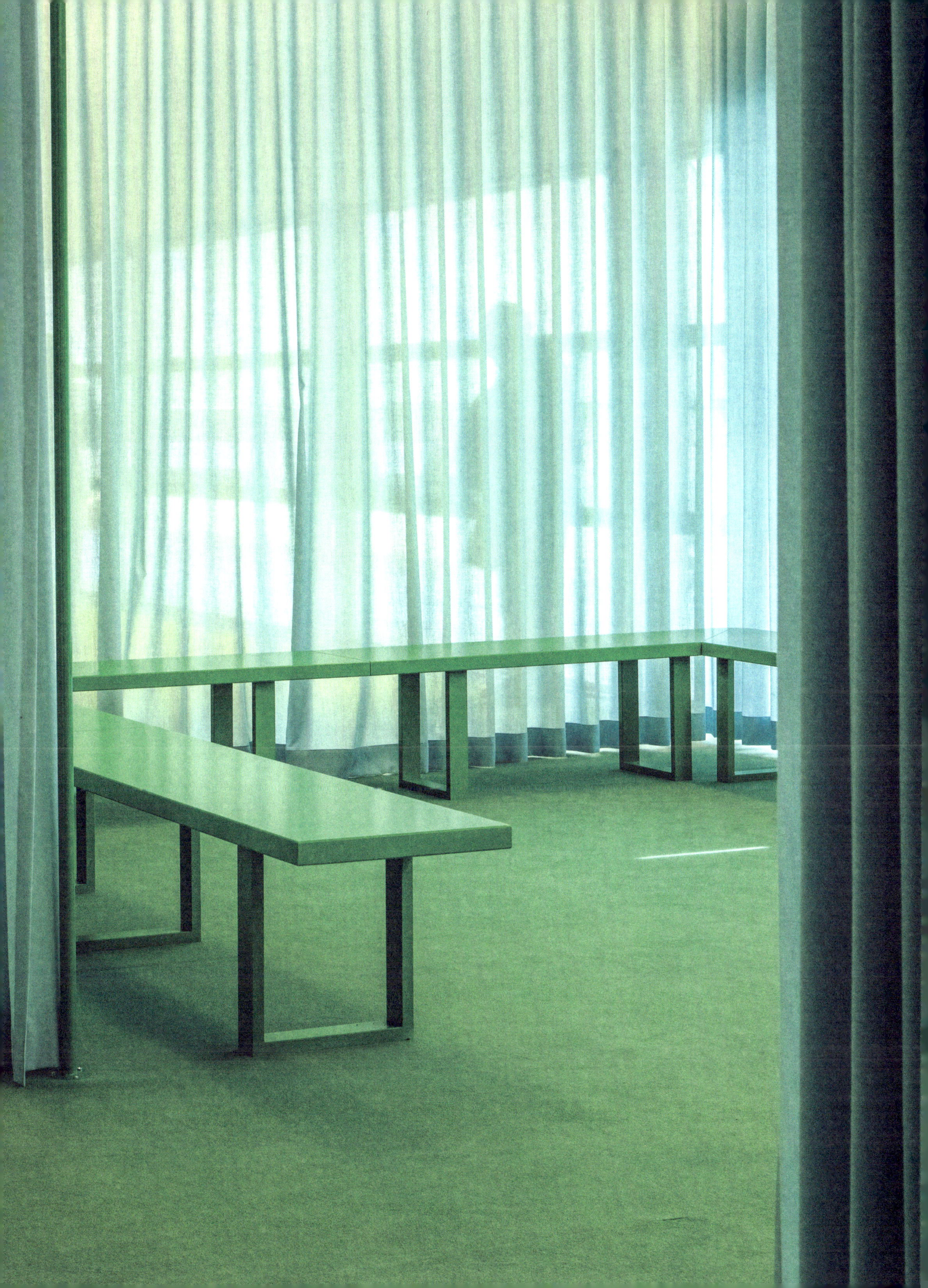

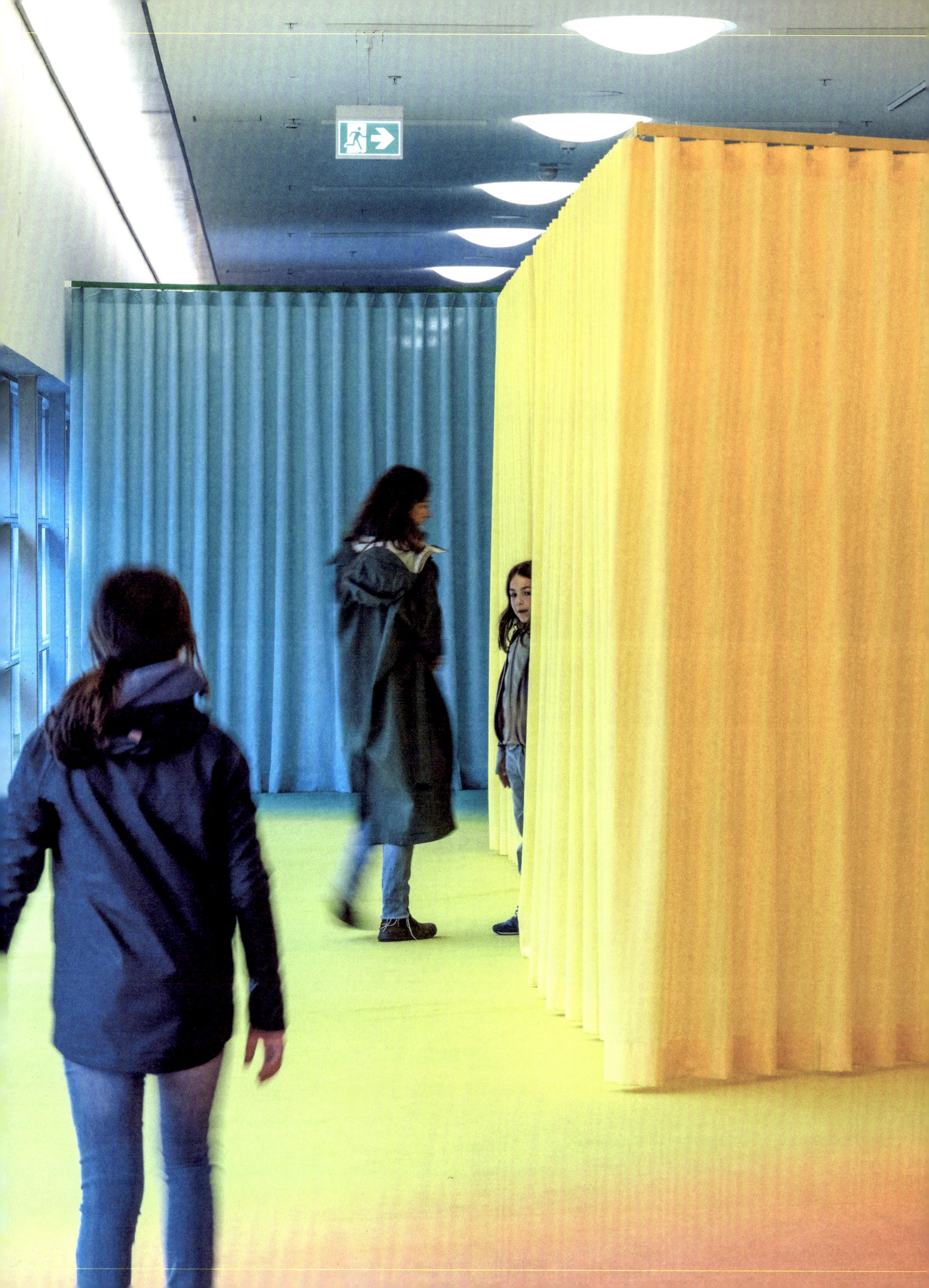

IAM 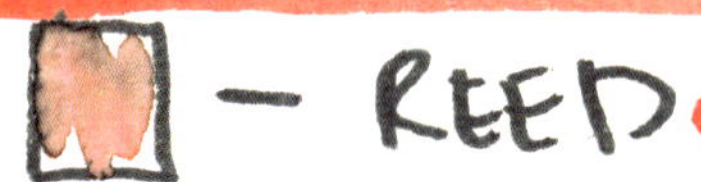

Close Curten

GUIDE Hallo My NAME IS: EVERYONE: HALLO

Looking – smiling → your way

EXERCISE:

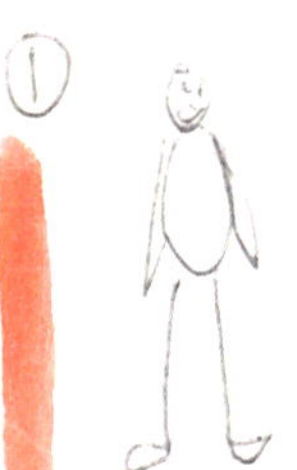

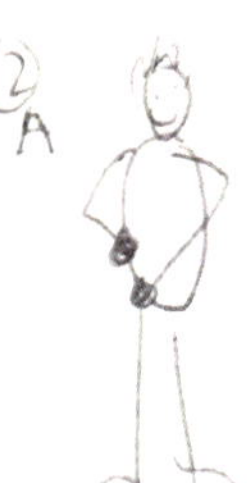

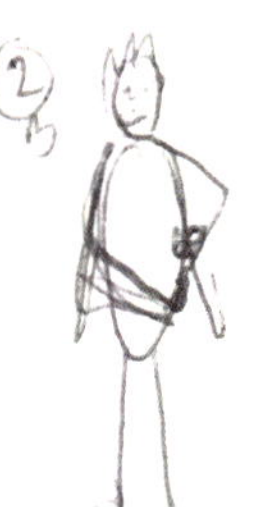

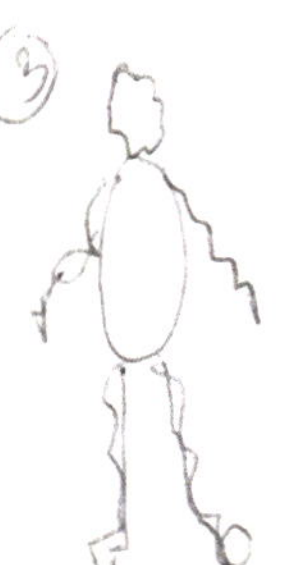

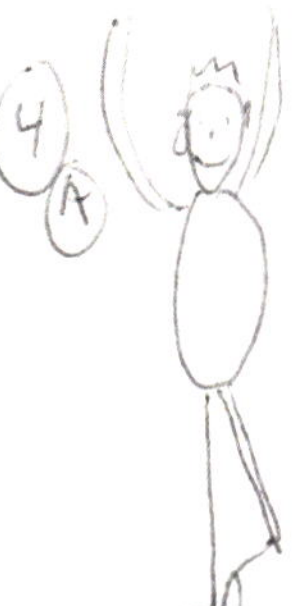

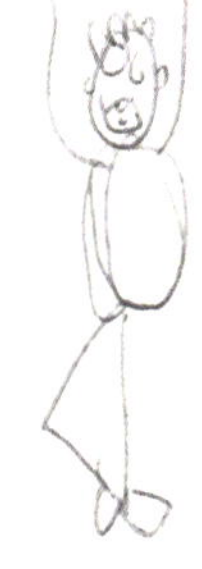

1	2 A	2 B	3	4 A	
Stand close EYES BREATIN Breat out OPEN EYES	RIGHT SIDE Tap-Brusch Close EYES FEEL Diffrent	LEFT SIDE —11— —11— —11—	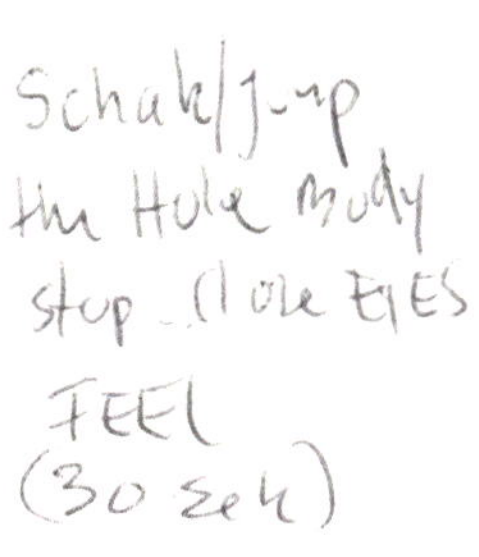 Schak/Jump the Hole Body stop close EYES FEEL (30 Sek)	All weigth Right Foot... BREAT IN Arms up Smile.. 2-3 Breath Down Again	All weigt Left Foot... Breate IN Arms up Smile. 2-3 Breath Down Again

Guid: IAm Tell who you ARE, you personaly...

Exempel: IAm you-you ARE M – Empty, open ♡ - Male - Tribil - Sensitiv

EXERCISE: 2 peopel together, on person tell 1 min.

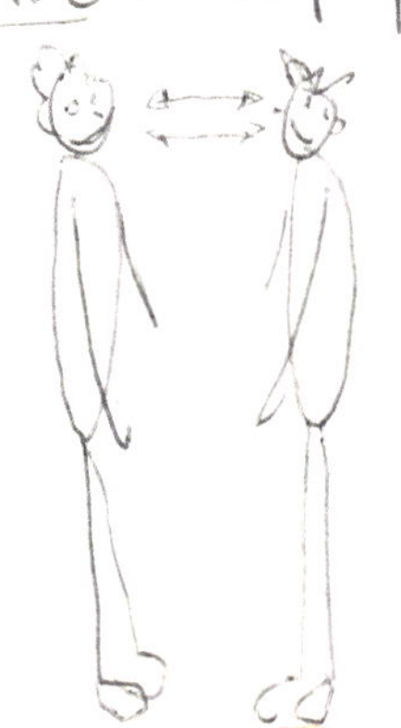

Who am I/you

SWOP

A → Who Am I/you → B

THANKYOU TO EAch other

SWOP PARTNER

B → C

NEW person → NEW person

NOW FOLDER: please WRITE 7-10 WORDS

WHO AM I... A SUMUP what you Just Told the 3-BEVtiFUL-PEOPEL AND →

THANKYOU. GUIDE Lena

I AM • JAG ÄR

It is not only about what you do for a living,
whether you're married, have children and a pet,
if you like football, yoga, or hip hop.
Write down who you REALLY are in 7 words.
Det handlar inte bara om vad du jobbar med,
om du är gift eller har barn och husdjur,
om du gillar fotboll, yoga eller hiphop.
Beskriv med 7 ord vem du EGENTLIGEN är.

1 ....

2 ....

3 ....

4 ....

5 ....

6 ....

7 ....

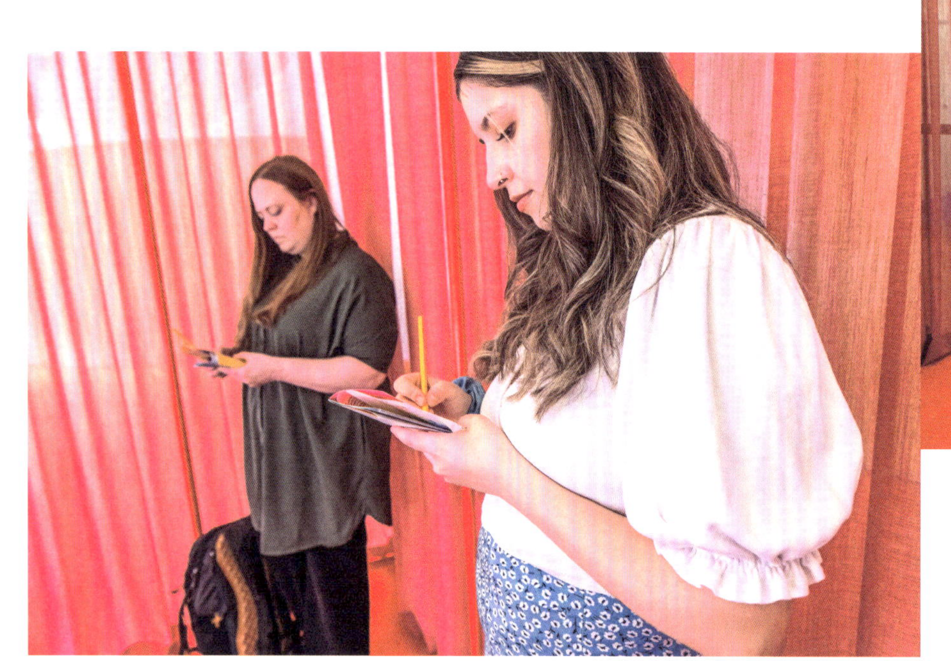

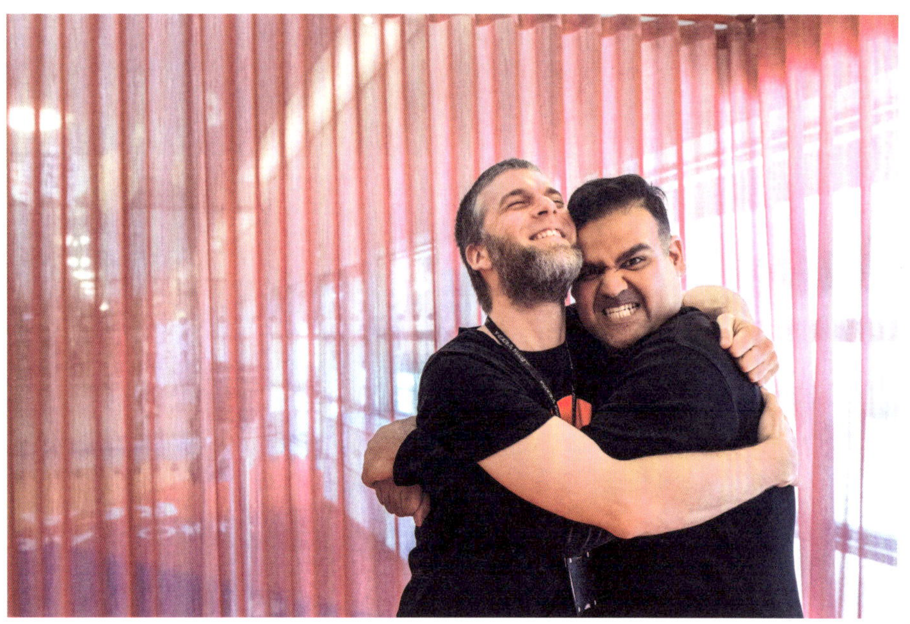

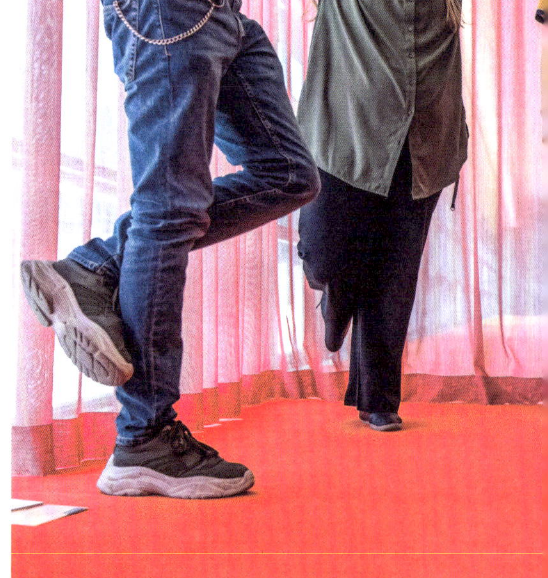

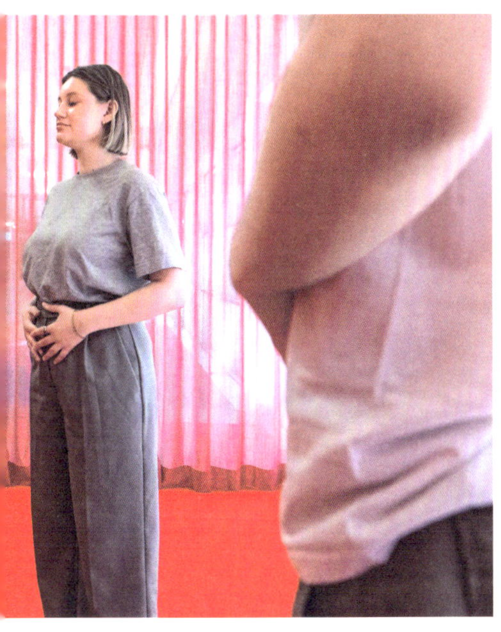

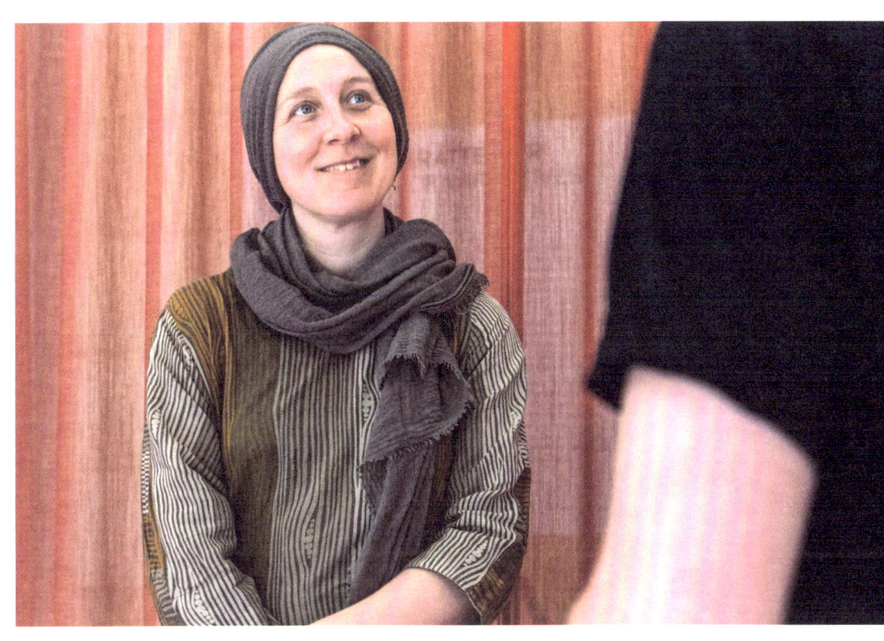

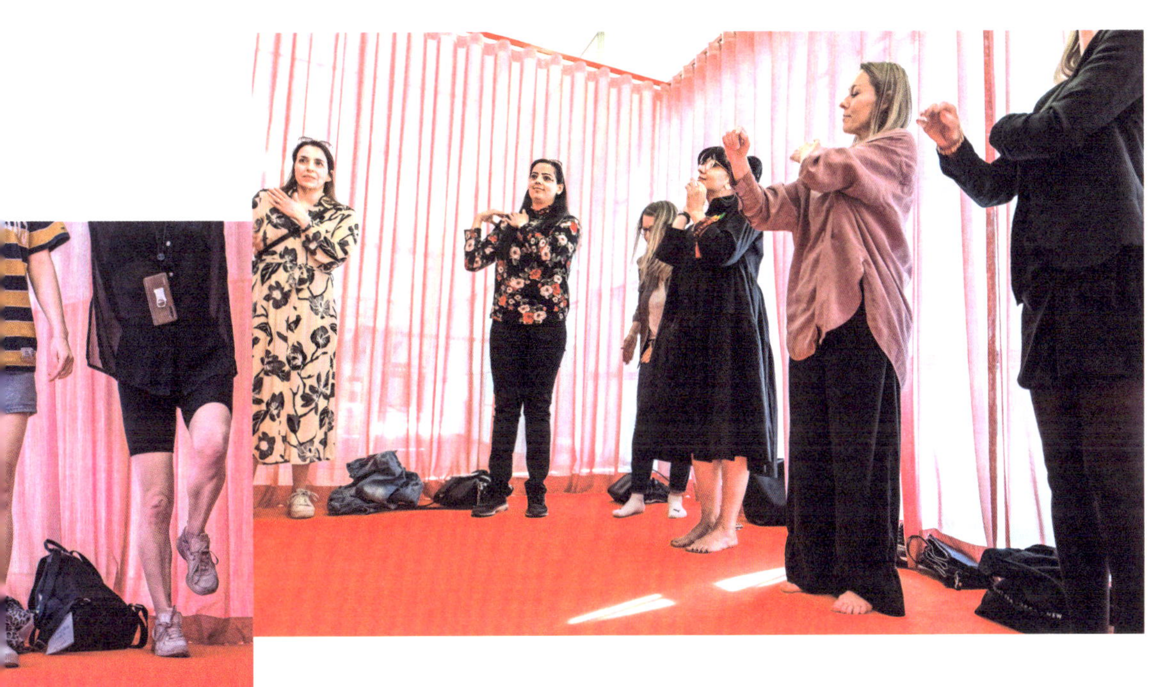

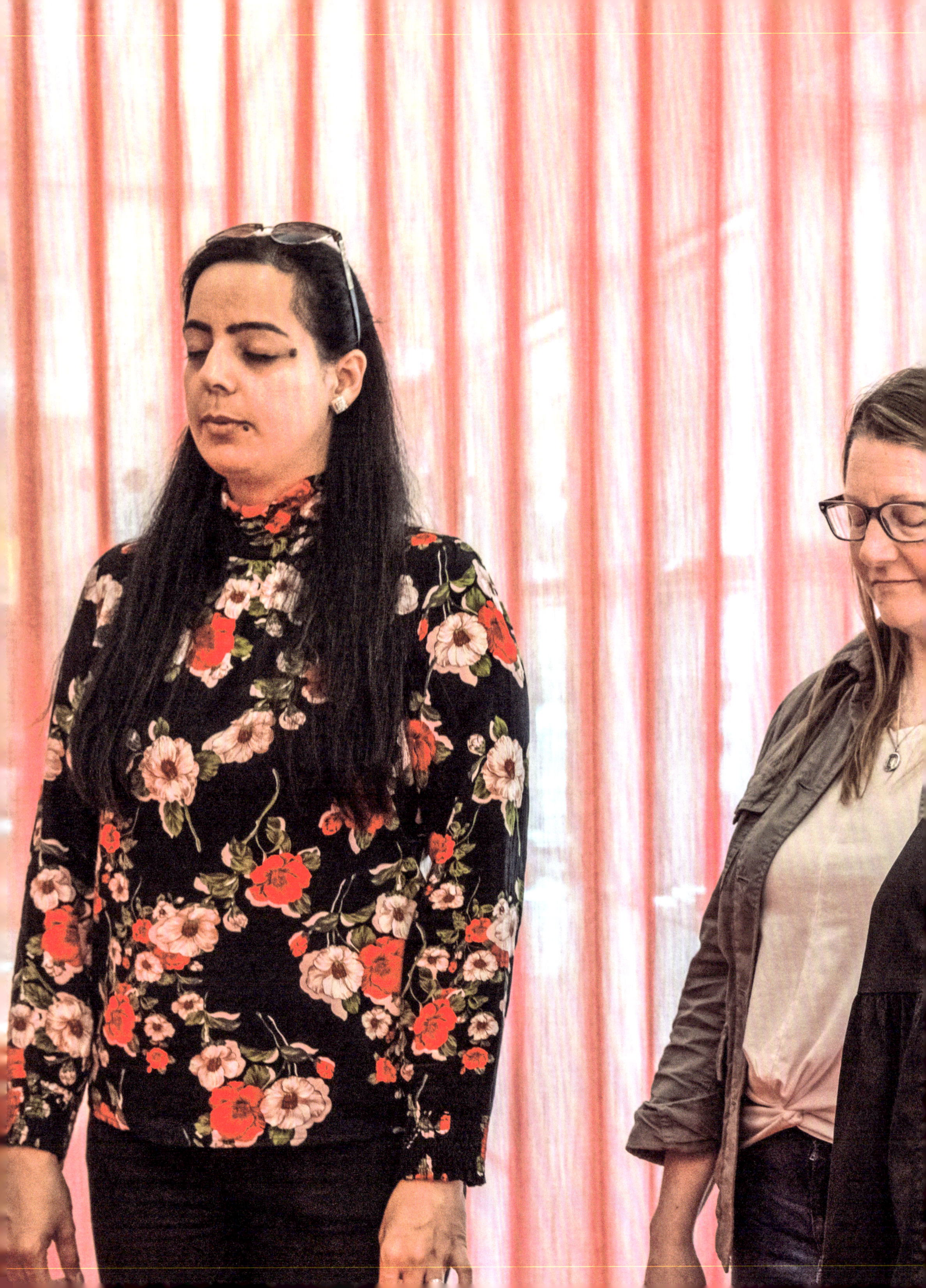

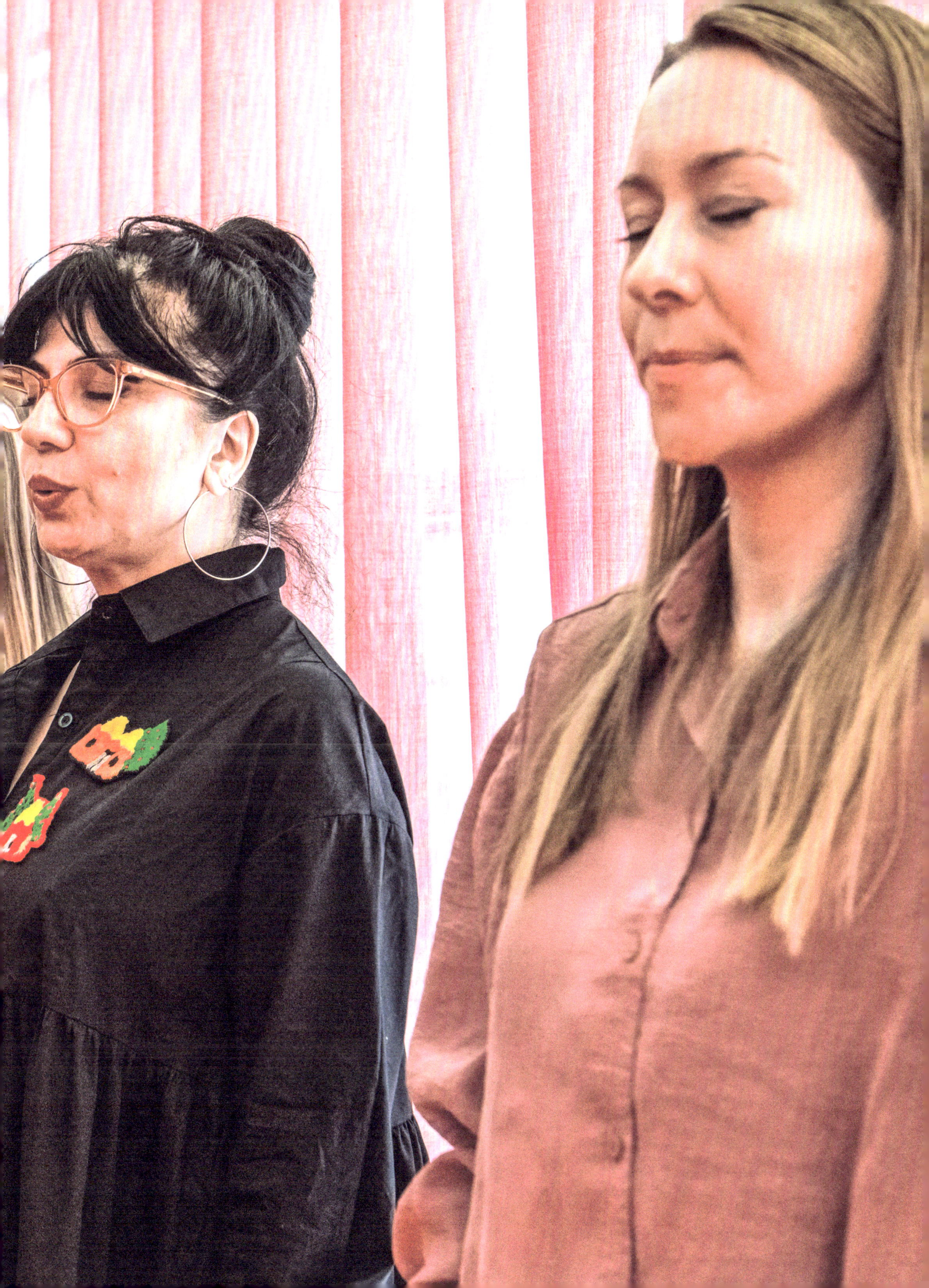

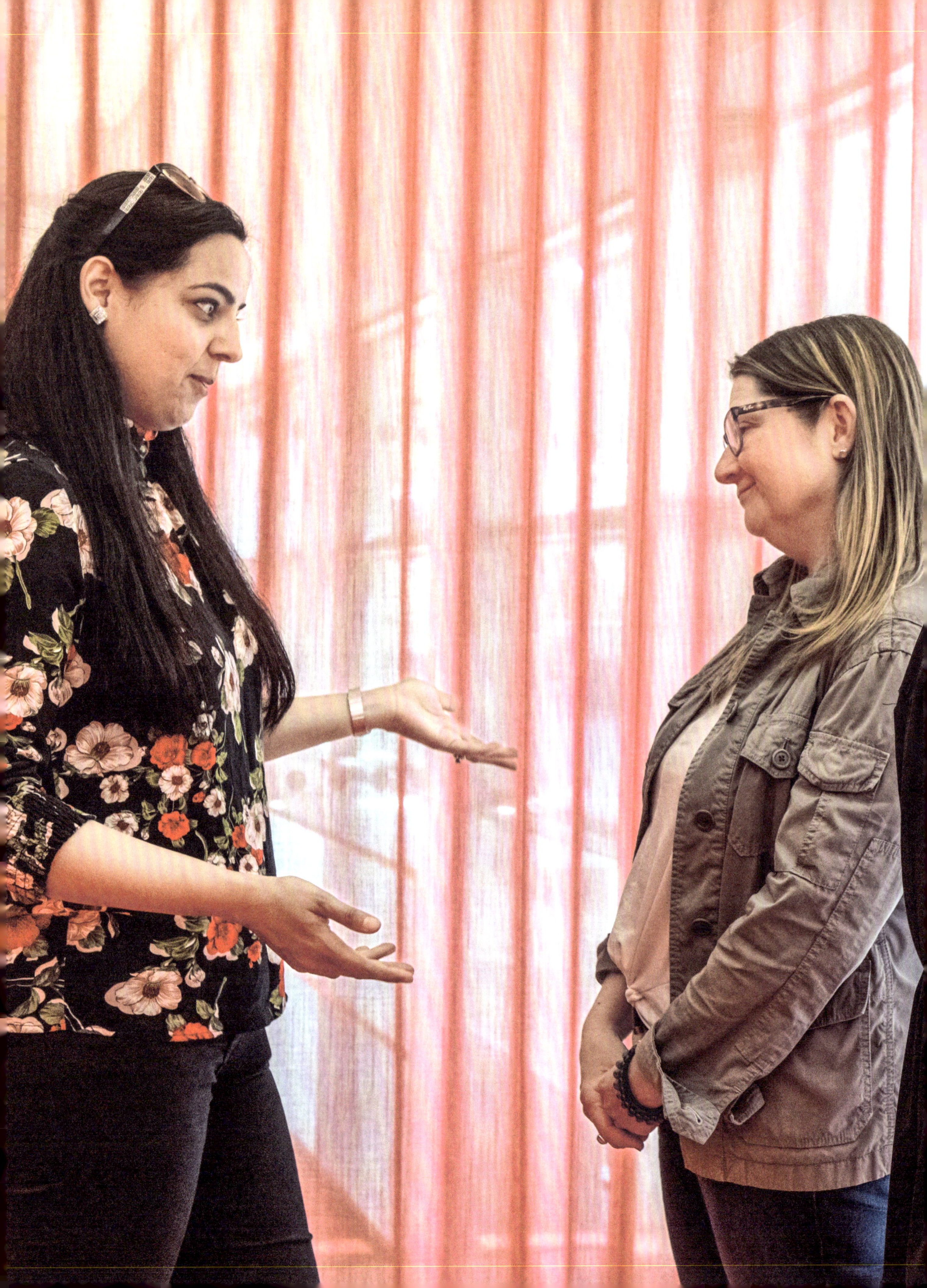

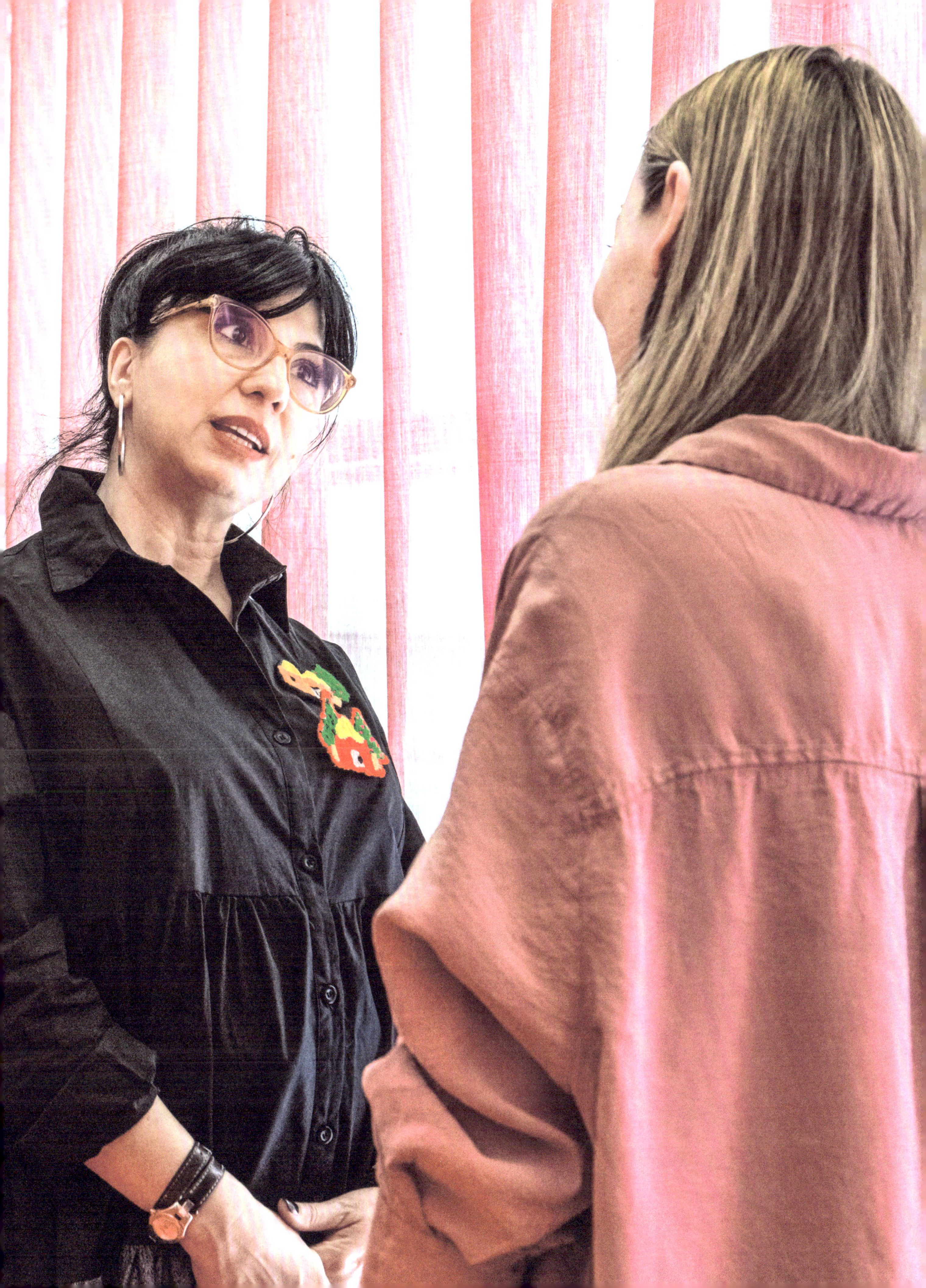

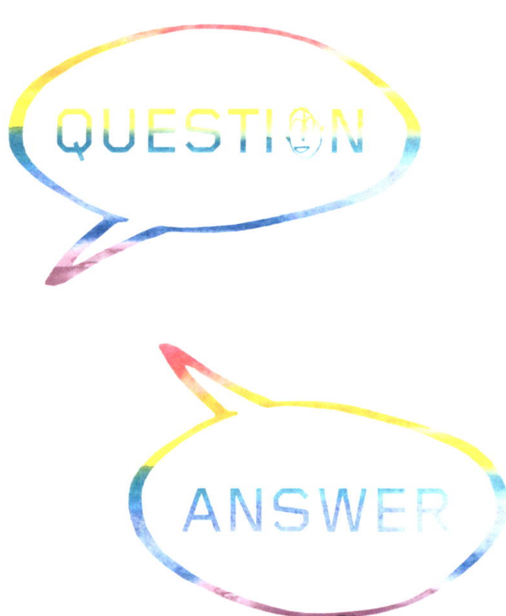

Vem är du … egentligen? Beskriv dig själv med 7 ord.
Kärleksfull, vänlig, hjälpsam, stödjande, inspirerande, energisk, glad.

Har du någonsin på allvar tänkt på det tidigare?
Ibland men inte riktigt på djupet!
Om ja, vid vilket tillfälle?
När jag begrundade mitt liv under några sorgliga och negativa stunder i mitt liv och funderade över och ibland ifrågasatte den riktning som mitt liv hade tagit.
Om inte, varför inte det?
Jag är bara jag, bra och dålig. Det känns som att jag tror och föreställer mig att jag vet vem jag är, hur jag är, utan att egentligen behöva fundera över det. Jag bara vet!

Vilken övning gillade du bäst?
"Jag är – Röd".
Skulle du kunna beskriva den med egna ord?
Kroppsliga övningar för att komma i kontakt med sin kropp och sitt sinne. Att berätta för en annan person, bekant eller obekant, hur jag ser på mig själv, vem jag är.
Varför är den din favorit?
Det känns ganska ovanligt, som något utöver det vanliga och ganska unikt, att berätta för någon vem jag egentligen är enligt min egen uppfattning. Det känns bra, ovanligt och befriande att göra det, som att det ger en insikt.

Who are you … really? Describe yourself in 7 words.
Loving, kind, helpful, supportive, exhilarating, energetic, happy.

Have you ever seriously thought about it before?
Occasionally, but not really in depth!
If so, on what occasion?
When contemplating my life during a few sad and negative times in my life, reflecting on and sometimes questioning the direction life has taken.
If not, why not?
I'm just me, good and bad. It feels like I think and imagine I know who I am, how I am, without really having to think about it. I just know!

Which exercise did you like best?
"I Am – Red"
Could you describe it with your own words?
Physical body exercises to get in touch with my body and mind. Telling another person, known or unknown, how I see myself, who I am.
Why is it your favourite one?
It feels a bit uncommon, out of the ordinary and unique to tell someone who I really am according to my own perception. It feels good, unusual, revealing, and liberating to do so.

What was the most beautiful experience that you had with others?
I think it's the calmness in the room, everyone concentrating on their breathing and focusing on one singular feeling. The gratitude from the participants afterwards, and the happiness we all felt when we had finished.

Was there also an intense reflective or maybe sad moment?
I think almost everyone feels intensity and different emotions, for example when telling someone who you really are from the depths of your heart, looking into someone's eyes for a long time in silence, studying their hands, or hearing the sound, feeling the vibration of the singing bowl.

Do you see the museum with different eyes now?
Yes, somewhat. I think there' s more possibility, opportunity, and openness to interact more with the audience/ visitors now, the museum staff, spontaneously or preplanned, talking, studying, analysing specific works of art or a room, micro-tours/viewings, etc. Also, perhaps the museum can invite the visitors of all ages to explore art in new ways and create art themselves more often.

Do you see the artworks or art in general with different eyes now?
A bit. I think I can see more aspects, "layers", and possibilities with art now, what we can do with art, how we can interact more with the audience in an art context. There are so many possibilities.

Do you see yourself with different eyes now?
I'm braver, more confident, I want to learn and study art more, and I'm filled with inspiration for the future, regarding the museum and art and our visitors, but also for life.

Vilken var den finaste upplevelsen du hade med andra?
Jag tror att det är lugnet i rummet, att alla koncentrerar sig på sin andning och fokuserar på en enda känsla. Deltagarnas tacksamhet efteråt, och glädjen vi alla kände när vi var klara.

Fanns det även intensivt eftertänksamma eller kanske ledsna stunder?
Jag tror att nästan alla upplever en intensitet och olika känslor, till exempel när man ur djupet av sitt hjärta berättar för någon vem man egentligen är, ser in i någons ögon länge och under tystnad, studerar deras händer eller hör ljuden, känner vibrationerna från klangskålen.

Ser du museet med andra ögon nu?
Ja, i viss mån. Jag tror att det nu finns en större öppenhet och större möjligheter, fler tillfällen att samspela med besökarna, museipersonalen, spontant eller planerat, prata, studera, analysera enskilda konstverk eller ett rum, visningar osv. Och museet kan kanske erbjuda besökare i alla åldrar att utforska konsten på nya sätt och att själva skapa konst oftare.

Ser du konstverken eller konsten i allmänhet med andra ögon nu?
Lite grann. Jag tror att jag ser fler aspekter, "lager" och möjligheter i konsten nu, vad man kan göra med konst, hur man kan interagera mer med publiken i ett konstsammanhang. Det finns så många möjligheter.

Ser du dig själv med andra ögon nu?
Jag är modigare, mer självsäker, jag vill lära mig mer om konst och studera, och jag är full av inspiration vad gäller framtiden för museet och konsten och våra besökare, men också för livet.

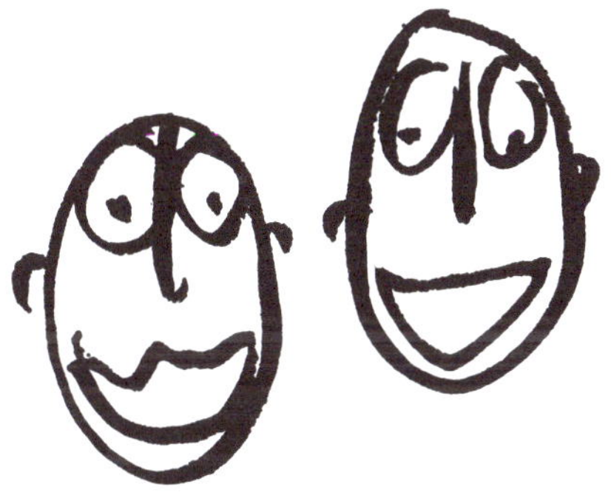

I FEEL 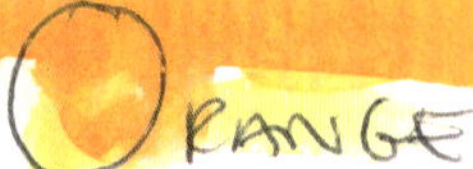 RANGE

Close the Curtan

Guide: Hallo My Name is: Everyone Hallo to each other

Looking – swing – you may couch peopel

Stand in a Circel:

EXERCISE:

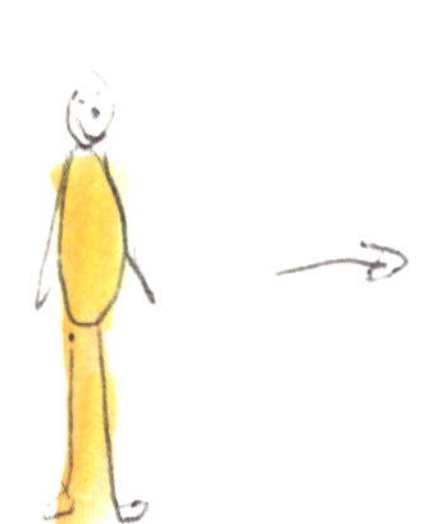

Close your EYES
FEEL yourself
Deep Breath in/out
Right Here
All Feeling is allowed

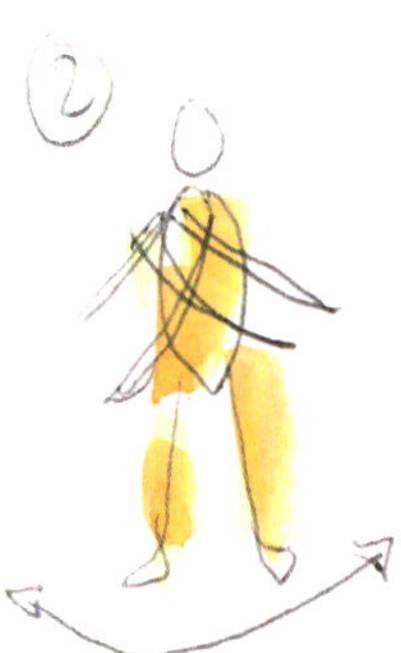

Swing (30-40 sec)
Stop
close Eyes
FEEL

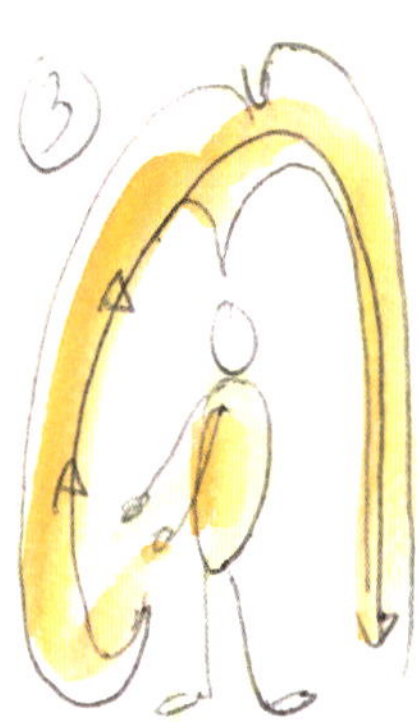

waken pig up
Right side
on top ...
wake pig up
Left side

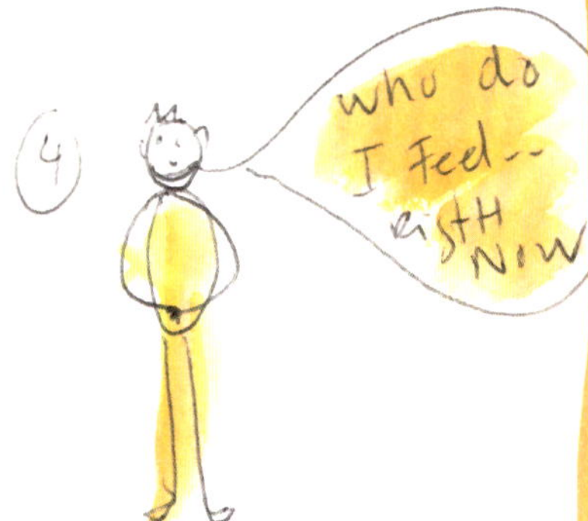

place your Hand on
you stomach..
Feel..
Deep Breath Down in
stomach
Feel the stomach
go in and out

EXERCISE: TODAY I Feel like

USE Folder/pen: paint your FACE (smiley)

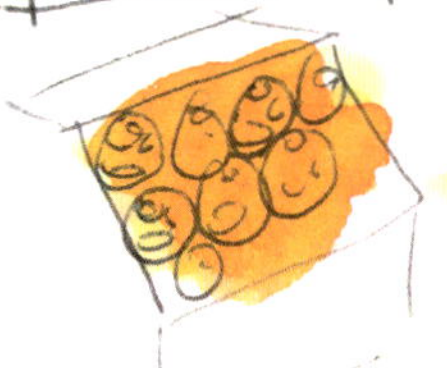

Guide show have to do it

Make 15-30 FACES-Eyes-Nose-mouth

FAST DO Not think Just DRAW...

FOLDER: Guide: Look AT YOUR FACES – WHAT ARE They showing?

HAPPYNESS - Feer - SADNES – Nervous – put WORDS x5 ON

Wha do your FACES FEEL/look like?

I FEEL • JAG KÄNNER

If you were to draw a picture of yourself,
would you smile, look confused or grim?
Or perhaps yawn?
Paint your face, how you feel today!
Om du skulle rita en bild av dig själv,
skulle du le, se förvirrad ut eller vara dyster?
Eller gaspa, kanske?
Måla ditt ansikte så som du kanner dig i dag!

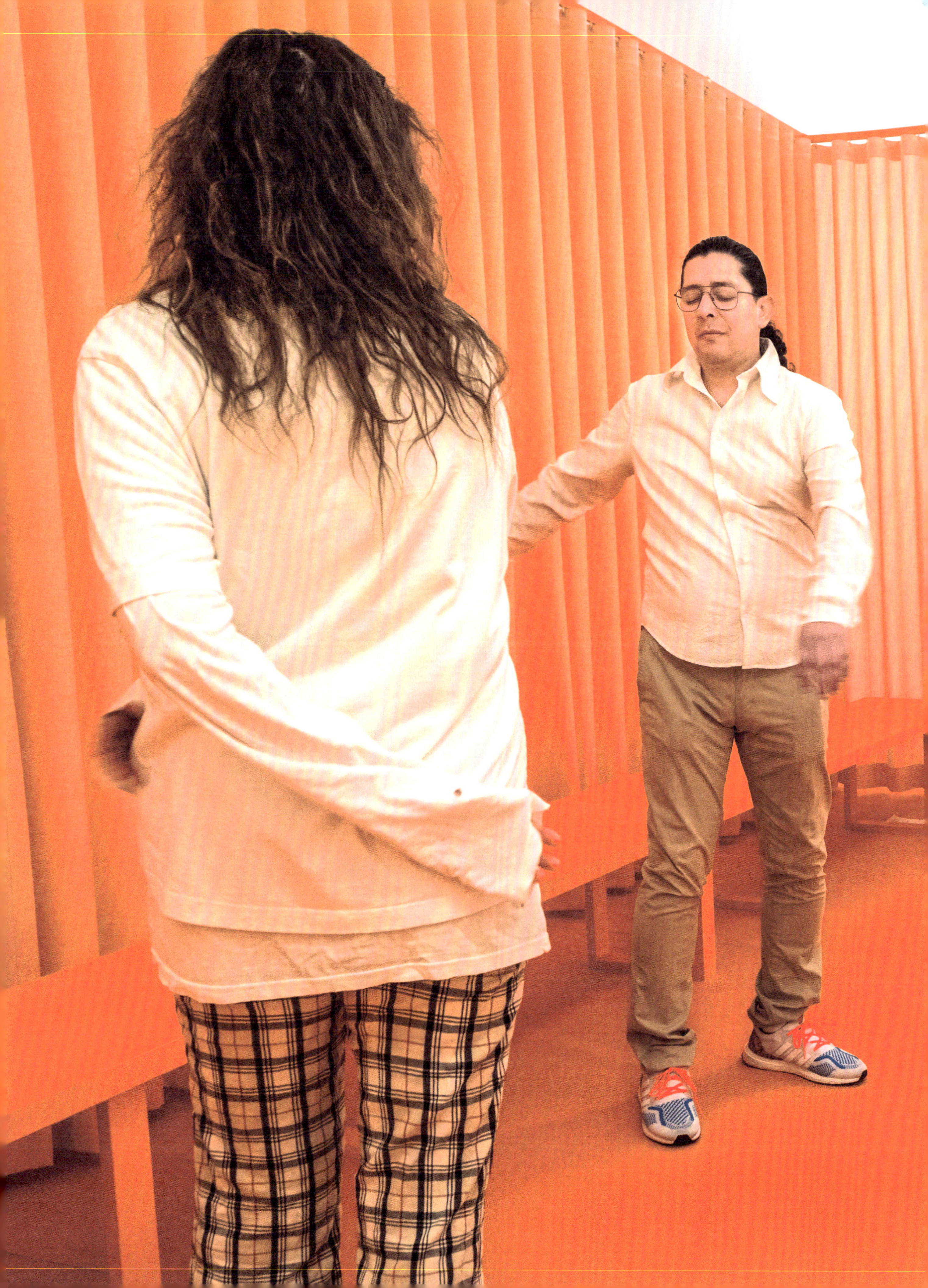

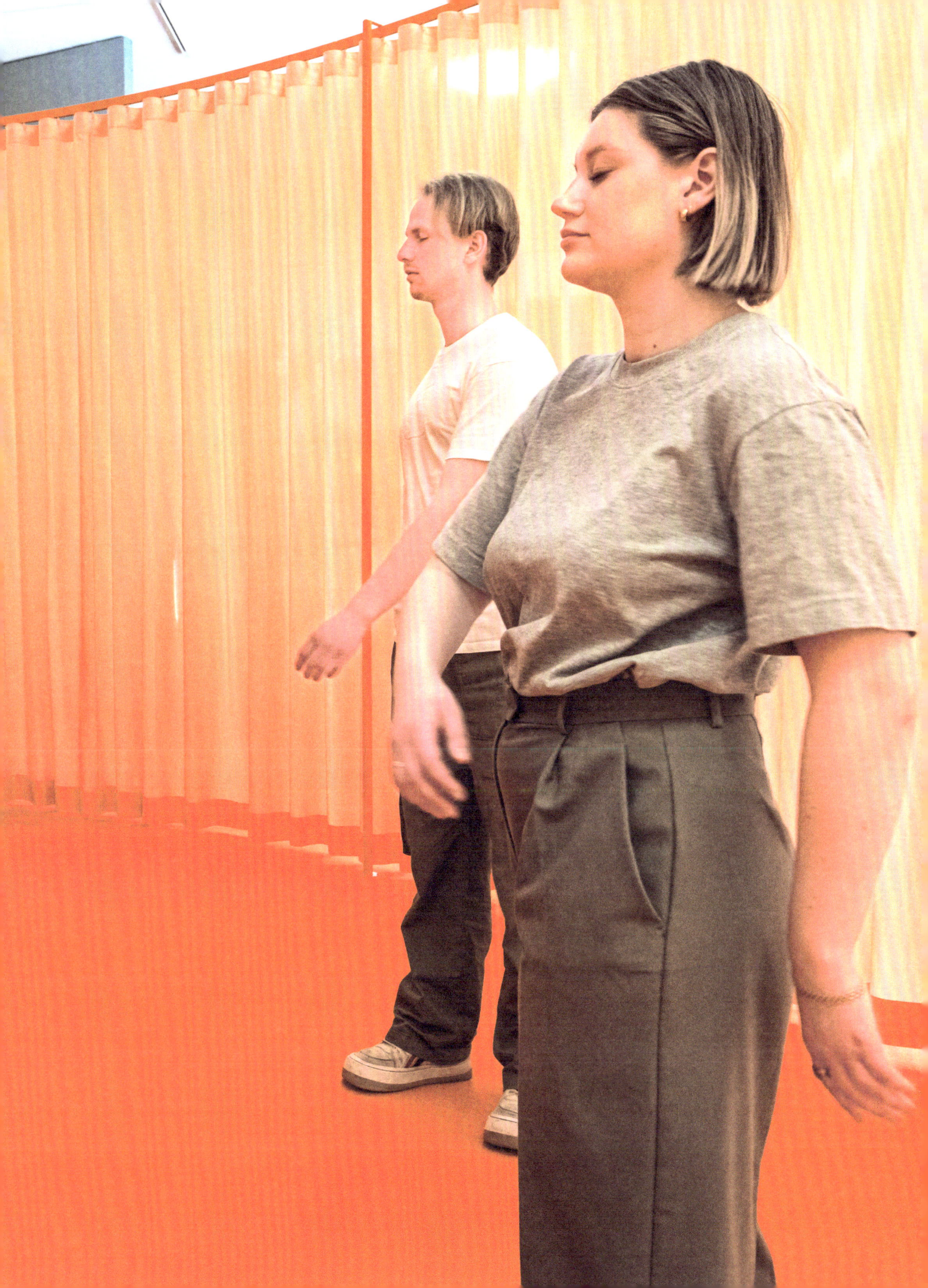

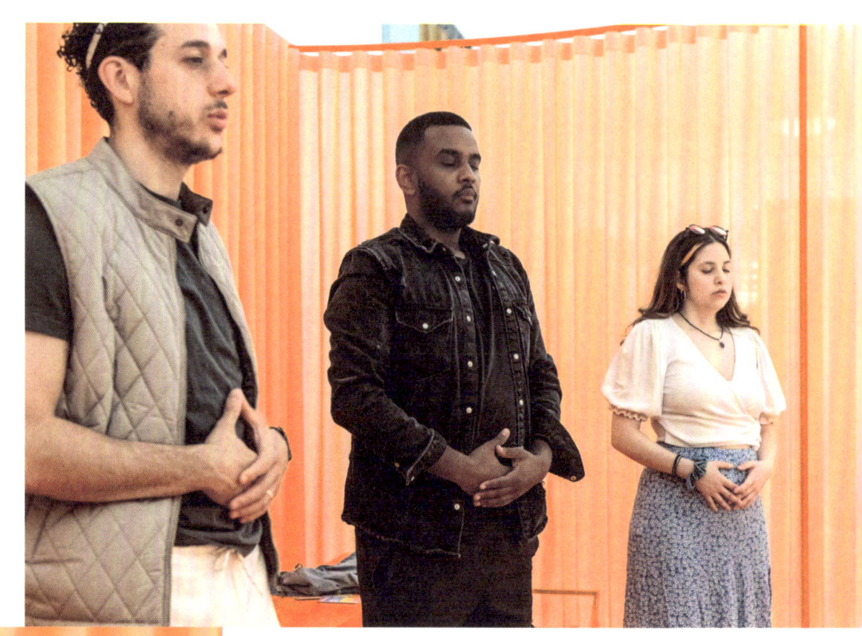

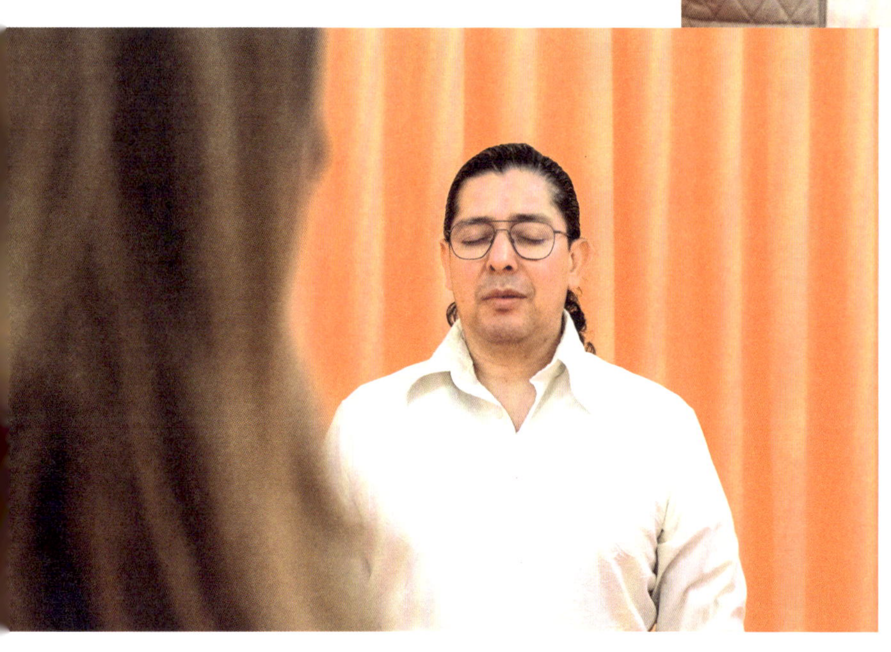

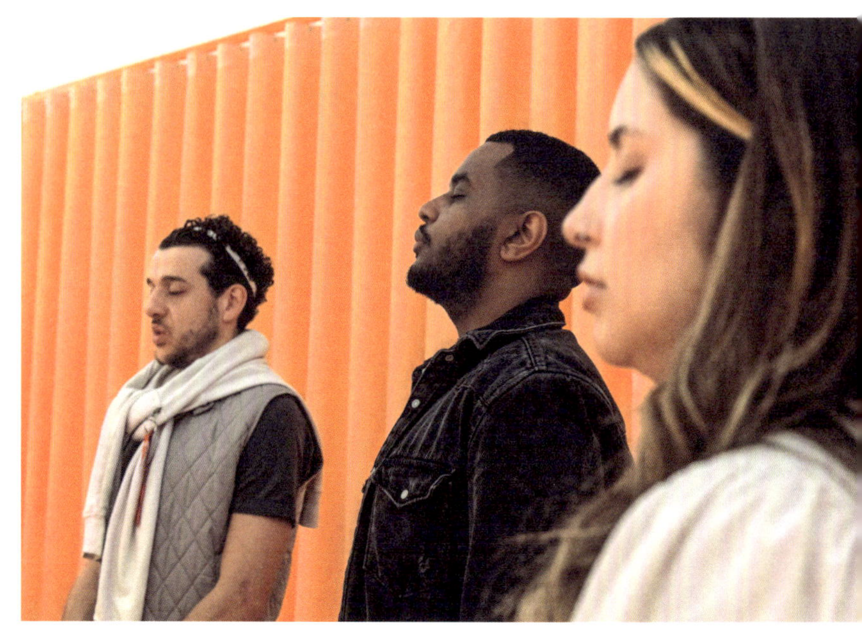

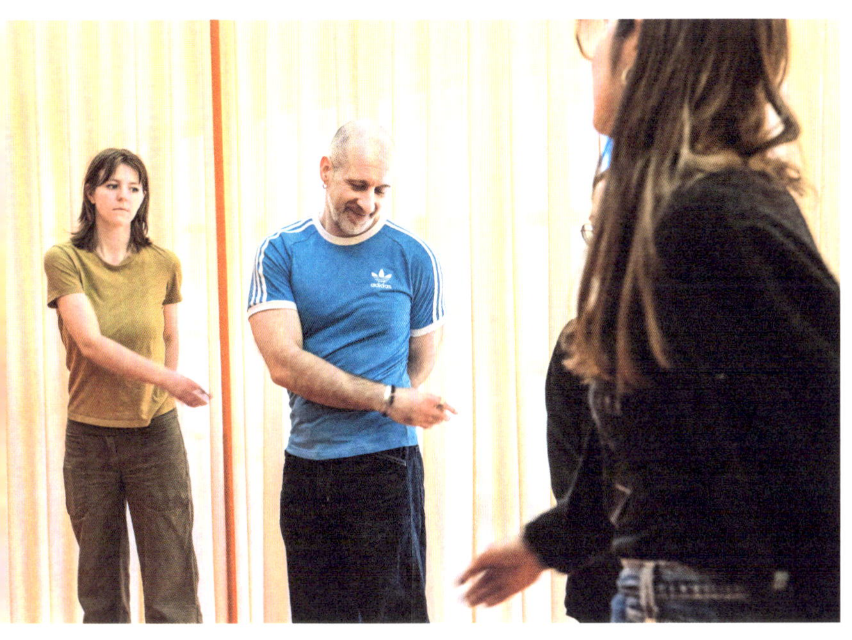

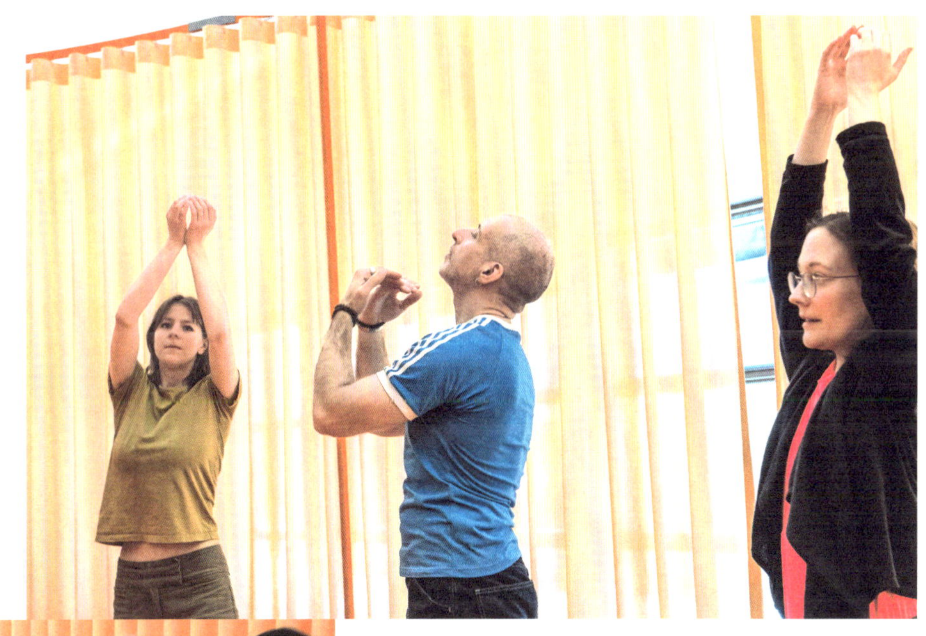

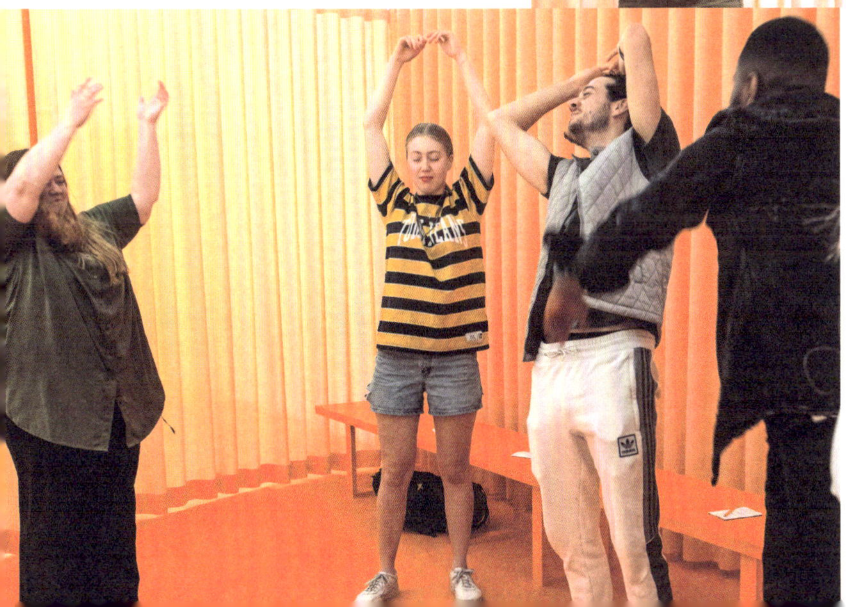

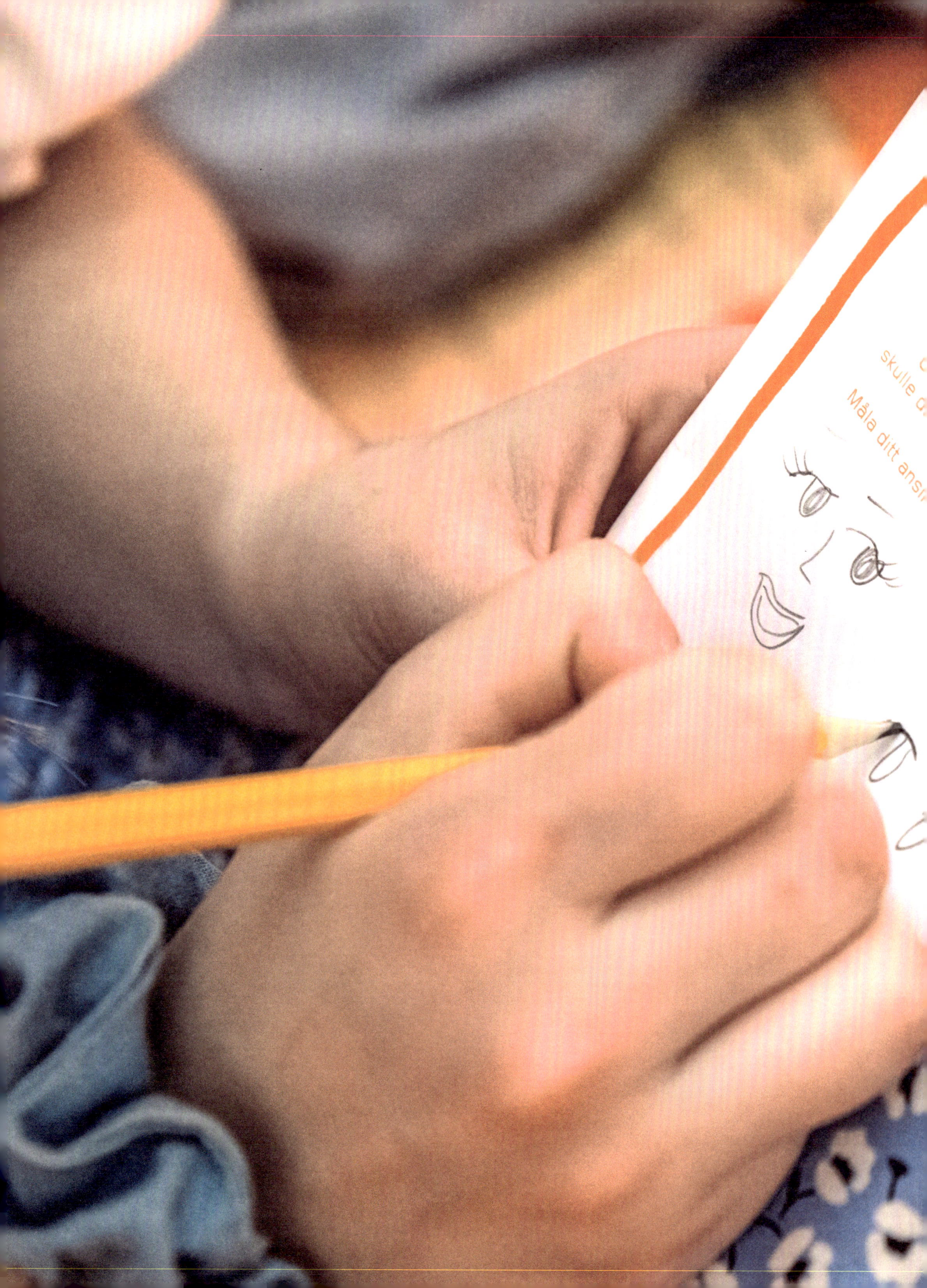

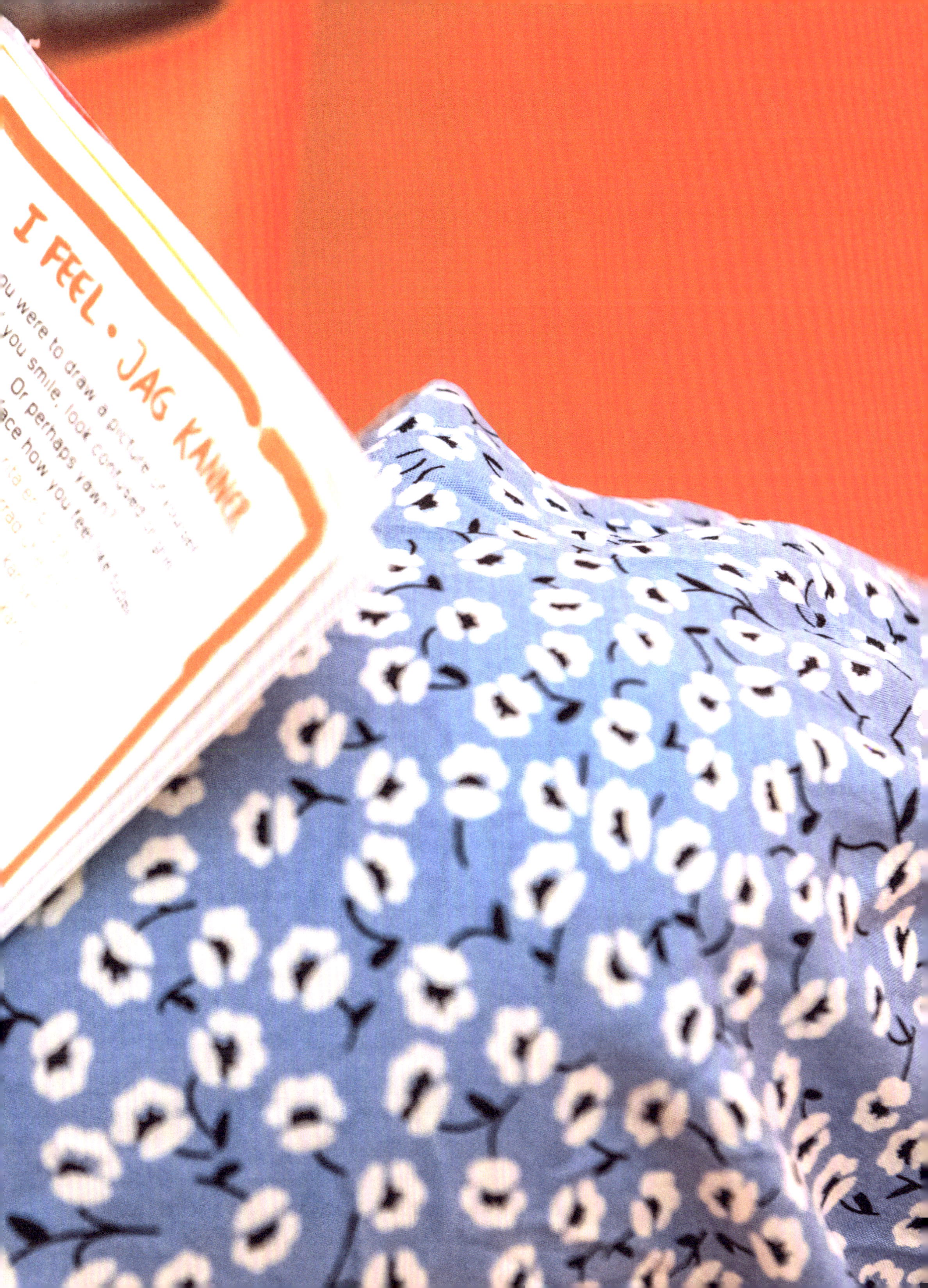
I FEEL

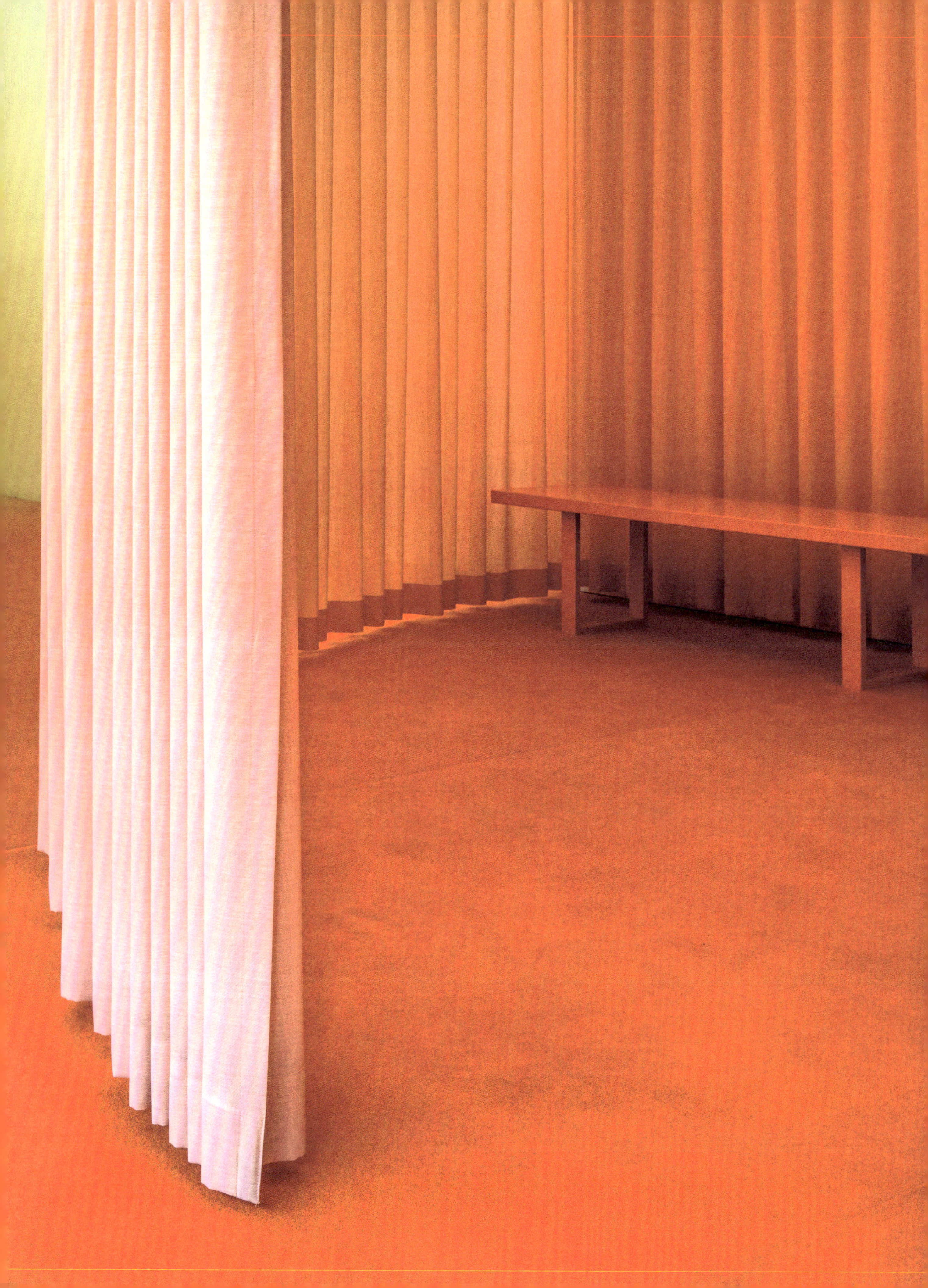

QUESTION

ANSWER

Who are you … really? Describe yourself in 7 words.
I am a happy person. I love watching art with others but also on my own. I think yoga and meditation are nice. I love meeting people. I am very interested in presence and calm. I am a mother of 4 children and I think that life only gets better the older I get.

Have you ever seriously thought about it before?
If so, on what occasion? If not, why not?
I have also previously thought a lot about who I am, especially since I started yoga and meditation about ten years ago.

Which exercise did you like best?
Could you describe it with your own words?
Why is it your favourite one?
"I Feel" is the nicest workshop in which I myself have had groups. I noticed there that people have a strong need to go into themselves and feel their own breaths. It was interesting to note that the visitors suddenly saw me as a yoga teacher even though I have never had that role before.

What was the most beautiful experience
that you had with others?
The most beautiful workshop was together with a group of parents and babies in "I Feel", when everyone completely relaxed and went into themselves while also being fully focused on their babies. There was a nice, calm atmosphere in the room which was filled with well-being and energy at the same time.

Was there also an intense reflective or
maybe sad moment?
I have not yet experienced any sad moments in the exhibition.

Do you see the museum with different eyes now?
I think it is very nice and valuable to give people the opportunity to try yoga and simple meditation exercises in a museum context. It will also be a very nice meeting place.

Do you see the artworks or art in general
with different eyes now?
I do not think I see art with different eyes, but, on the other hand, I feel that it is perhaps more accepted for an educator to take more space in the exhibition than I thought I would have done otherwise.

Vem är du … egentligen? Beskriv dig själv med 7 ord.
Jag är en glad person. Jag tycker mycket om att se på konst tillsammans med andra men också på egen hand. Jag tycker att yoga och meditation är behagligt. Jag gillar att träffa folk. Jag är väldigt intresserad av närvaro och stillhet. Jag är mamma till fyra barn och tycker att livet bara blir bättre ju äldre jag blir.

Har du någonsin på allvar tänkt på det tidigare?
Om ja, vid vilket tillfälle? Om inte, varför inte det?
Jag har tänkt mycket på vem jag är, särskilt sedan jag började med yoga och meditation för cirka tio år sedan.

Vilken övning gillade du bäst?
Skulle du kunna beskriva den med egna ord?
Varför är den din favorit?
"Jag känner" är den mest tilltalande workshop som jag själv haft grupper i. Där lade jag märke till att många har ett starkt behov av att gå in i sig själva och känna sin egen andning. Det var intressant att märka att besökarna plötsligt betrakta mig som yogalärare fastän jag aldrig haft den rollen tidigare.

Vilken var den finaste upplevelsen du hade
med andra?
Den finaste workshoppen var tillsammans med en grupp föräldrar och spädbarn i "Jag känner", när alla slappnade av fullständigt samtidigt som de var helt fokuserade på sina barn. Det var en behaglig, lugn stämning i rummet, som fylldes med välbefinnande och energi på samma gång.

Fanns det även intensivt eftertänksamma eller
kanske ledsna stunder?
Än så länge har jag inte upplevt några sorgsna stunder i utställningen.

Ser du museet med andra ögon nu?
Jag tycker att det är väldigt trevligt och värdefullt att ge människor möjlighet att pröva yoga och enkla meditationsövningar i ett museisammanhang. Det blir också en väldigt trevlig mötesplats.

Ser du konstverken eller konsten i allmänhet
med andra ögon nu?
Jag tror inte att jag ser på konst med andra ögon, men kanske känner jag nu att det är mer accepterat att en pedagog tar större plats i utställningen än jag skulle ha gjort annars.

1 D☺ △ - YELLOW

Cloze the Curten

Guidt: Hallo My Name is ? : turnyou Say Hallo
You way - looking - smilig - Be you - BE in you...
Stand in A CIRKEL

EXERSISE: Guide show this with a guest (Mirror the movment

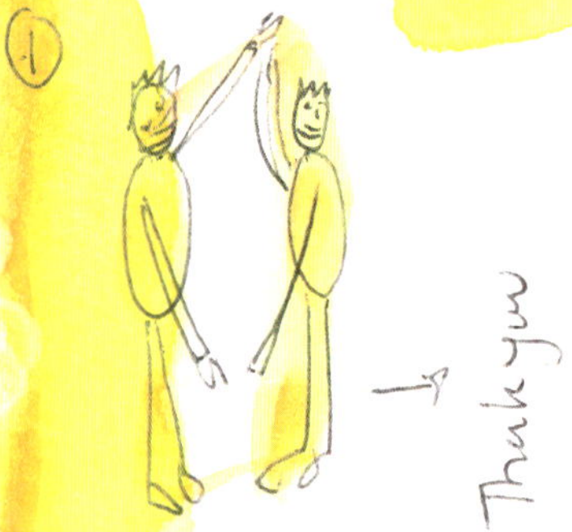

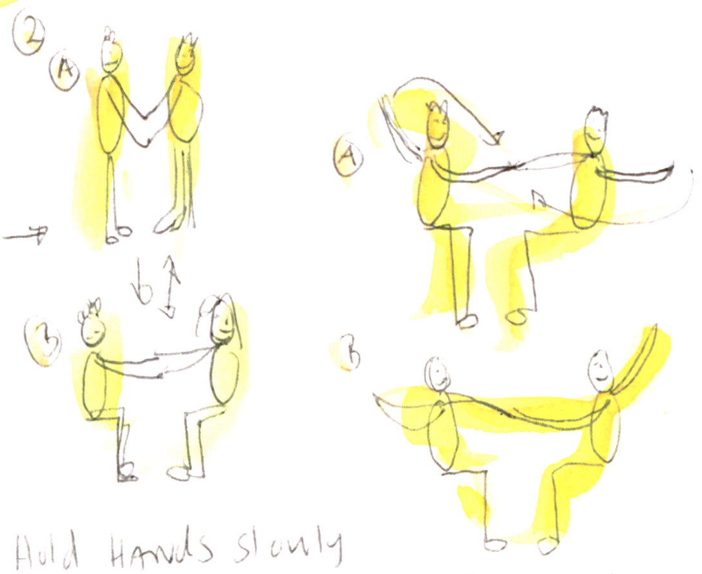

1

Mirror the movment of the othen
up Down / uze anch body

Thank you

2 A
B

Hold Hands slowly
sitt - lean Back
Hold together
Ballance

MAX 90° NEE Bend

A
B

Sit Down
uze / Hold with one Hand
chaga Hand

EXERSICE: ARE you A Guid in you liFE
one ARE you Guidet in you liFE

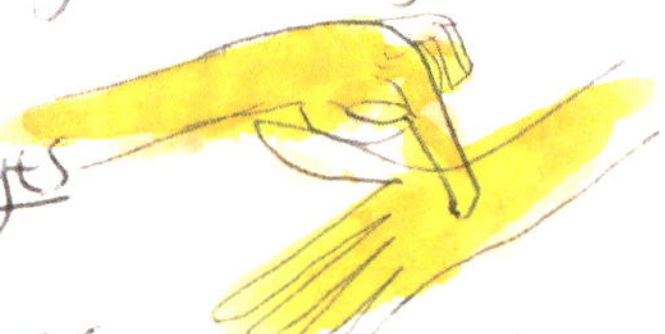

cloze eyes
open EYES (the Guide)

ONE
Close your EYES → place your Finger in the palm OF the other person. THE Guid wil Now move around slowly...
90 sek swop person → AGAIN - 90 sek = 3 times Diffne peopel

Folder: please put 5-10 WORDS To your sef: WAVE DO you FEEL....
WHEN YOU Guide... And To Be guidet.. RIGHT NOW
THANK YOU

I DO • JAG GÖR

Do you feel guided in your life?
Or do you rather guide others?
How does it feel to guide? How does it feel to let go of control?
Write it down or draw it.
Känner du dig styrd i ditt liv?
Eller är det mer du som vägleder andra?
Hur känns det att vägleda? Hur känns det att släppa kontrollen?
Beskriv eller rita det.

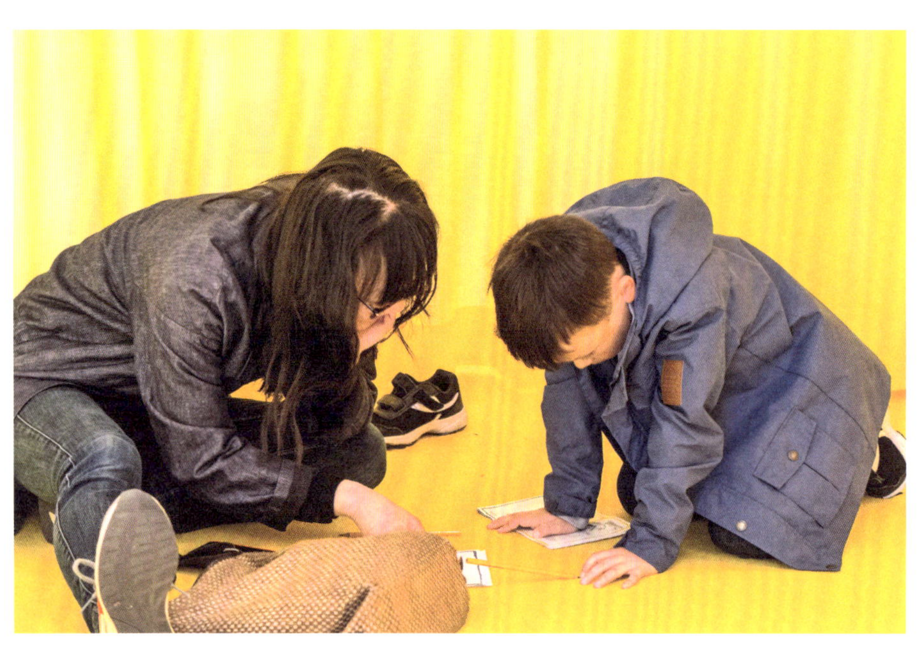

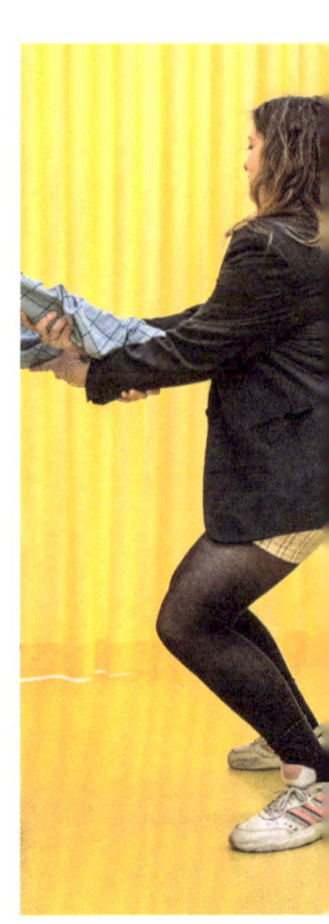

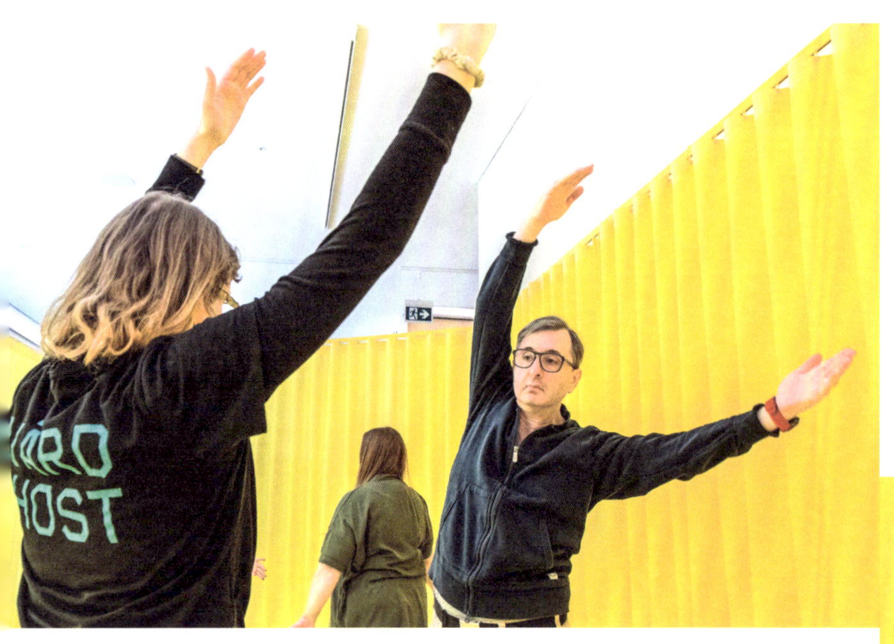

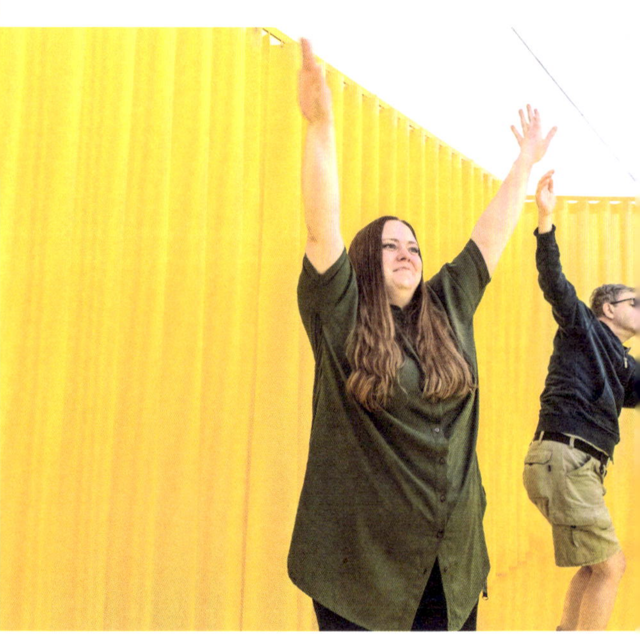

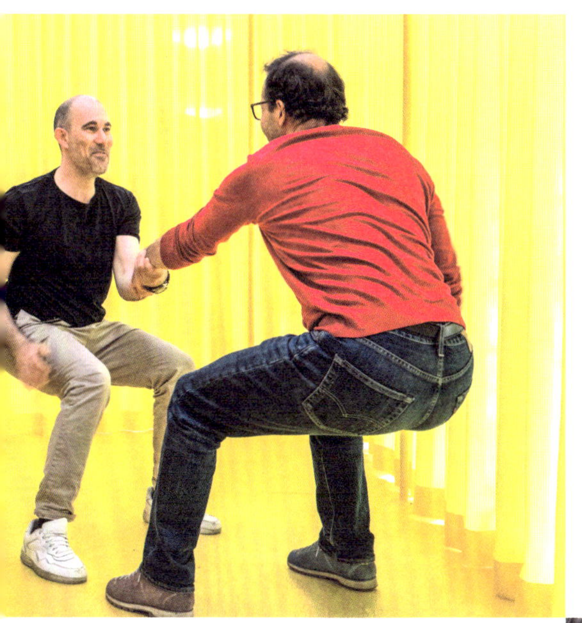

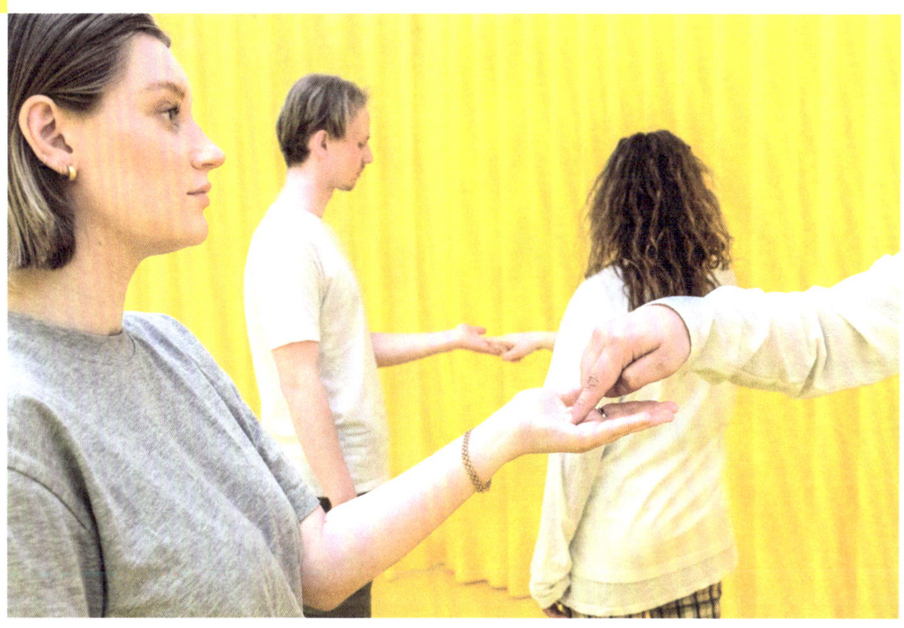

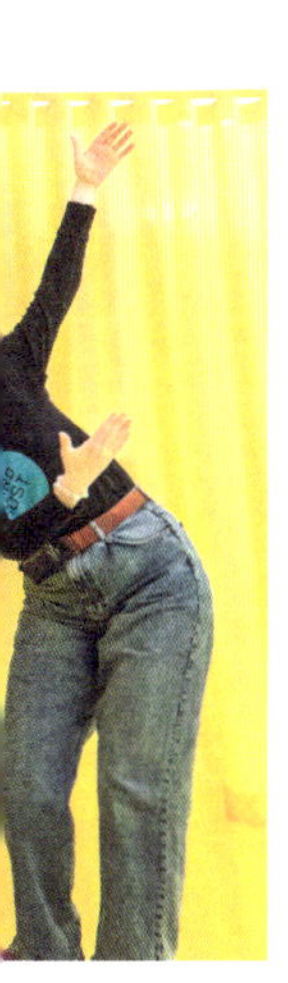

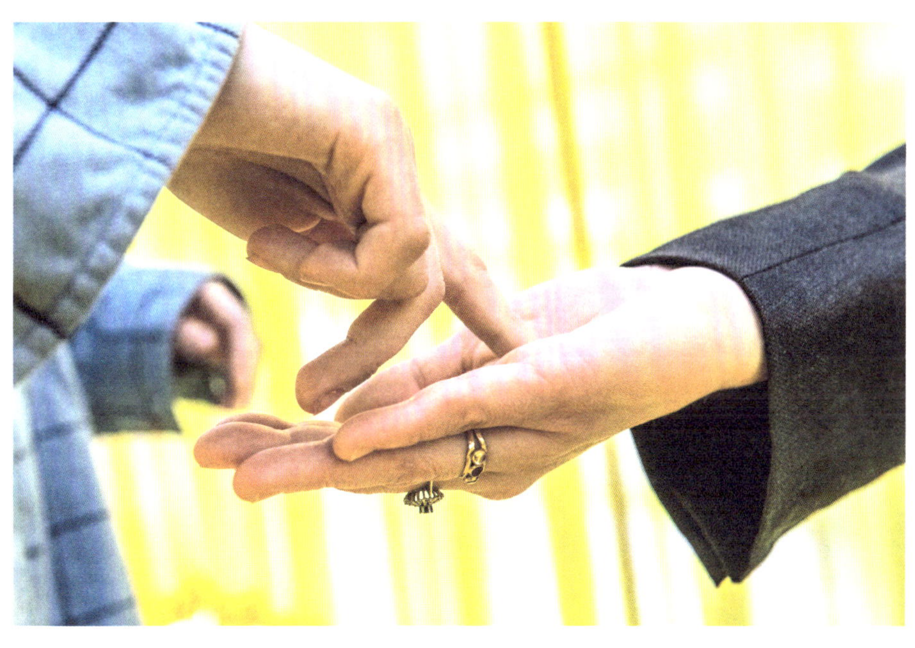

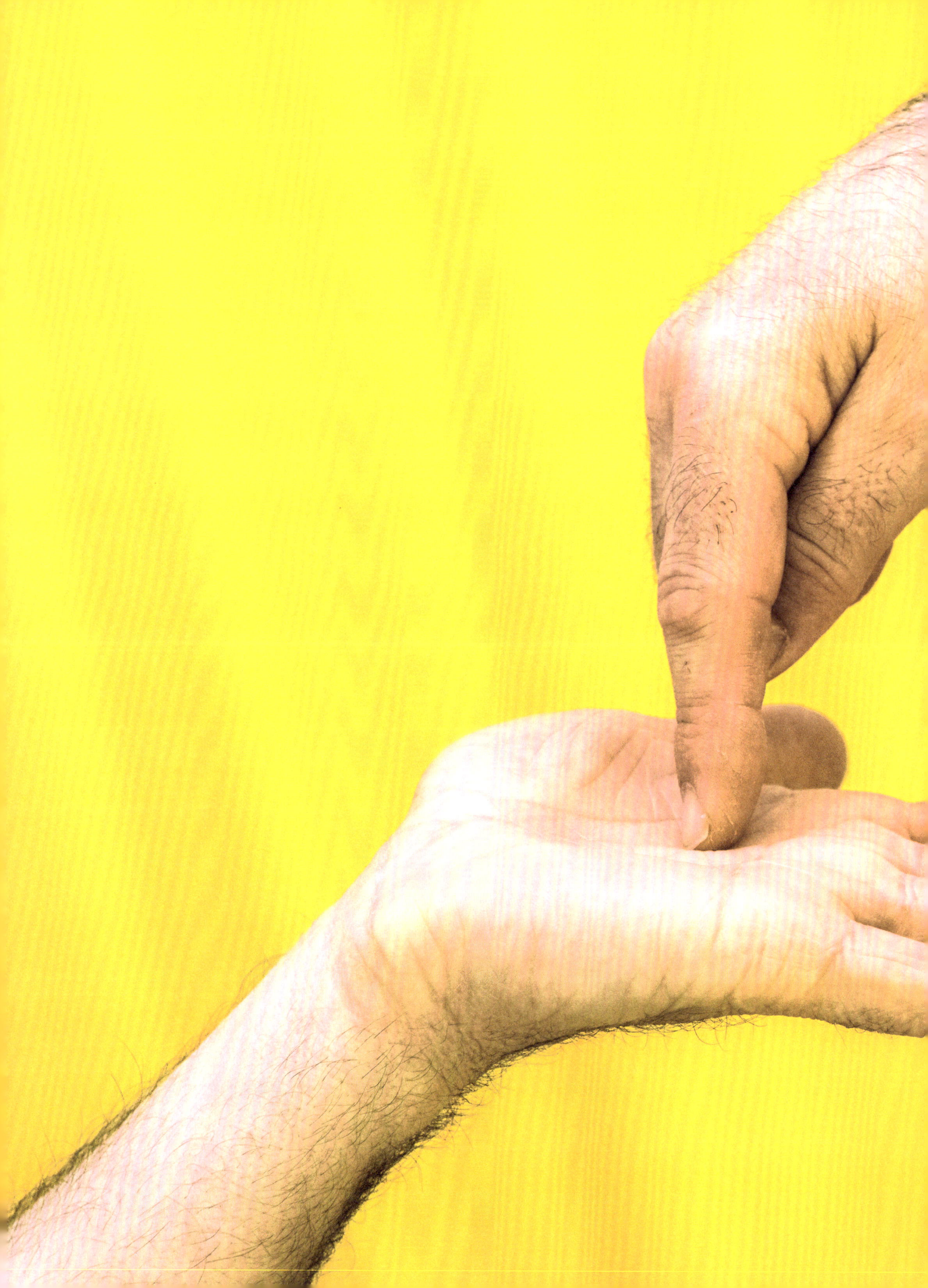

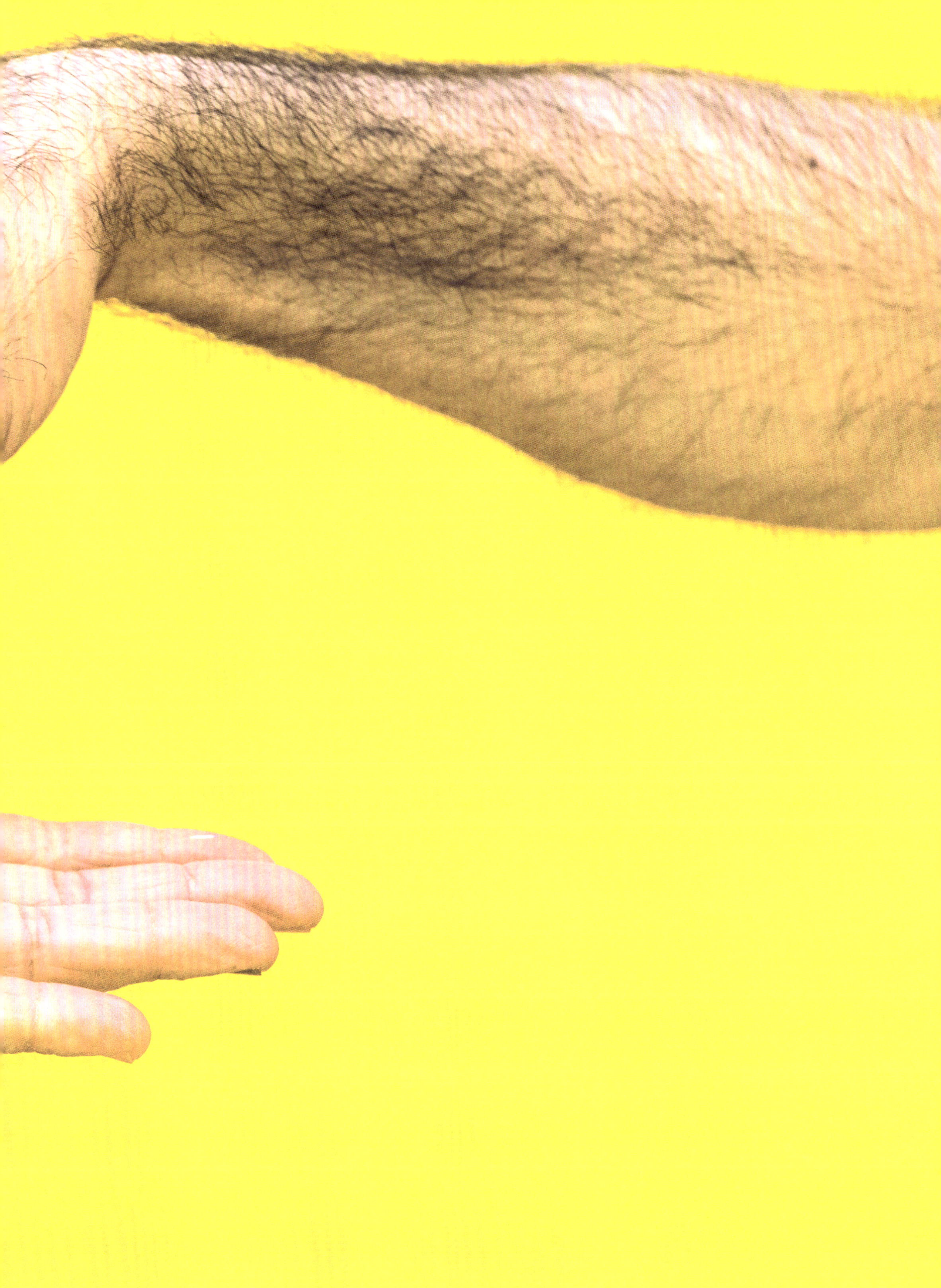

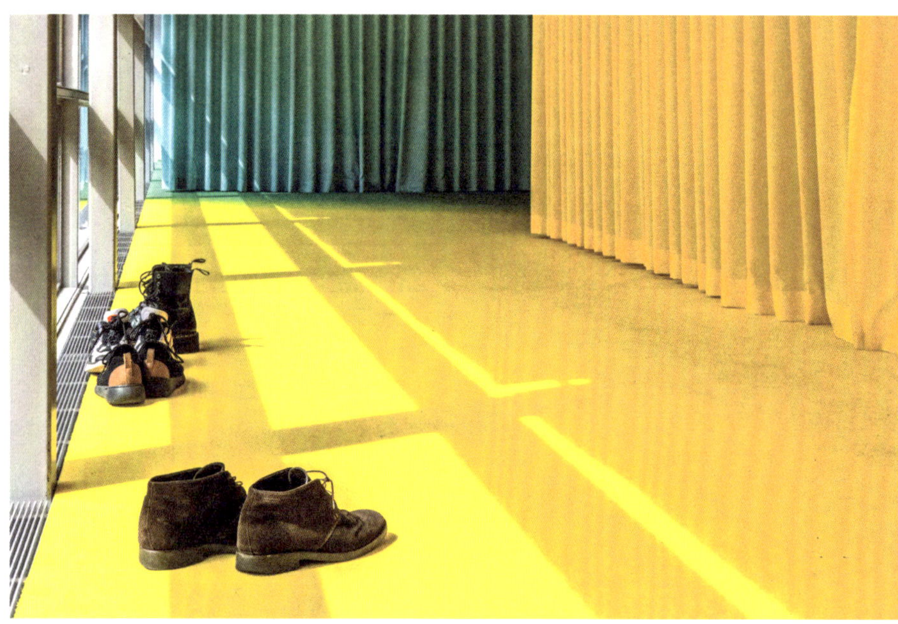

Vem är du … egentligen? Beskriv dig själv med 7 ord.
Levande, mamma, stark, intresserad, kärleksfull, generös, tänkande.

Har du någonsin på allvar tänkt på det tidigare?
Ja.
Om ja, vid vilket tillfälle?
Jag tror att det kommer med åldern, att tänka på vem man är, vad man kan göra för att bli lyckligare och en bättre person för sig själv, för naturen och för sin närmaste omgivning.

Vilken övning gillade du bäst?
Jag tyckte om ”Jag gör”.
Skulle du kunna beskriva den med egna ord?
Det är en krävande workshop eftersom den har många olika steg. Först samlas man i en ring, sedan hälsar man besökarna välkomna och låter dem ta in det gula rummet.

Fundera på guidningen. När känner du att du leder och när känner du att du blir ledd?
Att spegla varandra är bra eftersom det blir tydligt om man vägleder eller följer. Sedan byter man. Jag vänder mig till en besökare och förklarar hur man böjer på knäna och skapar balans, en tyst förhandling mellan tyngdkraft, styrka och tillit. Nya par prövar detta tre gånger. Sedan ber jag en ny besökare ta min arm. Jag förklarar att när vi

Who are you … really? Describe yourself in 7 words.
Alive, a mother, strong, interested, loving, generous, thinking.

Have you ever seriously thought about it before?
Yes.
If so, on what occasion?
I think it is a part of growing old, to think about who you are, what you can do to be happier and a better person to yourself, to nature, and your surroundings.

Which exercise did you like best?
I enjoyed “I Do”.
Could you describe it with your own words?
It’s a challenging workshop as it has a lot of different steps. First you gather in a circle, then you welcome the visitors and let them take in the yellow room.

Think about guidance. When do you feel like you are guiding/leading? And when do you feel like you are being guided?
It makes sense to mirror each other as it becomes clear if you lead or follow. Then you swap. Now I grab a visitor and explain the bending the knees and creating a balance, a silent negotiation of gravity, strength, and also trust. So new pairs try this three times. Then I take a new visitor

and I ask them to take my crossed arm. I explain that when we are ready to let go of one hand, we make eye contact and squeeze our hands so that we know we can let go. After this it's the blind guide… Then I read the questions again and let them sink in.

Why is it your favourite one?
I find that people lose their sense of control and let go, they show trust, and also find joy in the fact that they could do a complicated task.

What was the most beautiful experience that you had with others?
I had a group of babies and mothers. In the first red room, all the mothers had babies in slings, so they were facing each other. The babies' eyes were meeting as well as the adults' eyes in this wonderful way of greeting and taking each other in.

Do you see the museum with different eyes now?
The museum is a building, then we have a collection of art, and people that have dedicated their life to work with art in one way or another. I know and I see that it takes so much more to work with people than with objects. The museum has entered into its employees in a way that institutions should be careful to do, but in the art world we do this all the time. Art always asks a lot from us. Bodily practices and emotional labour are a so-called "soft value" but a hard currency to make this experience what it should be.

Do you see the artworks or art in general with different eyes now?
I see the exhibition differently. How you really feel after working in it, it has to be experienced and we are friends now.

är redo att släppa ena handen söker vi ögonkontakt och kramar den andras hand så att vet att vi kan släppa. Därefter är det den blinda guidningen … Sedan läser jag frågorna igen och låter dem sjunka in.

Varför är den din favorit?
Jag märker att många låter sig förlora kontrollen, de visar tillit och blir också glad över att de kunnat göra en invecklad övning.

Vilken var den finaste upplevelsen du hade med andra?
Jag hade en grupp med spädbarn och mammor. I det första övningsrummet bar alla mammorna sina barn i selar, så de stod vända mot varandra. Både barnens och de vuxnas blickar möttes på ett underbart sätt när de hälsade på varandra och betraktade varandra.

Ser du museet med andra ögon nu?
Museet är en byggnad, och så har vi en konstsamling, och här finns personer som har vigt sitt liv åt att arbeta med konst på ett eller annat sätt. Jag vet och jag ser att det krävs mycket mer för att arbeta med människor än för att arbeta med föremål. Museet har inlåtit sig med sina anställda på ett sätt som institutioner bör vara försiktiga med, men i konstvärlden gör vi det hela tiden. Konsten begär alltid mycket av oss. Kroppsliga övningar och känslomässigt arbete är så kallade mjuka värden men hårdvaluta om man vill göra den här erfarenheten till vad den borde vara.

Ser du konstverken eller konsten i allmänhet med andra ögon nu?
Jag ser annorlunda på utställningen. Hur man egentligen känner sig efter att ha arbetat med den måste upplevas, och vi är vänner nu.

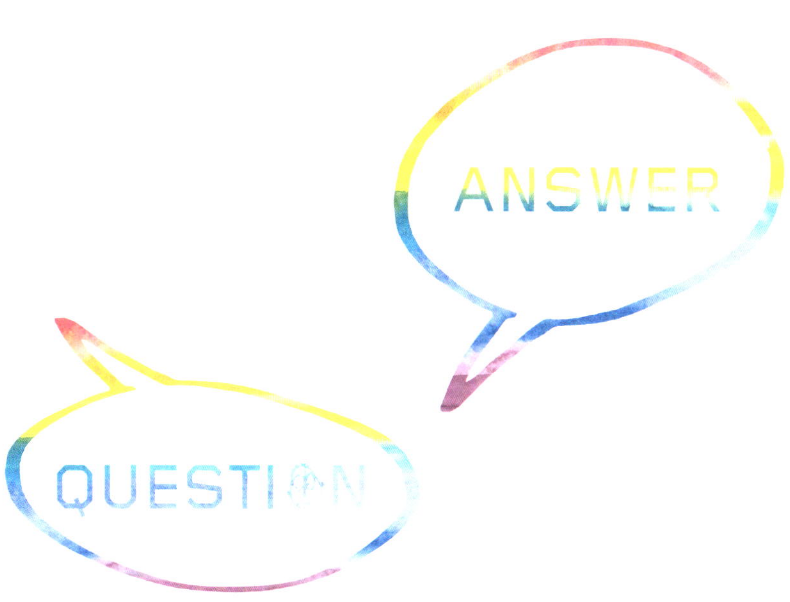

LLOVE 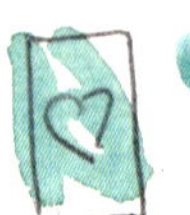 GREEN

Clozen th Curten

Guide: Hallo my NAM IS ?? SAY Hallo with your ♡
Loding – sailing – you may connecting peopl
MAKE A CIRKEL with everyon

EXERSISE: HOVE Can WE open up one ♥ more to myself and the WORLD...

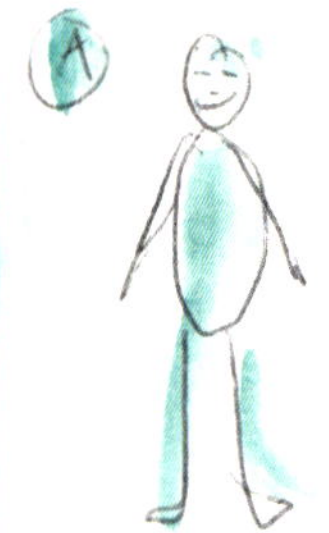

A
Close your EYES
Feel your Breath
Big inhale/exhale
Do you Feel LOVE?
Do you Feel Loved?

B
lean BACK
Bring your Arm
Back open your
Breast / Heart ♡
Breath in..
Arm Down →
Breast out →
5 x tims

C
2 person
Back to Back
Feel your ♡
Feel your ♡ Beats
Feel the other ♡
Feel the others Breaths
(2 min)

D
inhale
Exhale
slowly inhale
bend BACK slowly
Exhale Bend Forward
Find a rytHem
together...
(2 min)
stop Feel your ♡
Feel the other ♡ + Breth

Stand in A Cirkel

Put ONE Hand on the BACK to Hold the others HEARD ♡
Close your EYES
FEEL YOUR ♡ Feel loved And Holed
(90 sek)

Folder: Guide: NOW I invait you to: (Sit-BACK-BACK)
Writh a Love letter to your self (only to yourself)
What Do you wish to Here... All kinds words you can Find
Respech – GRACE – GRADETUDE – LOVE – !

I LOVE • JAG ÄLSKAR

Put your right hand onto your heart.
Can you feel your heartbeat?
Listen to what your heart tells you and
write a love letter to yourself.

Lägg högra handen mot hjärtat.
Känner du hjärtslagen?
Lyssna på vad ditt hjärta säger och
skriv ett kärleksbrev till dig själv.

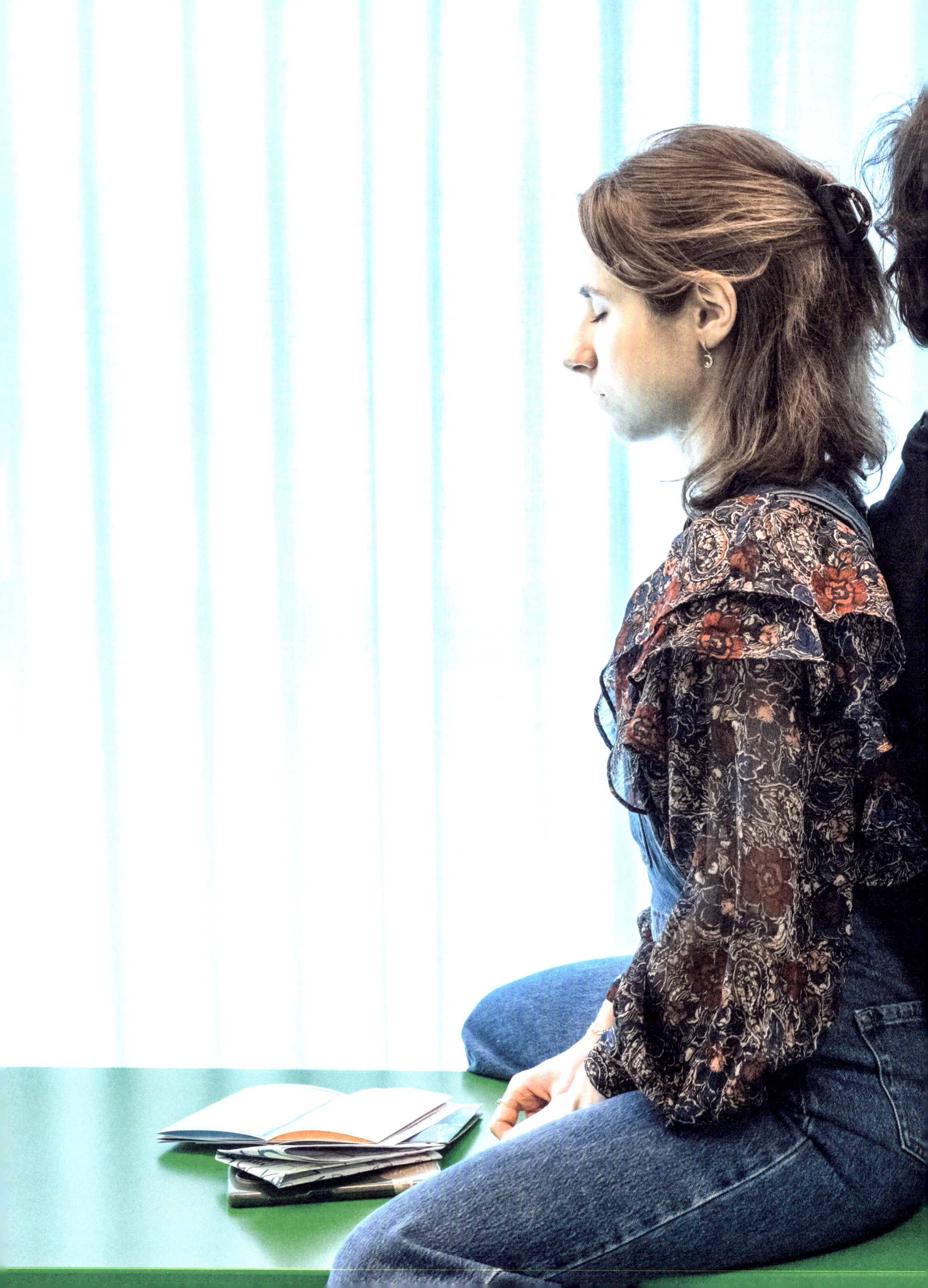

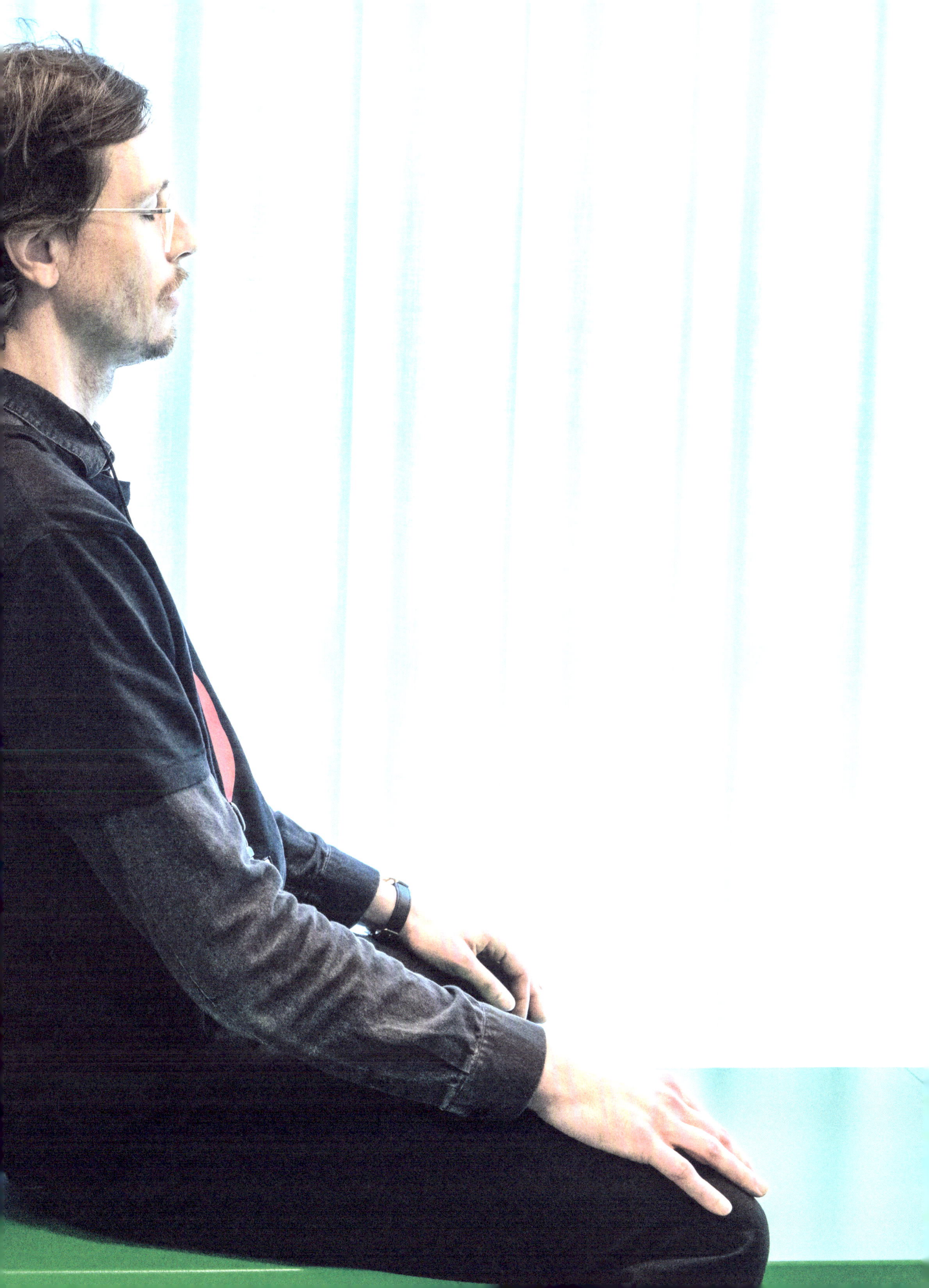

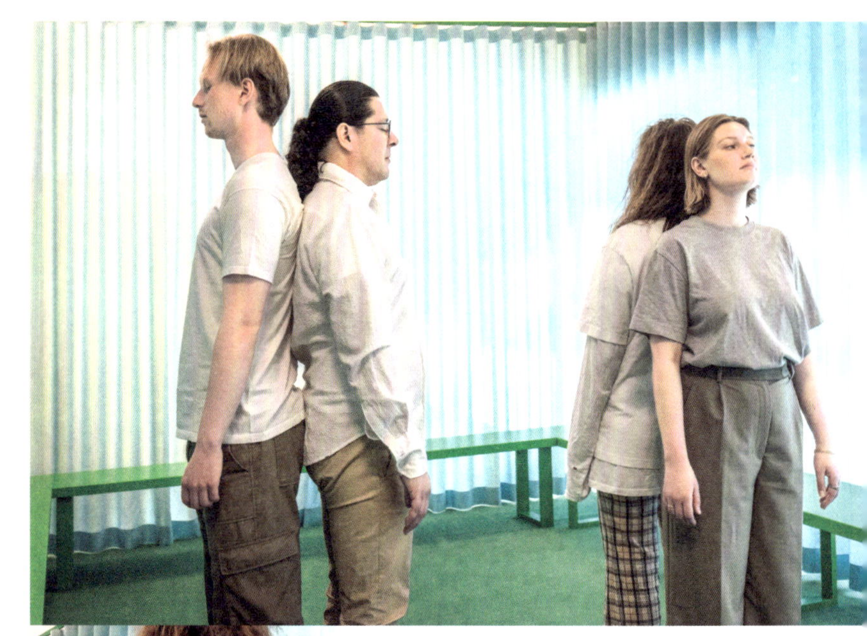

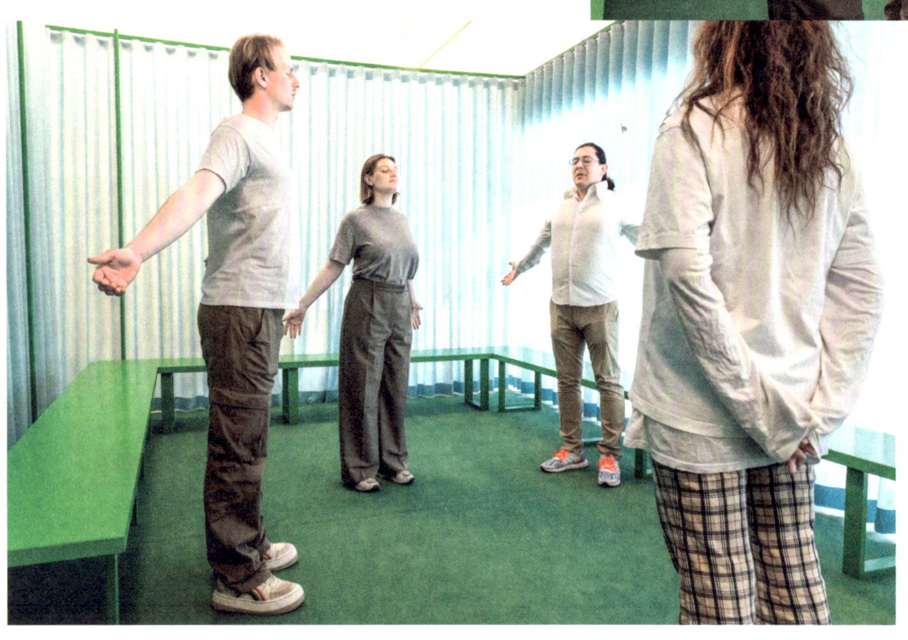

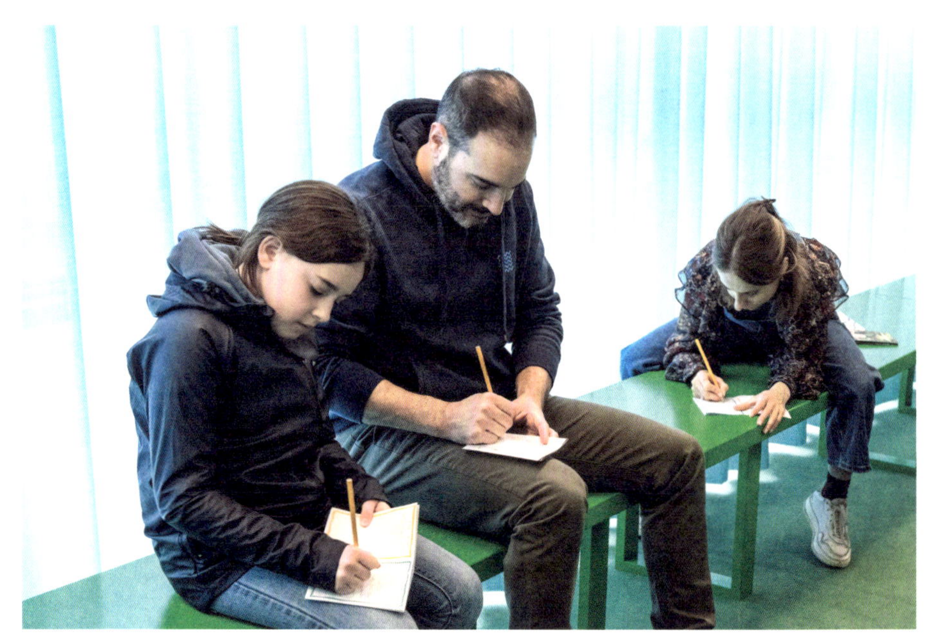

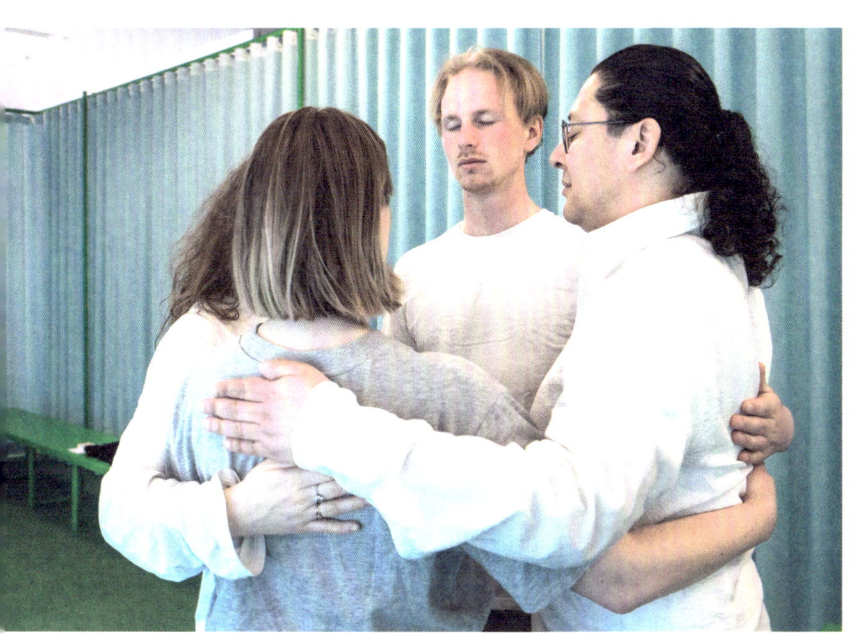

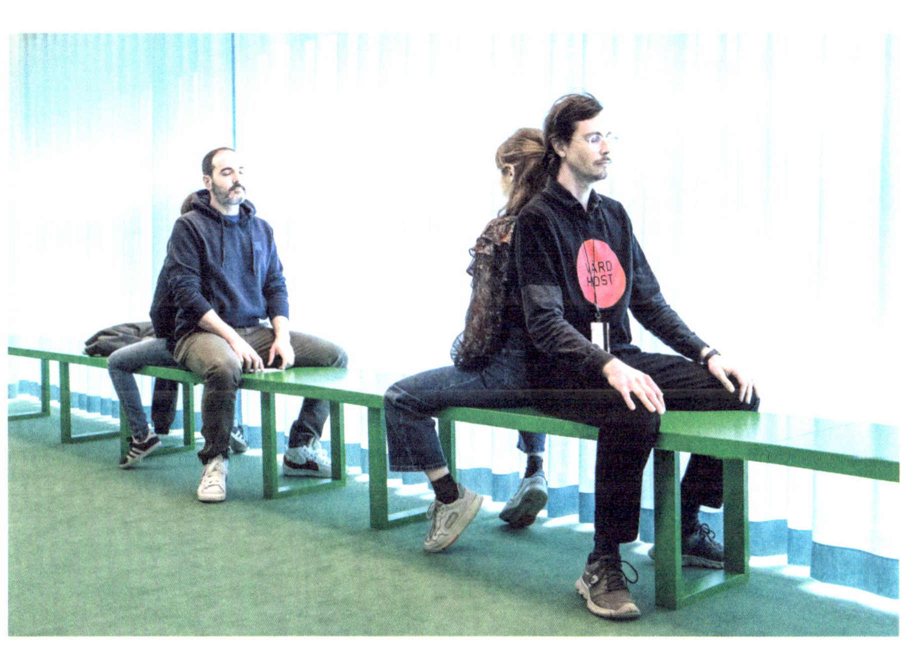
VÄRD
HOST

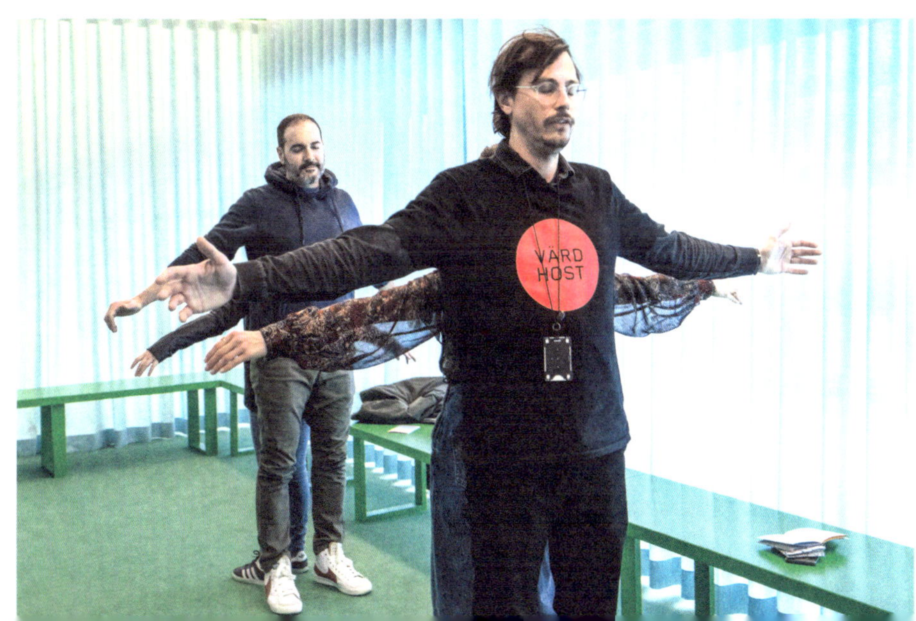
VÄRD
HOST

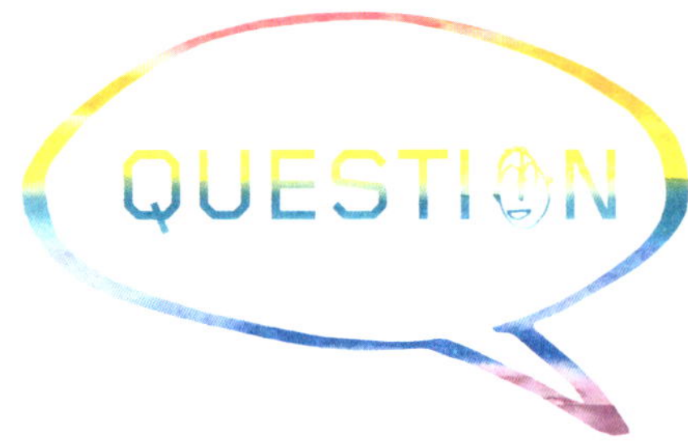

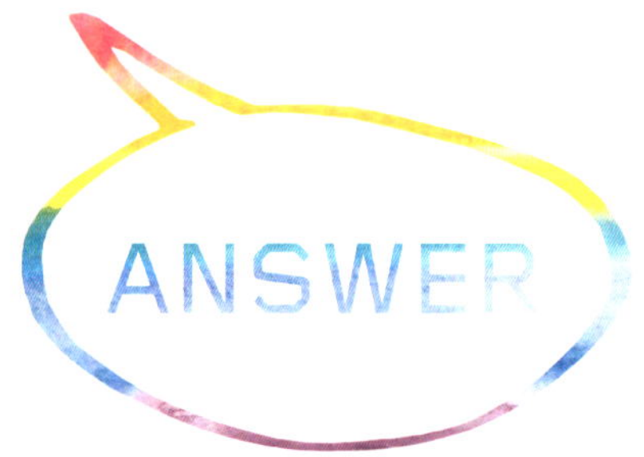

Vem är du ... egentligen? Beskriv dig själv med 7 ord.
Kreativ, hängiven, känslig, kärleksfull, eftertänksam, balanserad, inspirerad.

Who are you ... really? Describe yourself in 7 words.
Creative, dedicated, sensitive, loving, reflective, balanced, inspired.

Har du någonsin på tänkt på det tidigare?
Ja, jag tror att det är viktigt att känna sig själv och veta vad för sorts person man skulle vilja vara. Som partner, vän, förälder eller kollega.

Have you ever seriously thought about it before?
Yes, I think it's important to know yourself and what kind of person you would like to be. As a partner, friend, parent, or colleague.

Vilken övning gillade du bäst?
Skulle du kunna beskriva den med egna ord?
Varför är den din favorit?
Jag tror att mina favoritövningar var "Jag älskar" och "Jag ser". När man tittar på en annan person länge så händer något. Om man tycker att det är okej att det känns lite obehagligt i början kan det vara riktigt inspirerande.

Which exercise did you like best?
Could you describe it with your own words?
Why is it your favourite one?
I think my favourite exercises were "I Love" and "I See". When you are looking at another person for a long time, something happens. If you are OK with being a little uneasy at first, it can be quite inspiring.

Vilken var den finaste upplevelsen du hade med andra?
"Jag förstår"-övningen är kanske den finaste, att känna vibrationerna från klangskålarna och sedan experimentera med att måla tillsammans.

What was the most beautiful experience that you had with others?
The "I Understand" exercise is perhaps the most beautiful, sensing the vibrations from the singing bowls and then doing this experimental painting session together.

Fanns det även intensivt eftertänksamma eller kanske ledsna stunder?
"Jag älskar"-övningen kan vara väldigt känslosam eftersom den uppmanar en att titta djupt in i sig själv. Att skriva ett kärleksbrev till sig själv är fint men kan släppa loss alla möjliga känslor.

Was there also an intense reflective or maybe sad moment?
The "I Love" exercise can be quite emotional as it invites you to look deep into yourself. Writing a love letter to yourself is a beautiful thing but can unlock all sorts of feelings.

Ser du museet med andra ögon nu?
Workshopparna gör absolut salarna levande på ett annat sätt. Jag tror att jag kommer att bära med mig alla dessa erfarenheter ett bra tag.

Do you see the museum with different eyes now?
The workshops certainly activate the galleries in a different way. I think I will carry all these experiences with me for some time.

Ser du konstverken eller konsten i allmänhet med andra ögon nu?
Det är fascinerande att se att konst kan vara väldigt interaktiv och uppmana en till att arbeta med sig själv på ett medvetet sätt – den blir vad man gör den till.

Do you see the artworks or art in general with different eyes now?
It's fascinating to see how art can be very interactive and invite you to work on yourself in a mindful way – it becomes what you make of it.

Ser du dig själv med andra ögon nu?
Att kliva ut ur min bekvämlighetszon har nog gjort mig lite modigare och lite mer säker mig på själv så att jag vågar tackla nya utmaningar.

Do you see yourself with different eyes now?
Perhaps stepping out of my comfort zone is making me a little braver and more confident to take on new challenges.

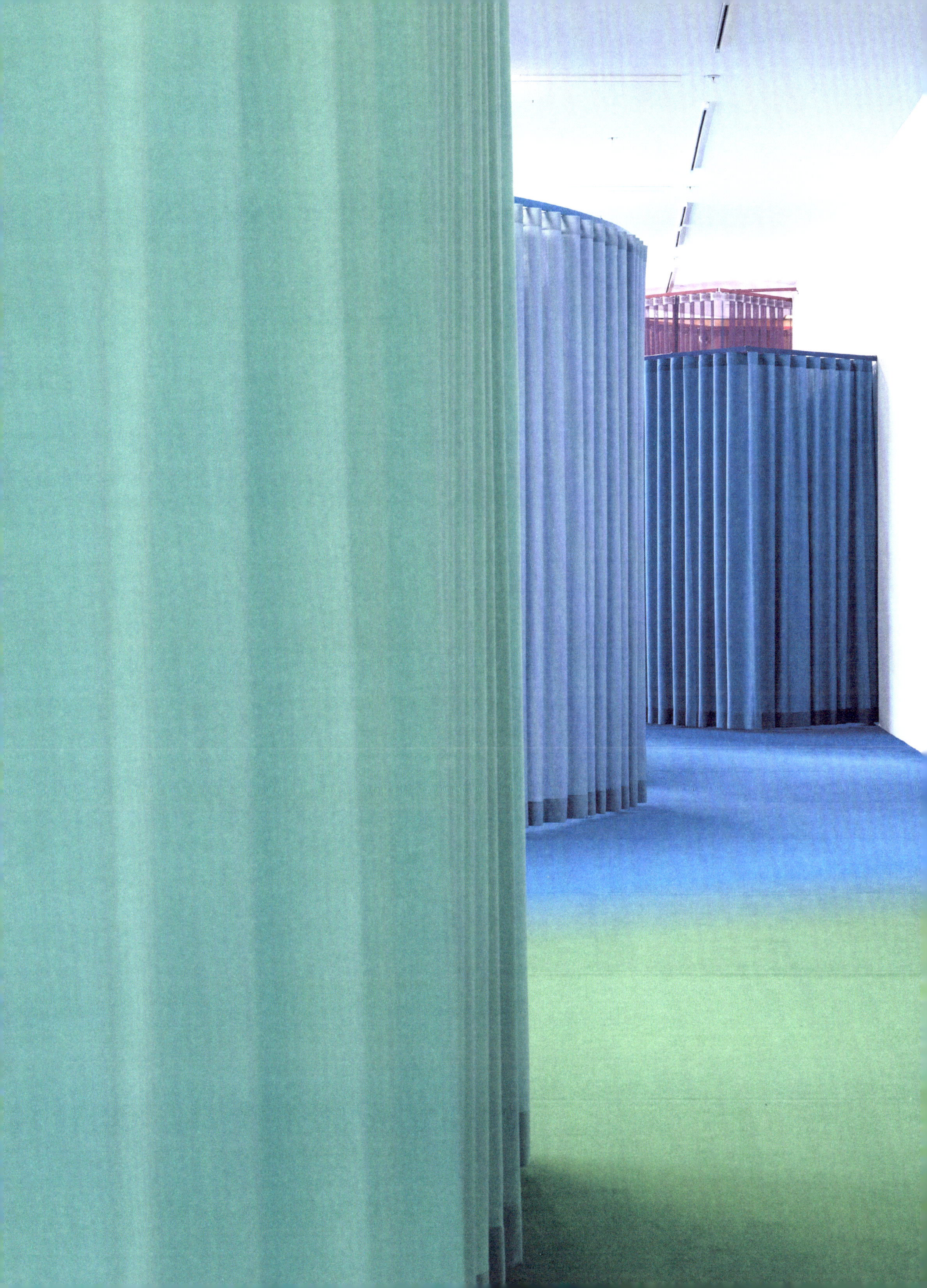

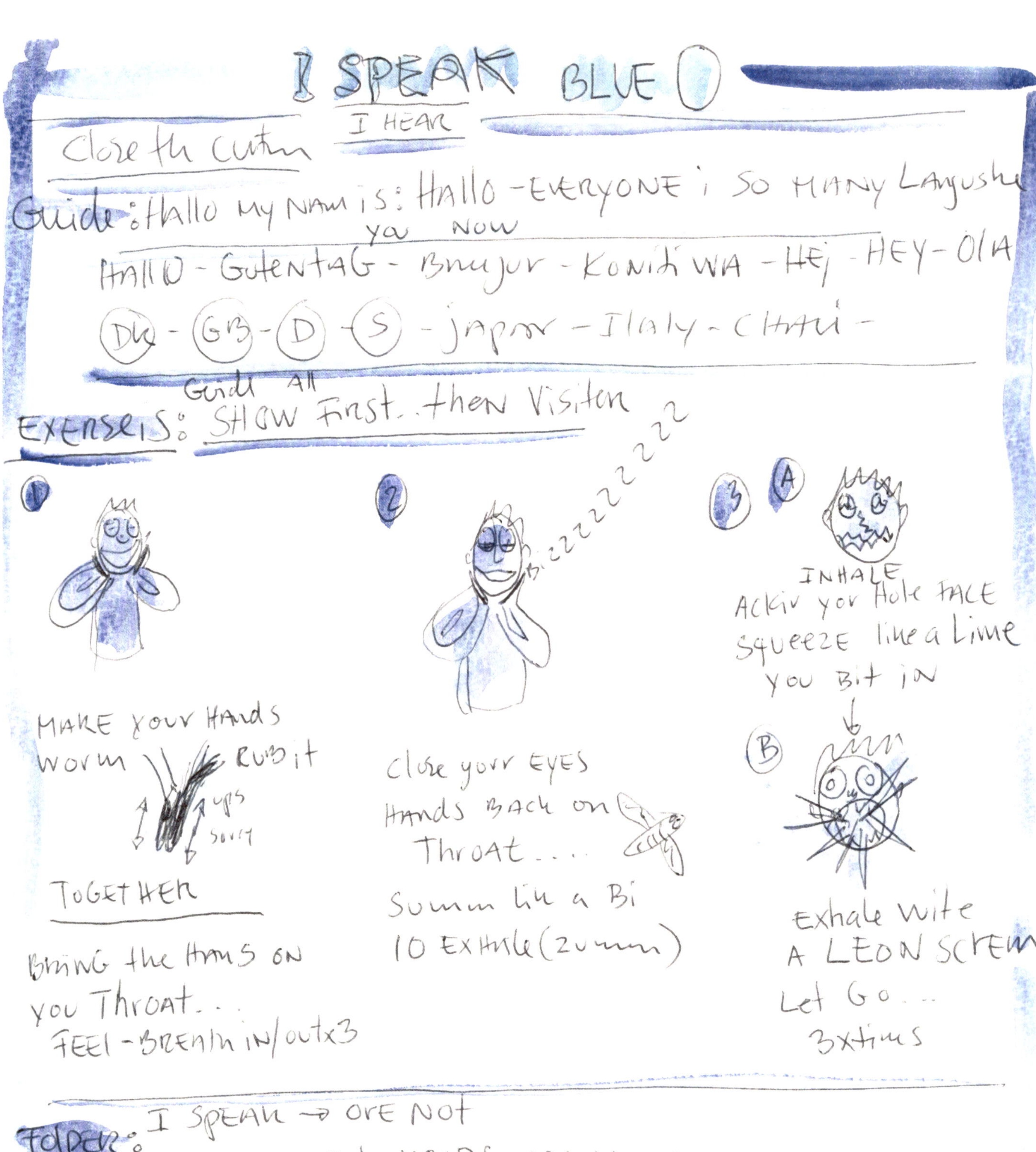

Folder: I speak → ore Not

can you put words on your emotions and thoughts:

please put 5-10 words on th Feeligs you have

A Holdig you Throat (Suport)

B Feelig th BiB zummm (inside)

C To ~~Let~~ Go (Scream)

I SPEAK • JAG TALAR

Inhale deeply and scrunch your face up. Hold. Open your mouth wide, stick out your tongue, and, while exhaling, roar like a lion. Write down the voice and thoughts that you heard during the exercise.

Andas in djupt och rynka ansiktet. Vänta. Gapa stort, stick ut tungan och ryt som ett lejon medan du andas ut. Beskriv rösten och tankarna du hörde under övningen.

....

....

....

....

....

....

....

....

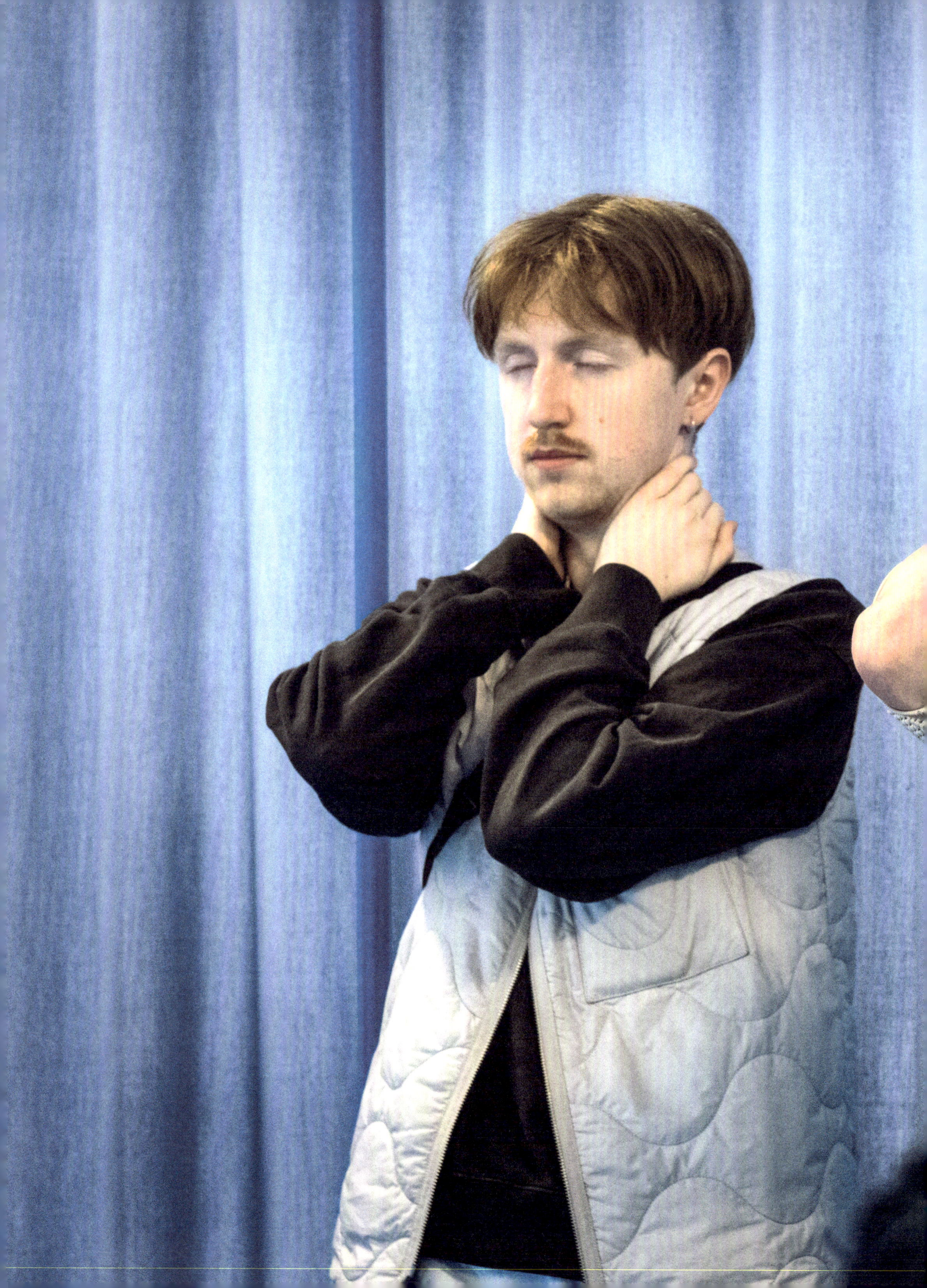

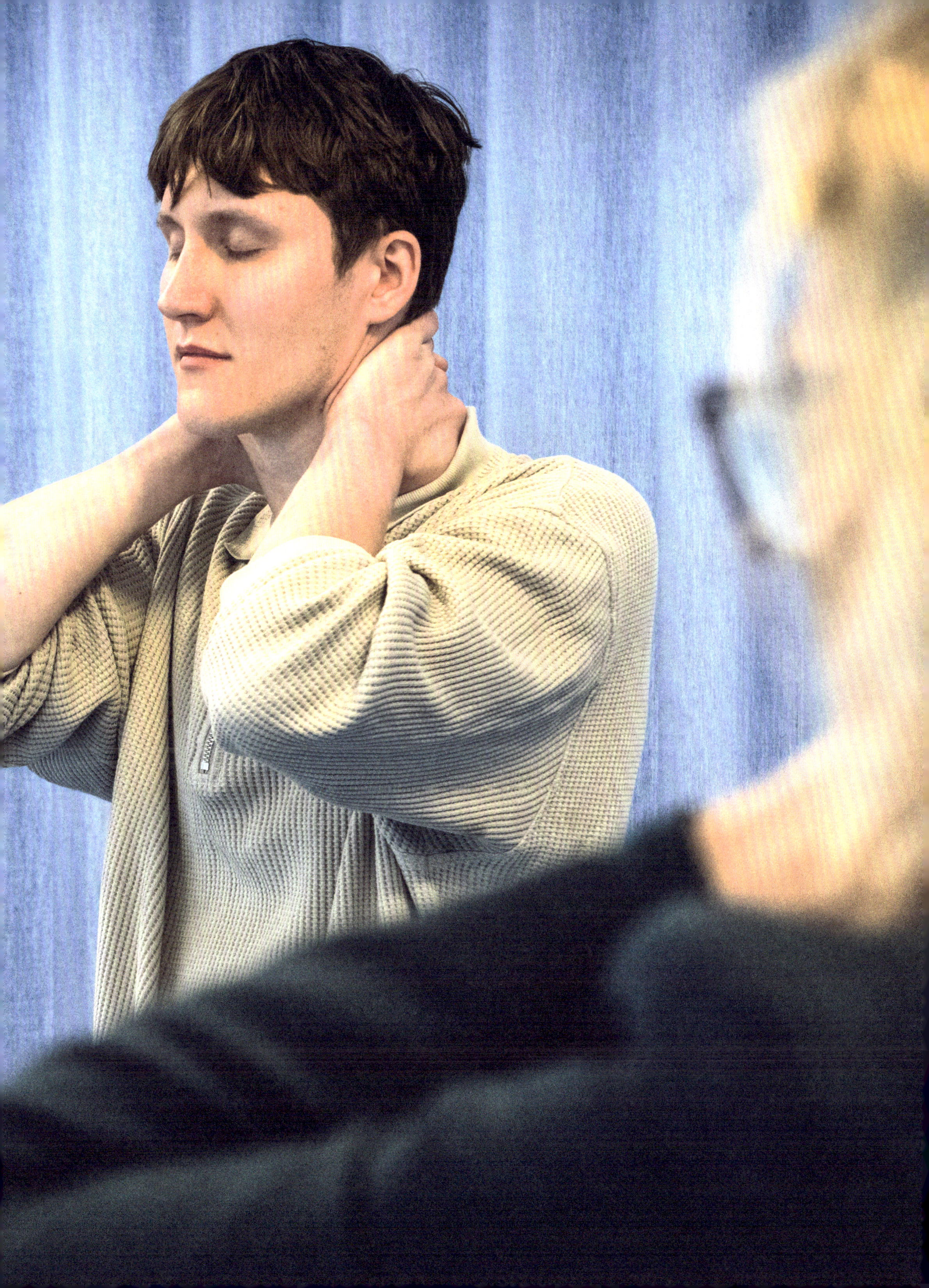

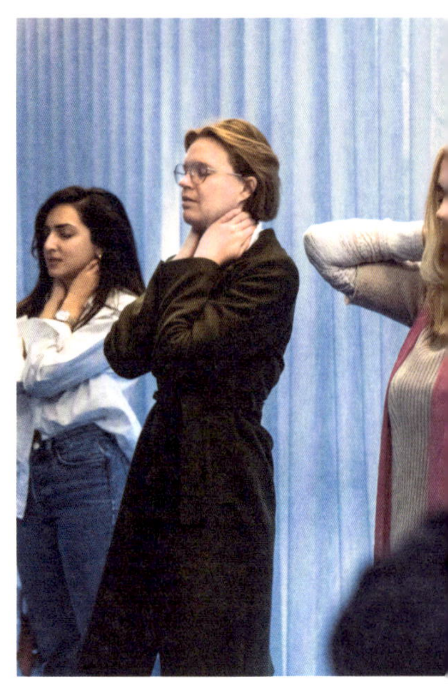

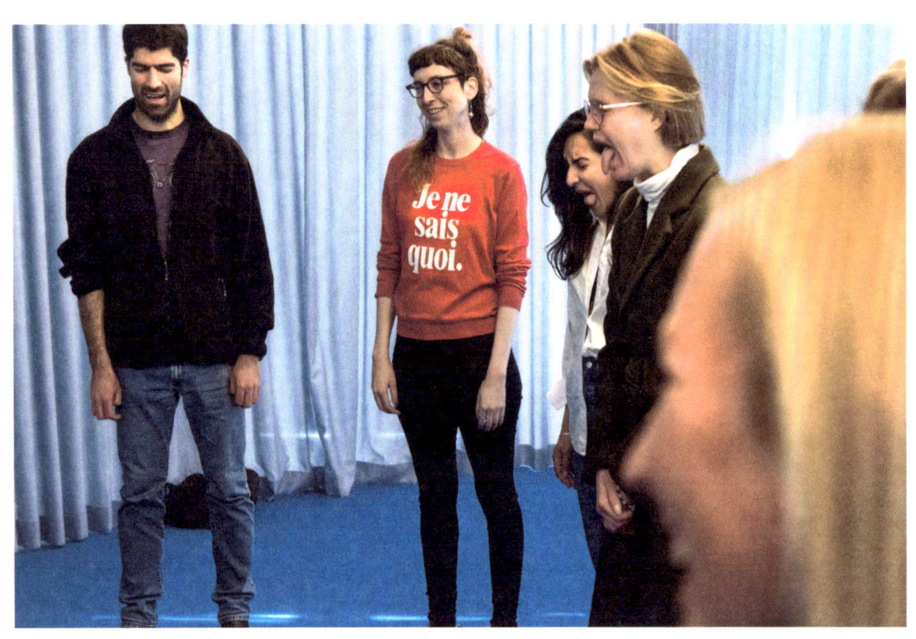
Je ne
sais
quoi.

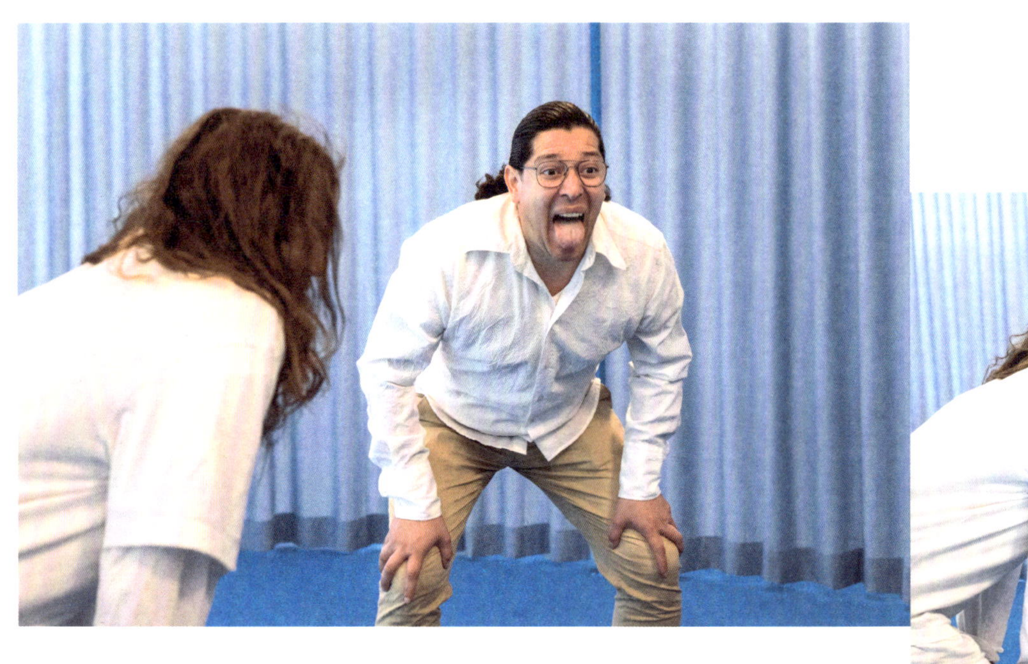

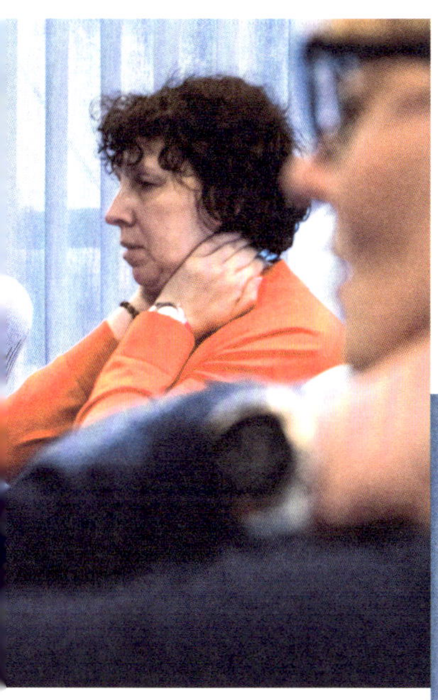

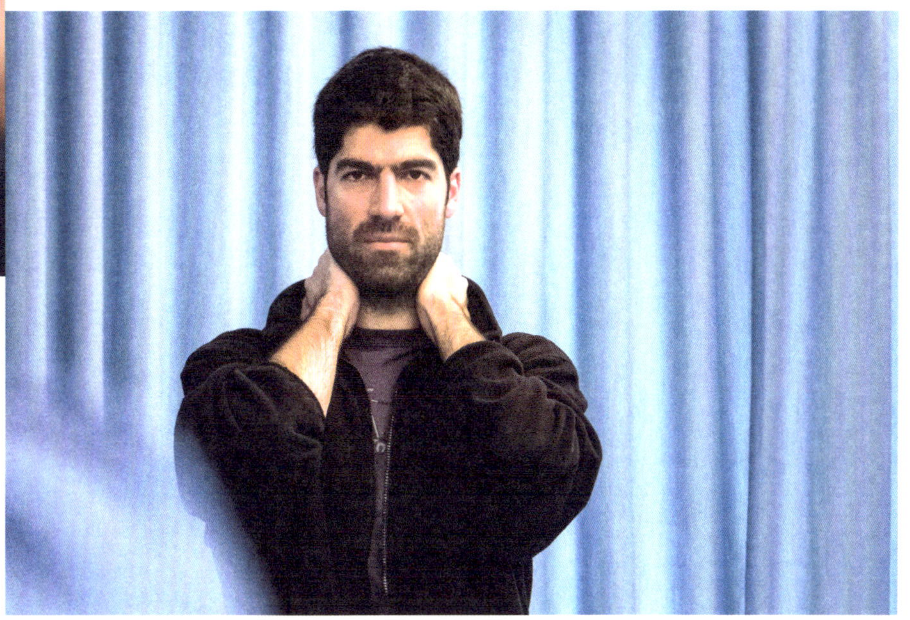

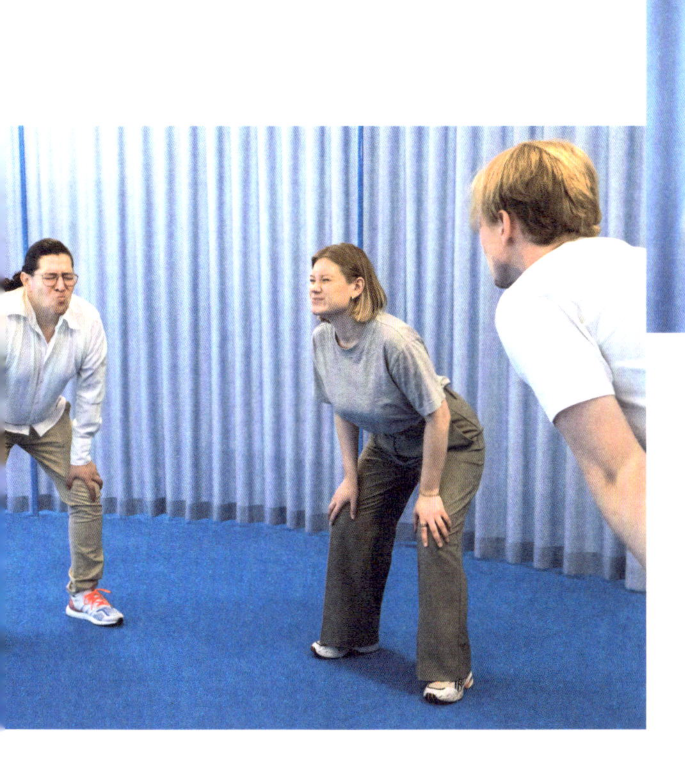

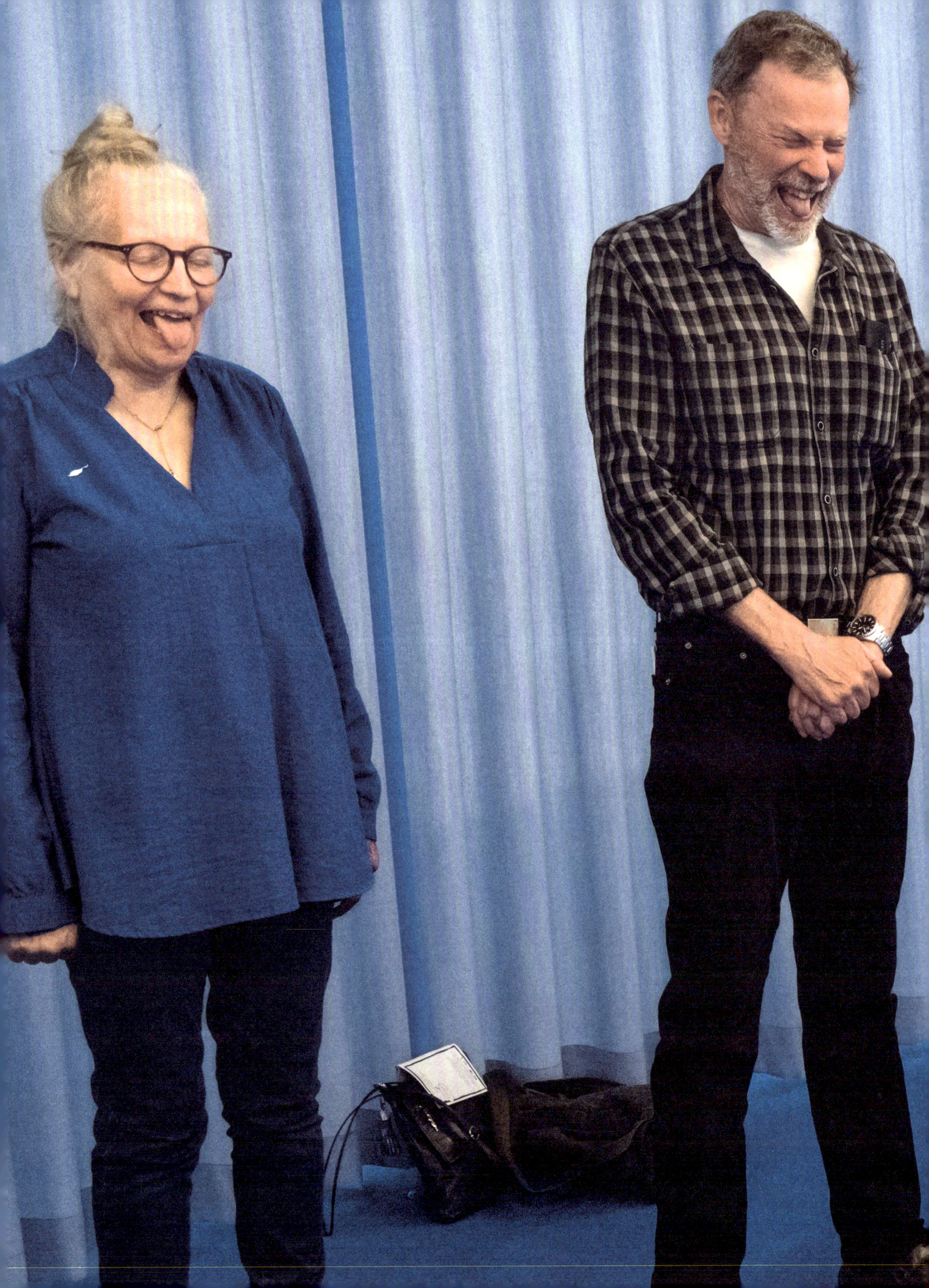

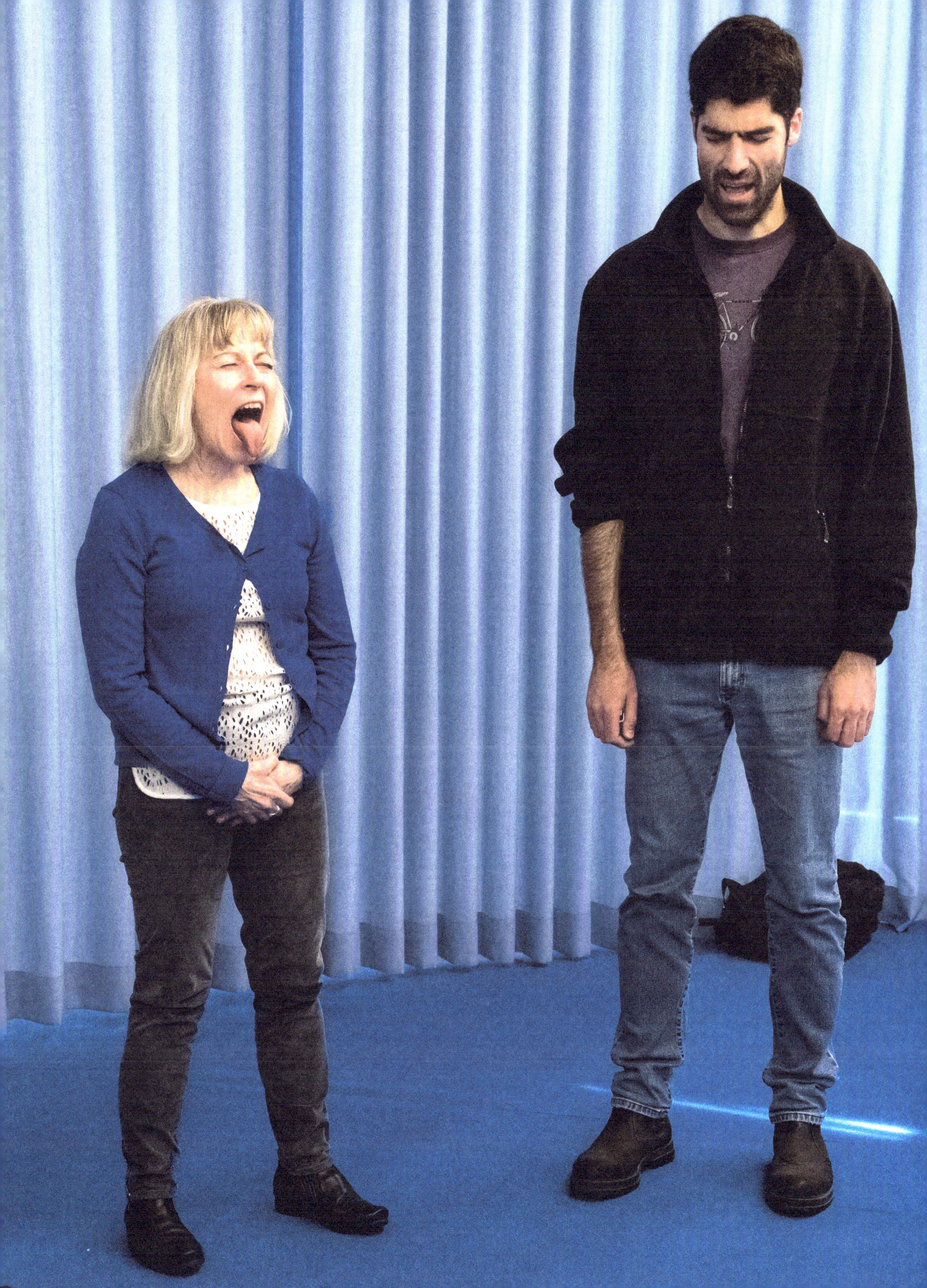

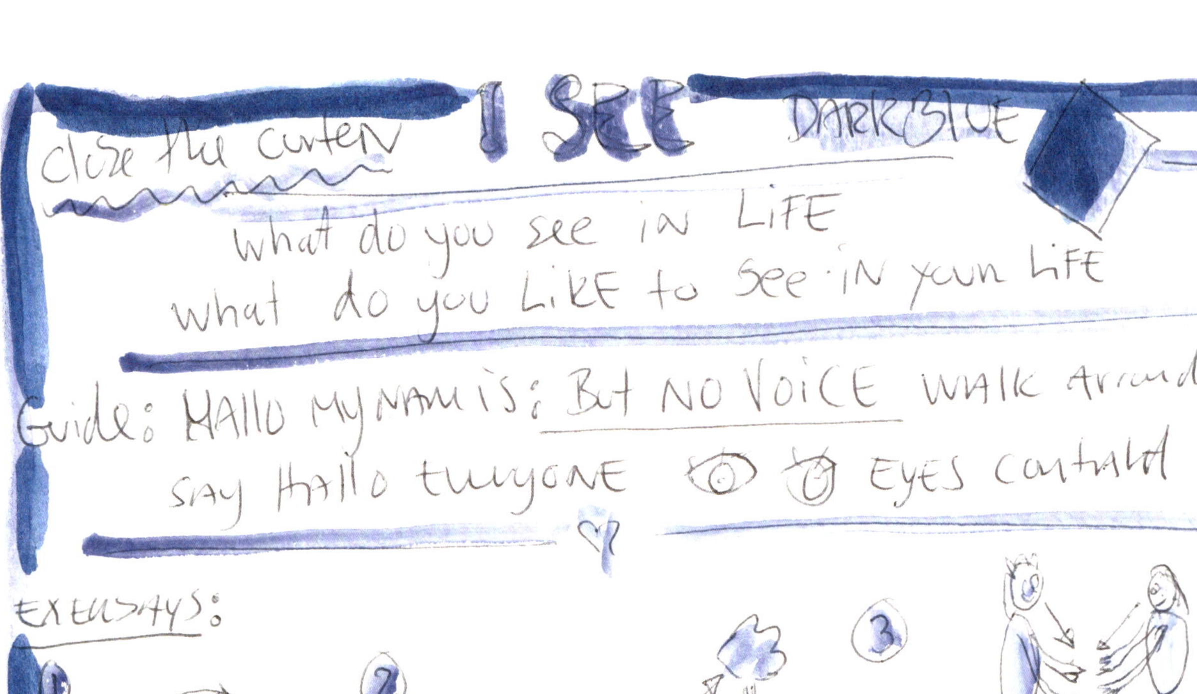

I SEE

DARK BLUE

close the curten

what do you see in LIFE
what do you LIKE to see in your LIFE

Guide: HALLO MY NAM IS: But NO VOICE WALK Arround And say Hallo Evryone EYES Contakt

EXERSAYS:

1

2

3

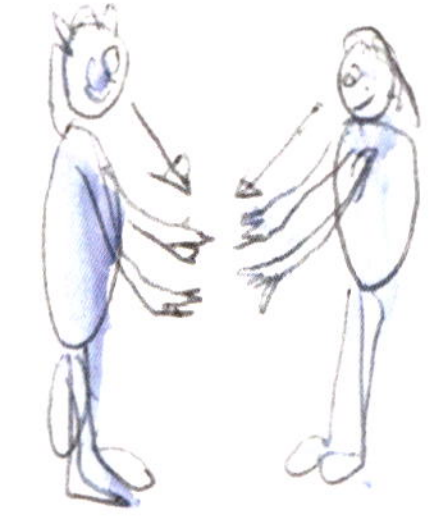

Bring your Rigth Hand stng out look at your Thum slowly move it up an clock wise Arround (Dont move your Head) 2 x clockwise chang your ARM.. AND 2 x un-Clockwise

Schak your Arms out Bring your Rigt Hand infront out... Look (Fockus) on your Thum (10 sek) THEN Look Behaind FAREAWAY (10 sek) Fokus → Back to Thum (Fockus) 3 x tims close your EYES and FEEL...

2 and 2 together

(A) look in your hands Peshuner New things

(B) Look in your partner Hands obseve

(C) Look on partner FACE Nose – Chin – Ears –

(D) Arrive in th Eyes Look For 2 min is ok to glimt Smile – look Down But tray to com Back

(E) close your Eyes Feel HAVE WAS this?

(F) open Again Smil... SAY thankyou

4 Swop 2 MORE TIMES Looking 3x Differnce peopel in EYES

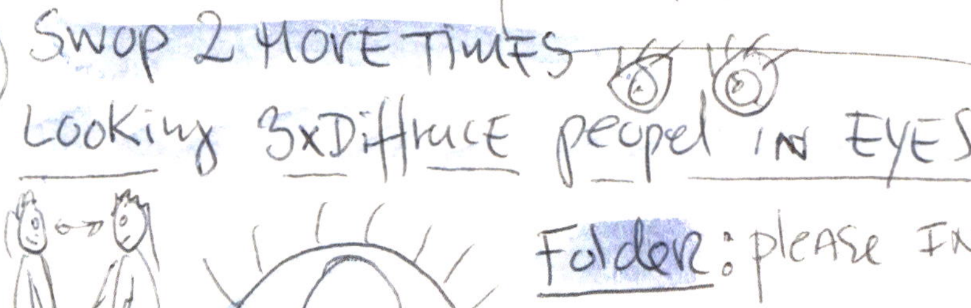

Folder: please Invite to writh DOWN WORDS – Feelings → To look into the EYES OF A Nothen person (Soul)

I SEE • JAG SER

How long can you look into someone's eyes?
How does it feel to look into the eyes of someone else?
Did you see the other person or yourself?
Write it down or draw it.
Hur länge kan du se någon i ögonen?
Hur känns det att se någon annan i ögonen?
Såg du den andra personen eller dig själv?
Beskriv eller rita det.

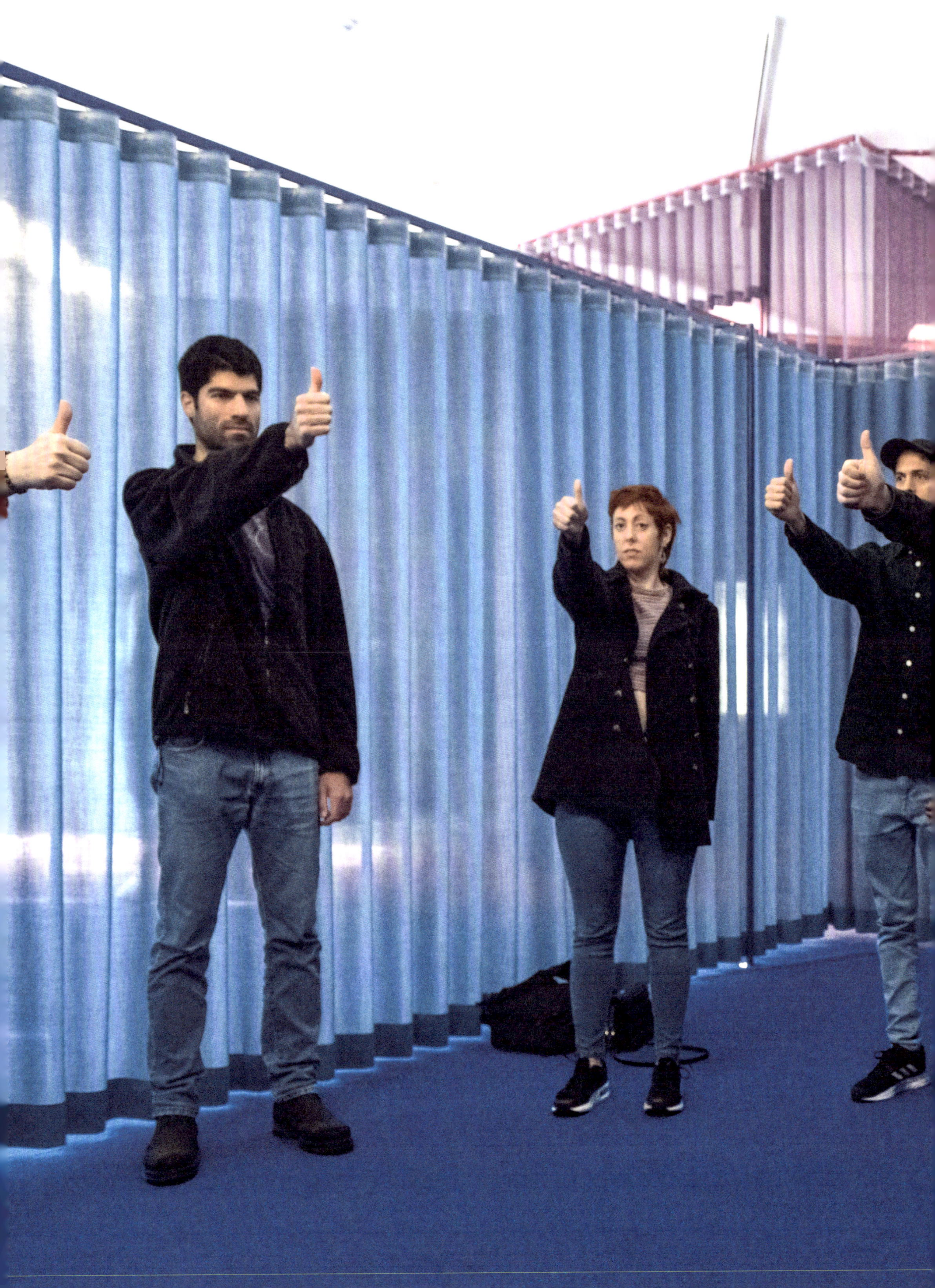

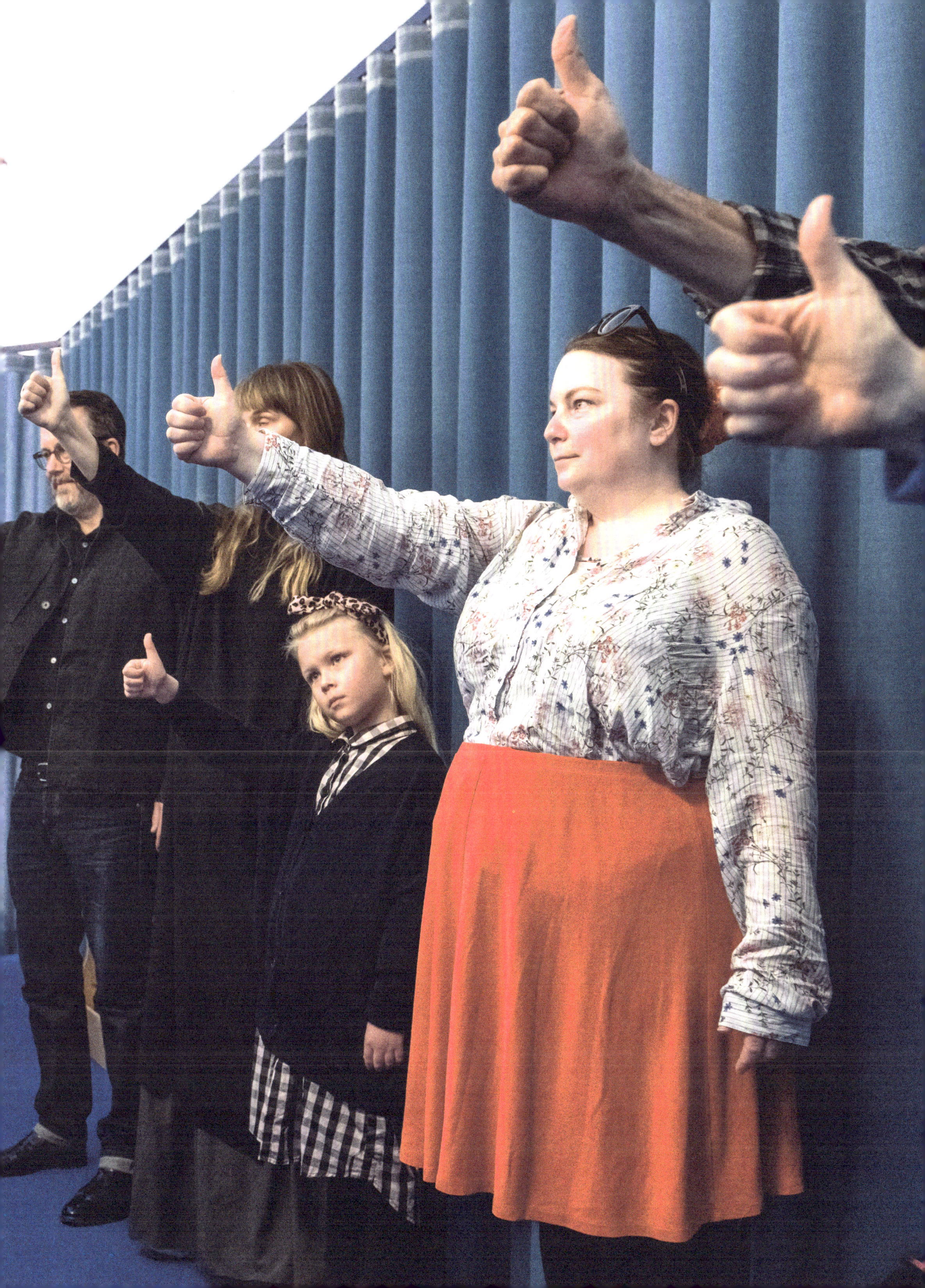

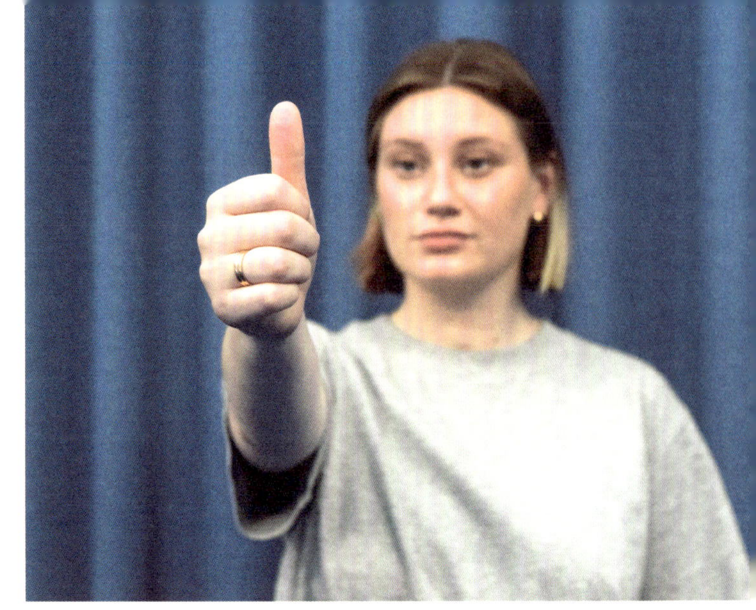

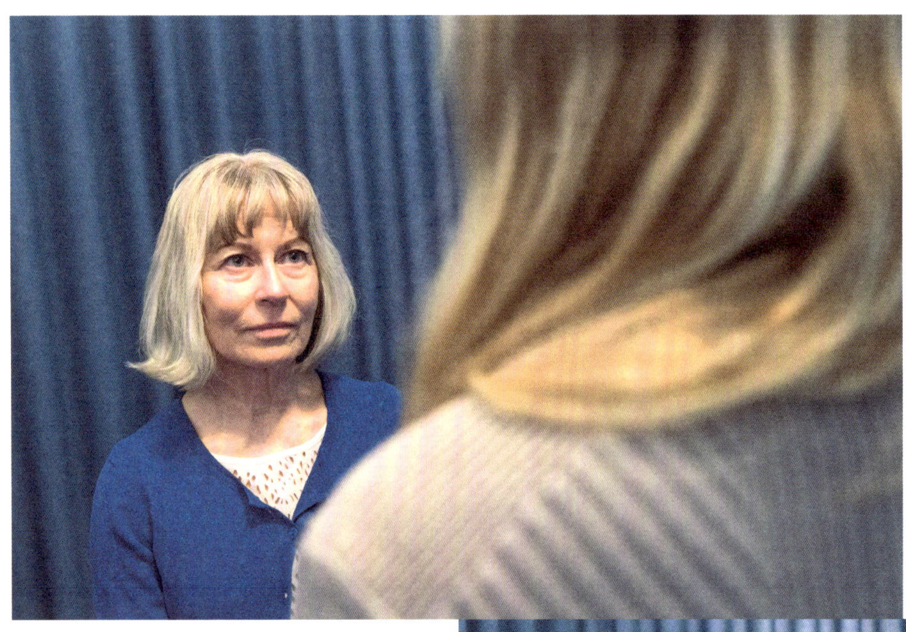

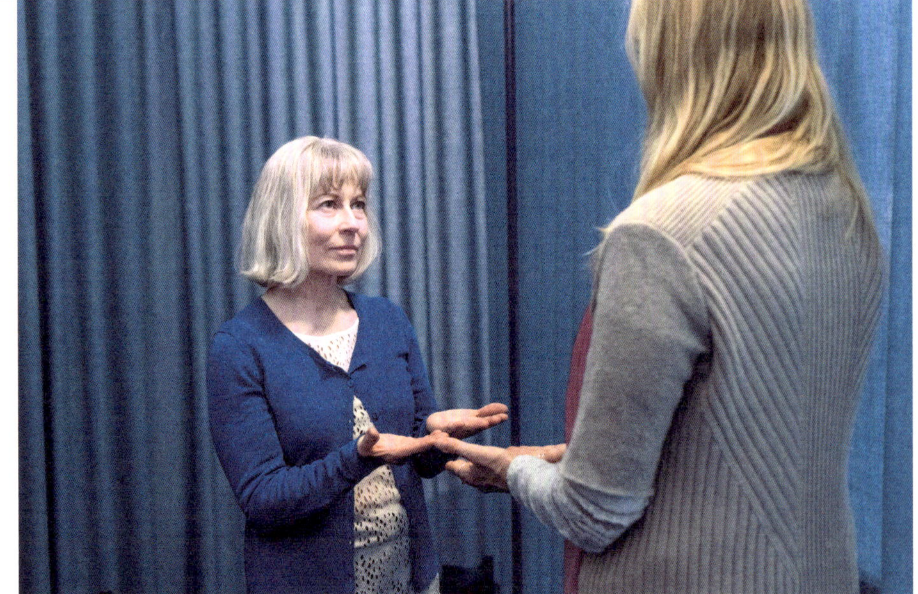

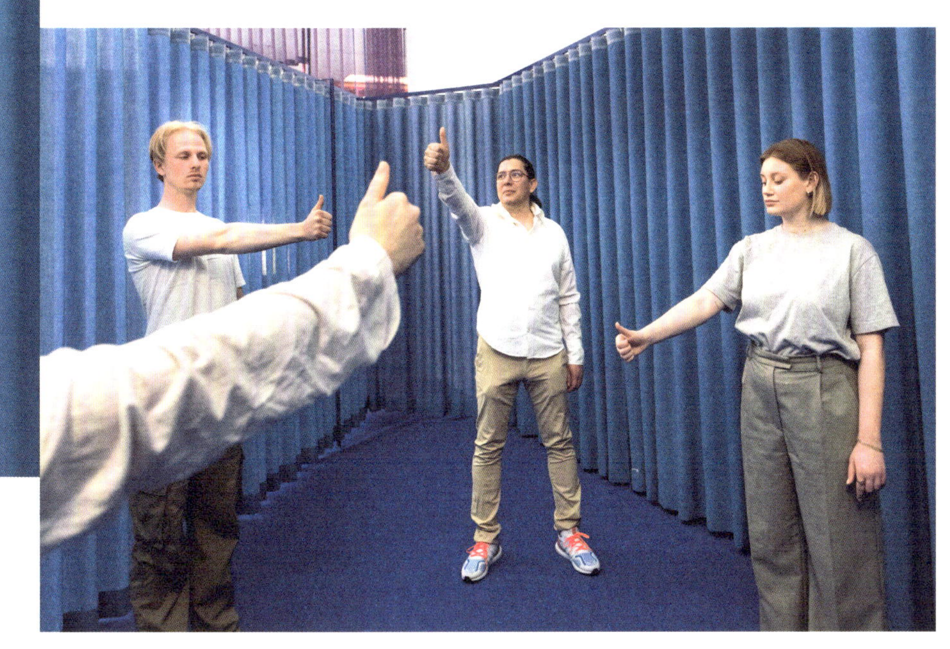

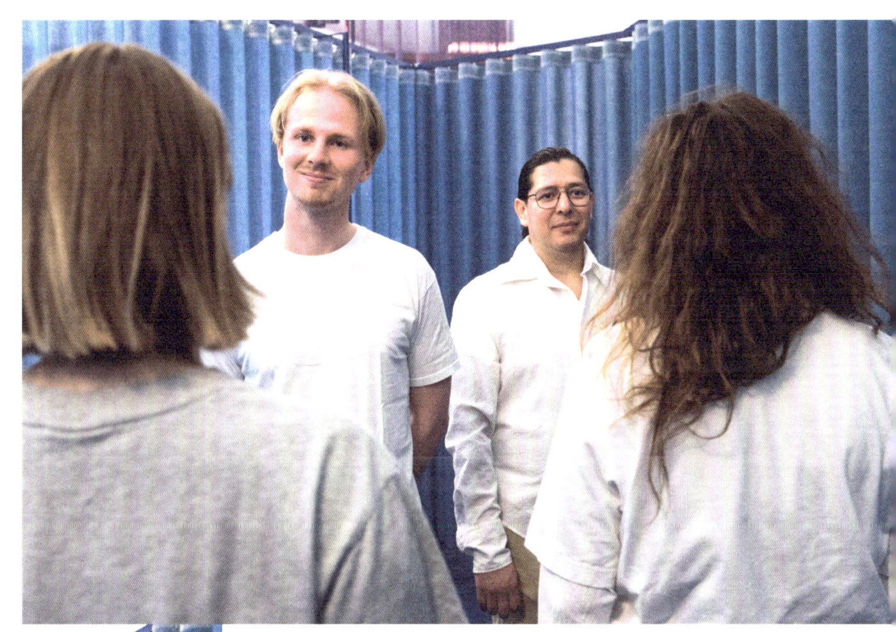

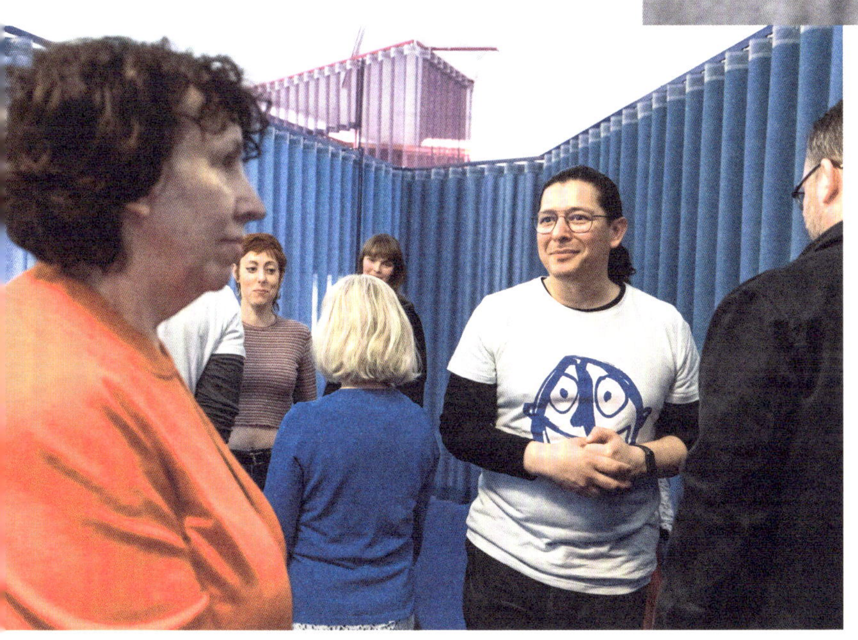

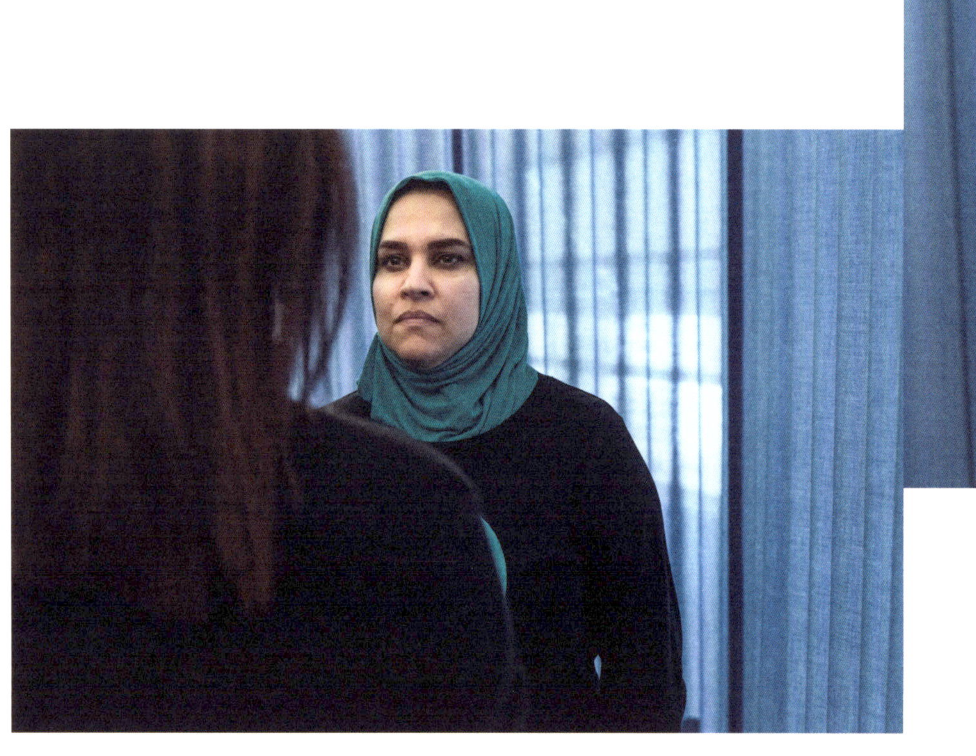

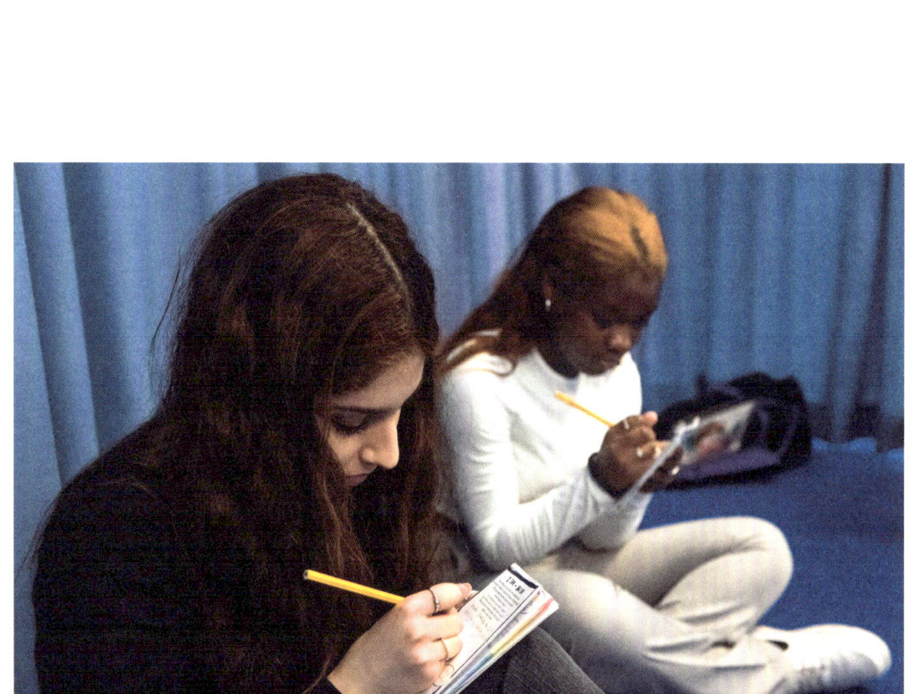

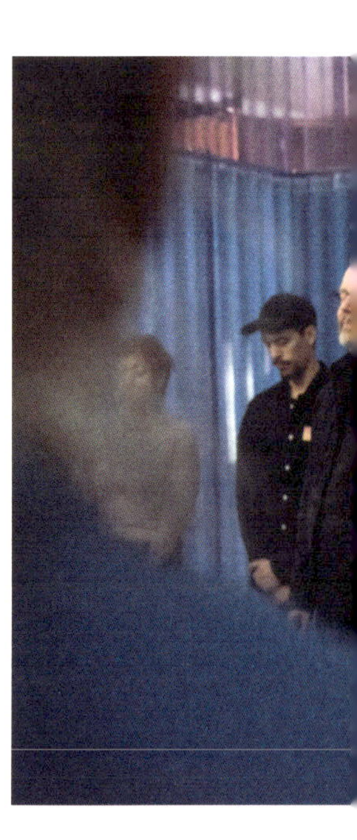

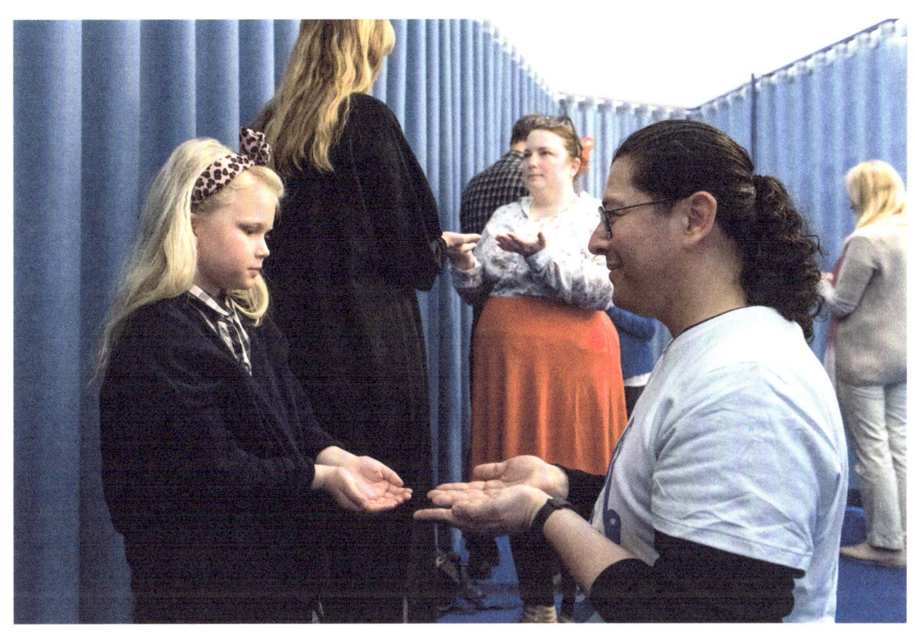

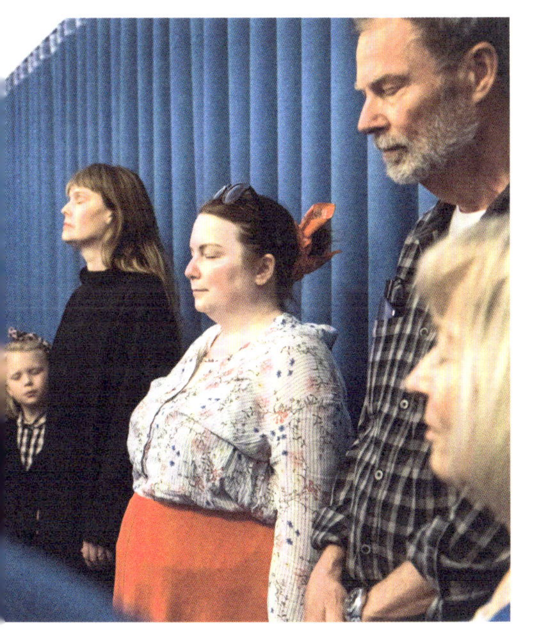

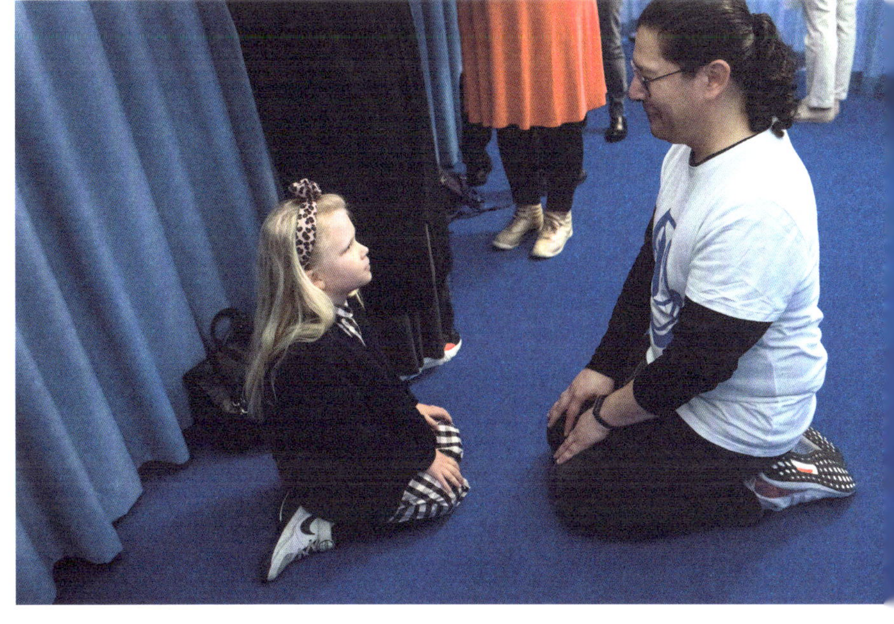

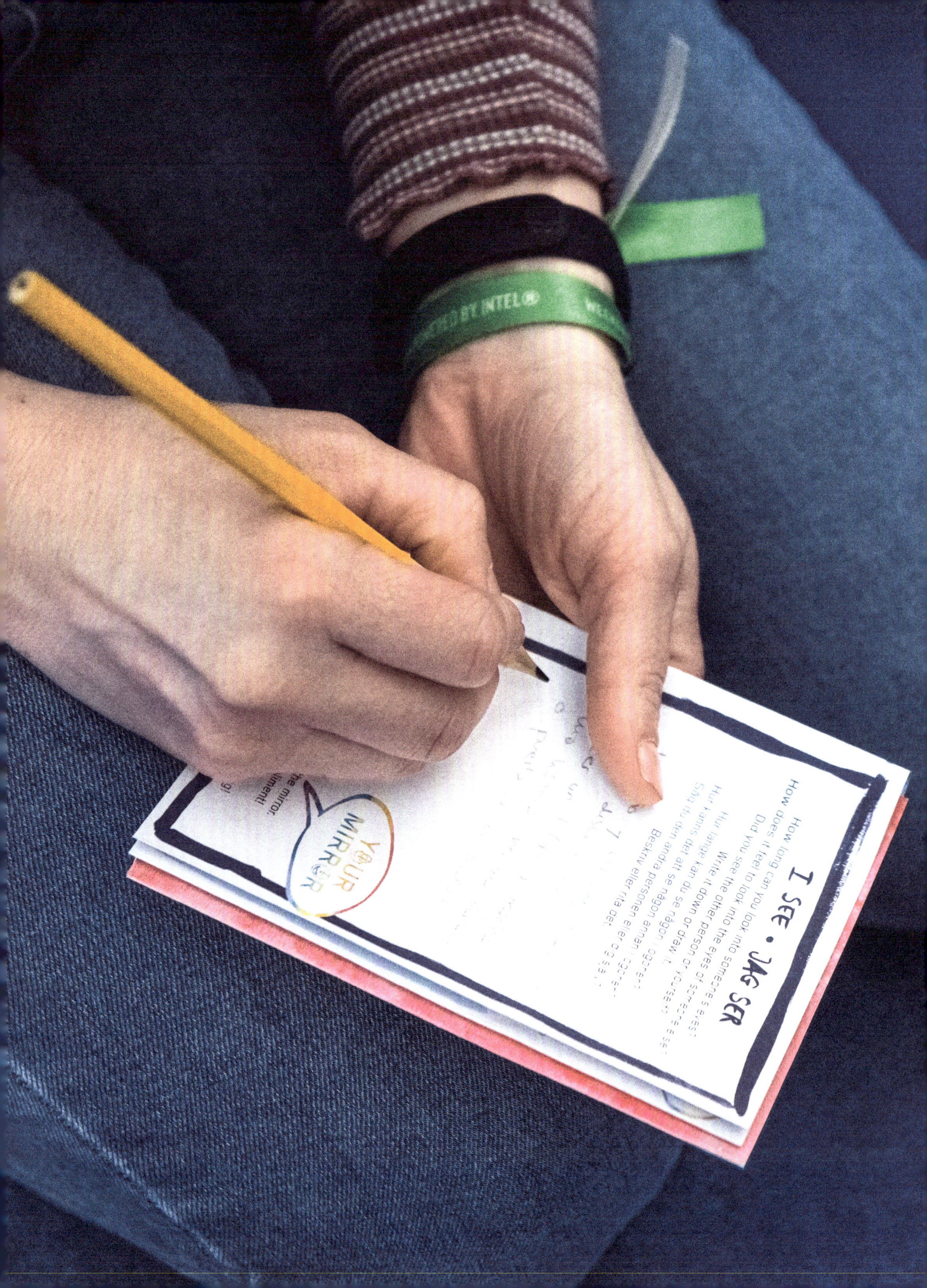

I SEE • JAG SER
YOUR MIRROR

Who are you ... really? Describe yourself in 7 words.
Besides water, I am mostly made of energy and other particles from the universe.

Have you ever seriously thought about it before?
Yes.
If so, on what occasion?
Since the song *We Are All Made of Stars*.

Which exercise did you like best?
"I See".
Could you describe it with your own words?
It is not about seeing but about the act of seeing.
Why is it your favourite one?
Especially in Sweden, it's the only legal way to stare at someone's eyes.

What was the most beautiful experience that you had with others?
During the workshop "I Love", I had to stand back-to-back with a pregnant woman. I could feel the energy of two hearts at the same time beating behind my back. At the end, when we stood in a circle and felt each other's hearts by having our hand on the back of the next person, the person to the right of the pregnant woman could feel her heart and, standing on her left, I placed my hand right below and could feel the baby's heart beating (very fast).

Was there also an intense reflective or maybe sad moment?
At the end of the workshop "I Love", a father with a child told me that once his child told him he was the second person he loved most in the world. The father was sad to come after the mother. But the child answered: "My mother is with you in second position, first position is occupied by myself."

Do you see the museum with different eyes now?
It is nice sometimes to take a step back and watch your own feelings as if you were outside yourself. It gives you another perspective on your surroundings.

Do you see the artworks or art in general with different eyes now?
After experiencing *Breathe with Me*, I now try to see if the lines that form other paintings are related to how the artist was breathing or his/her heart was beating.

Do you see yourself with different eyes now?
Mostly, I have learned to put the world on hold and see myself from outside –
a single human being among others.

QUESTION

ANSWER

Vem är du ... egentligen? Beskriv dig själv med 7 ord.
Förutom vatten består jag mest av energi och andra partiklar från universum.

Har du någonsin på allvar tänkt på det tidigare?
Ja.
Om ja, vid vilket tillfälle?
Sedan sången *We Are All Made of Stars.*

Vilken övning gillade du bäst?
"Jag ser."
Skulle du kunna beskriva den med egna ord?
Den handlar inte om att se utan om seendet som handling.
Varför är den din favorit?
Särskilt i Sverige är detta det enda lagliga sättet att stirra någon i ögonen.

Vilken var den finaste upplevelsen du hade med andra?
Under workshoppen "Jag älskar" var jag tvungen att stå rygg mot rygg med en gravid kvinna. Jag kände energin från två hjärtan samtidigt som slog bakom min rygg. I slutet, när vi stod i en ring och kände varandras hjärtan genom att hålla en hand på den andras rygg, kände personen till höger om den gravida kvinnan hennes hjärta, och jag som stod till vänster lade min hand precis under och kände hur bebisens hjärta slog (mycket snabbt).

Fanns det även intensivt eftertänksamma eller kanske ledsna stunder?
I slutet av workshoppen "Jag älskar" berättade en pappa med ett barn för mig att hans barn en gång sa till honom att han var den person han älskade näst mest i världen. Pappan var ledsen över att komma efter mamman. Men barnet sa: "Min mamma delar andraplatsen med dig, det är jag själv som är på första plats."

Ser du museet med andra ögon nu?
Det är trevligt att ibland ta ett steg tillbaka och iaktta sina egna känslor som om man befann sig utanför sig själv. Det ger en ett annat perspektiv på sin omgivning.

Ser du konstverken eller konsten i allmänhet med andra ögon nu?
Efter att ha upplevt *Andas med mig* försöker jag se om de linjer som bildar andra målningar har ett samband med hur konstnären andades eller hur hans/hennes hjärta slog.

Ser du dig själv med andra ögon nu?
Mest har jag lärt mig att pausa världen och se mig själv utifrån – en enskild människa bland andra.

Close the curten

I UNDERSTAND ⬡ PURPEL

Guide: Hallo my nam is: Everyone walk arround say Hallo looking (eyes) smile - namste you way

Guide:
① Stand in a cirkel
② Guide walk around play on a singing bowl to peopel can feel the vaibrations

Just feel close your eyes (frequnce in/on your) body → we are 80% watter

Have do you treat yourself in the universum?
And have do the universe treath you?

Have do you whiss/hope the univers will feel-see you?

Guide: Help peopel to swop colles

Show have it works..

Folder: Bring some words.. Have do you feel right now! After expressing yourself creativ with the univers and your body)

THANKYOU

I UNDERSTAND • JAG FÖRSTÅR

Imagine, you are one of the small droplets
in a vibrating singing bowl full of droplets.
Would you stay in the bowl or jump out of it? How do you treat the universe?
How does the universe treat you? How do you want the universe to treat you?
Write it down or draw it.

Tänk dig att du är en av de små dropparna
i en vibrerande klangskål full av droppar.
Skulle du stanna i skålen eller hoppa ut ur den? Hur behandlar du världsalltet?
Hur behandlar världsalltet dig? Hur vill du att världsalltet ska behandla dig?
Beskriv eller rita det.

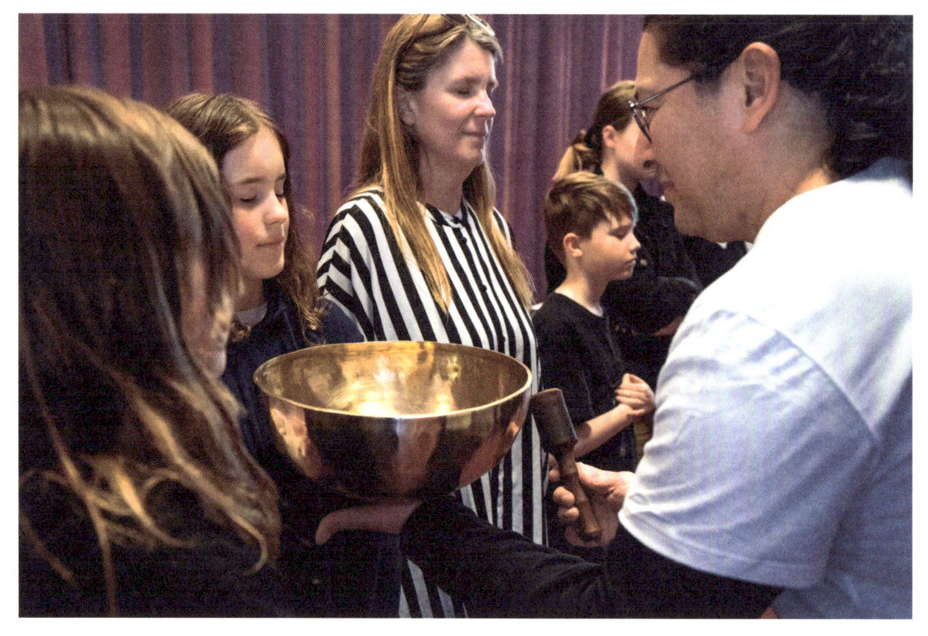
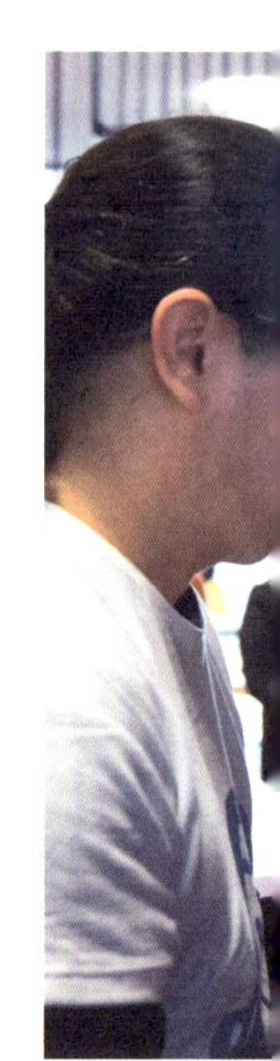
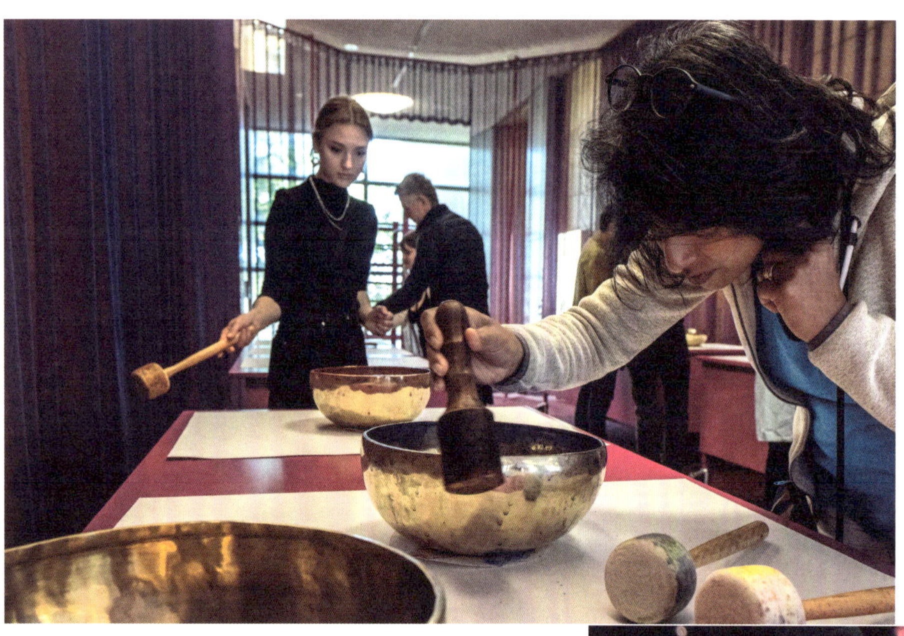
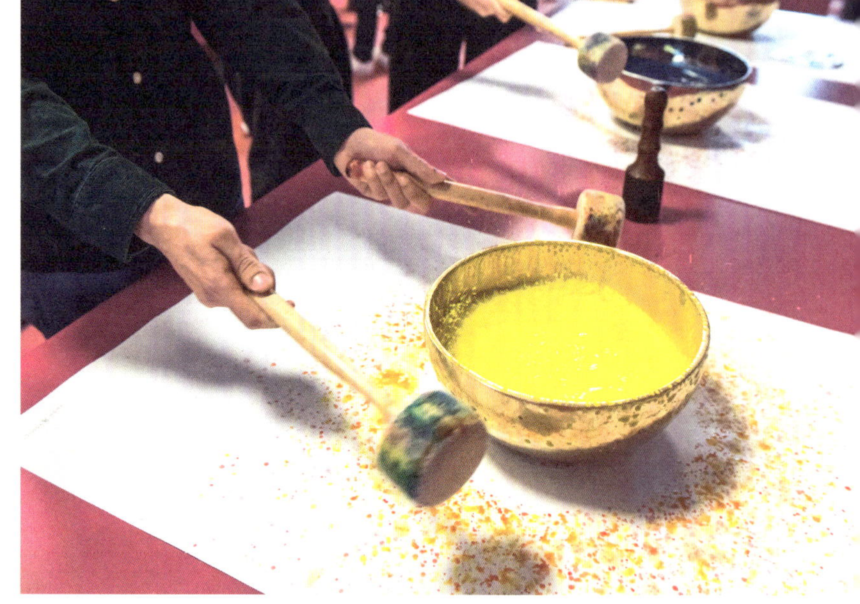

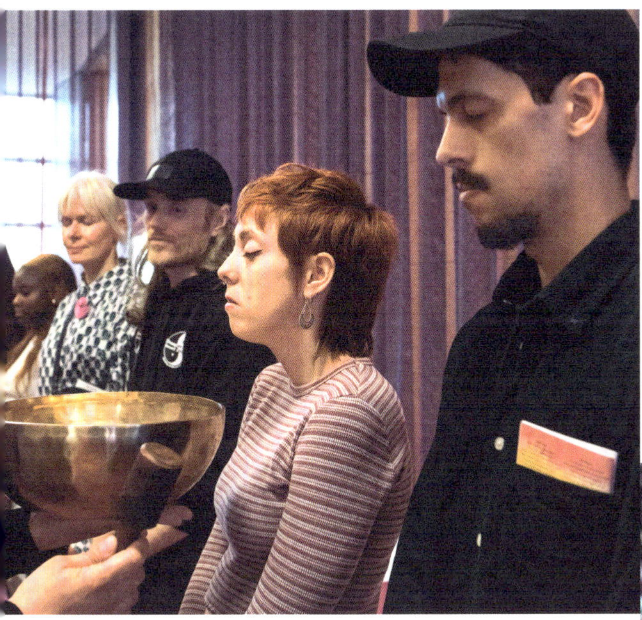

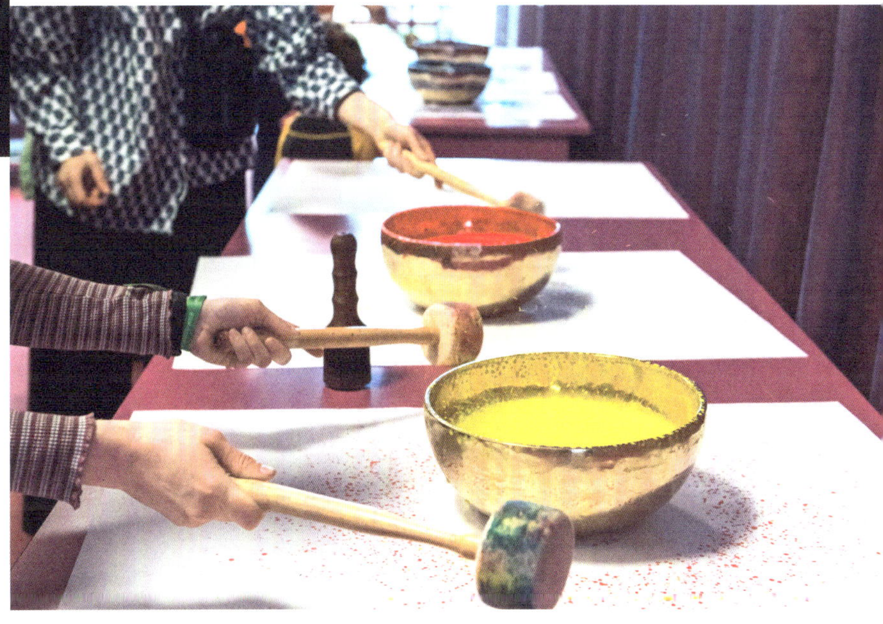

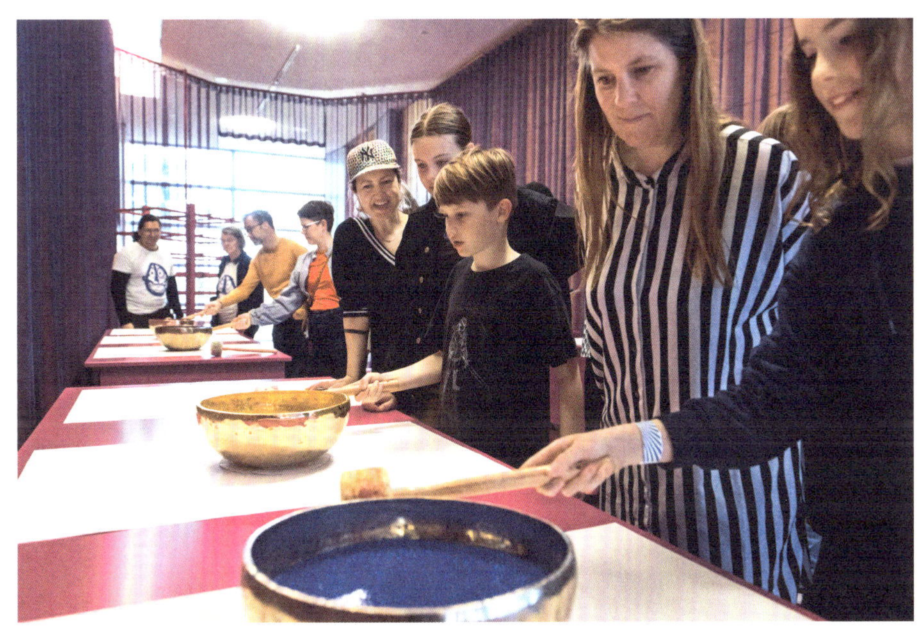

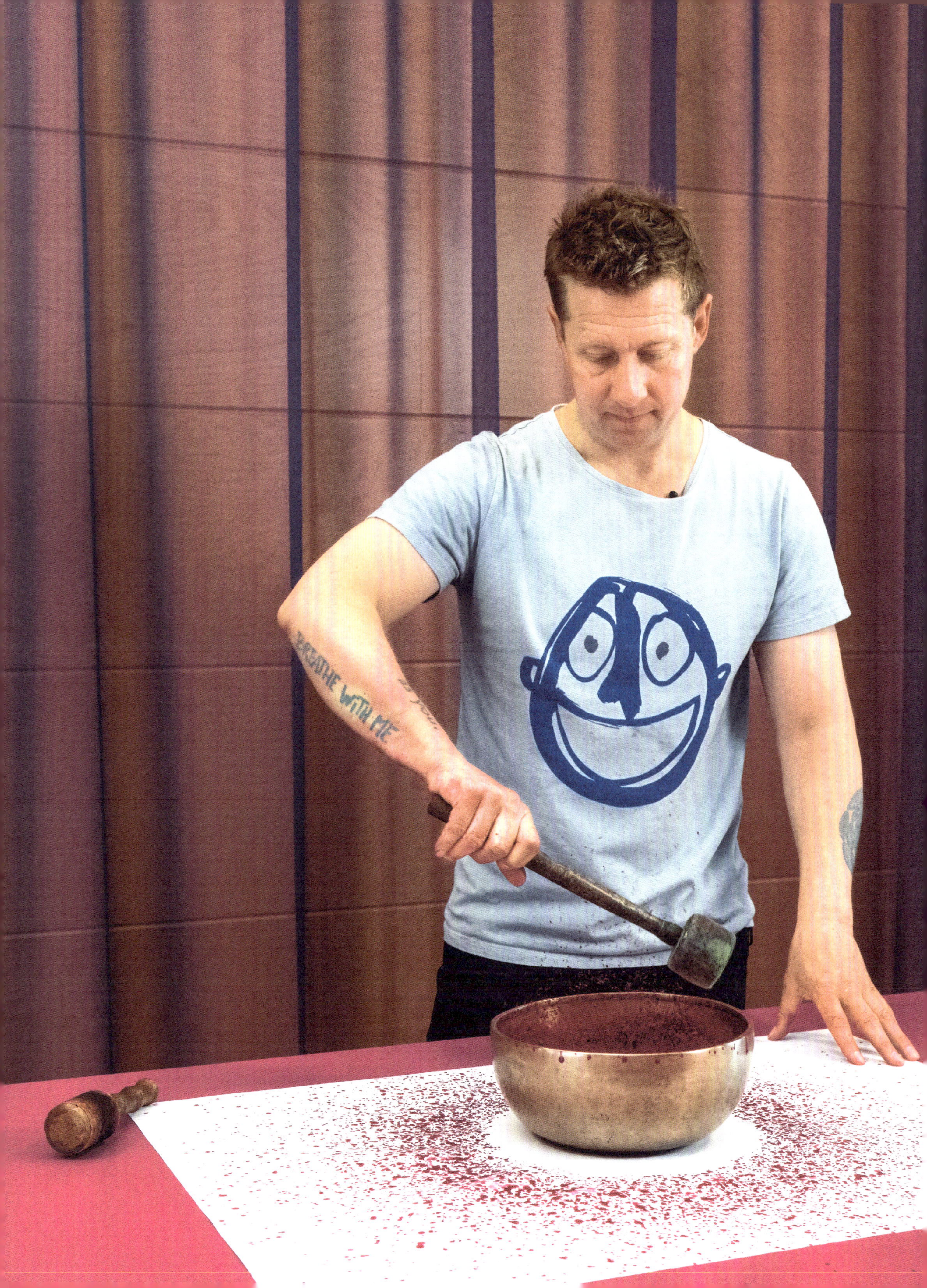
BREATHE WITH ME

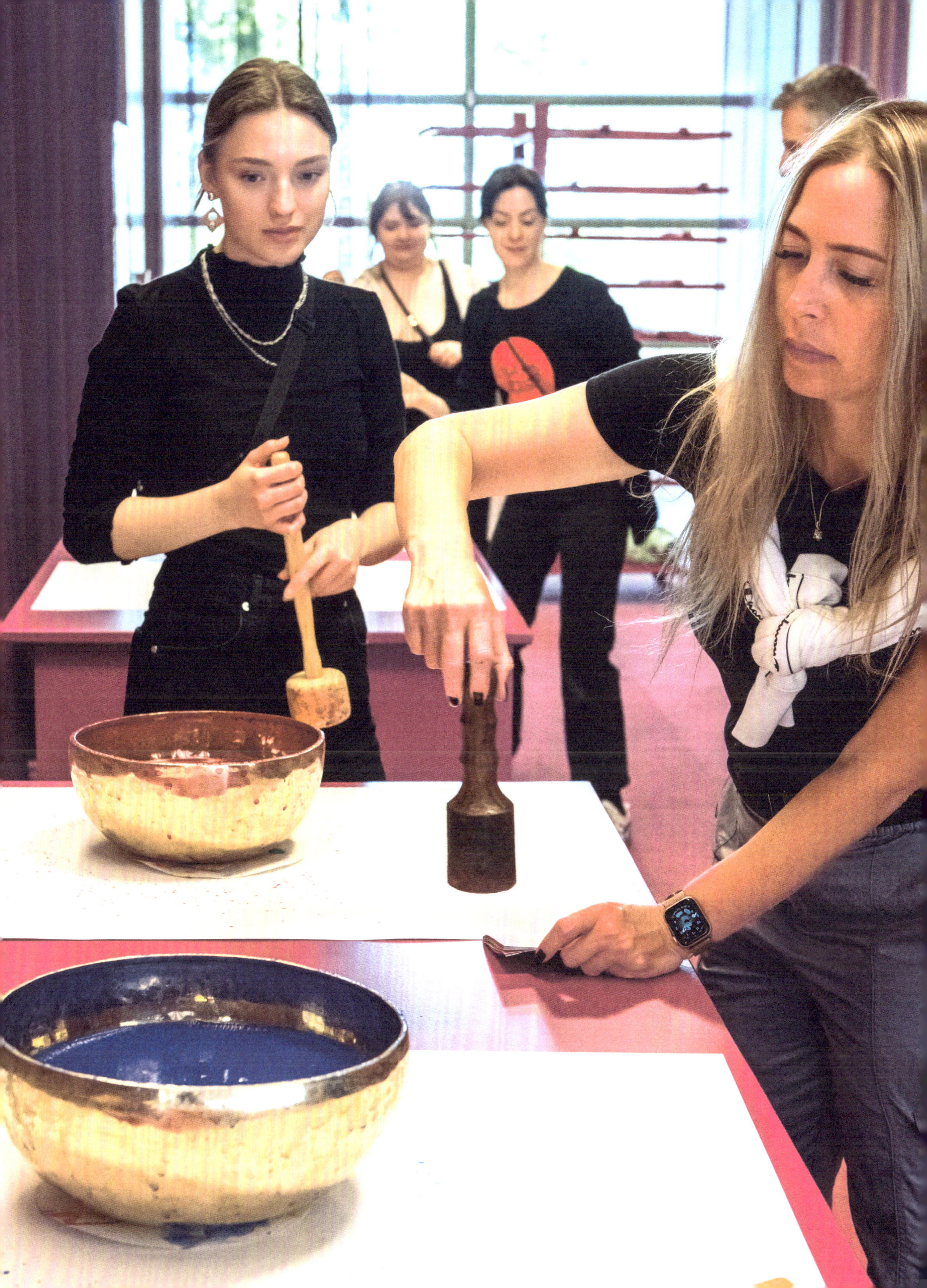

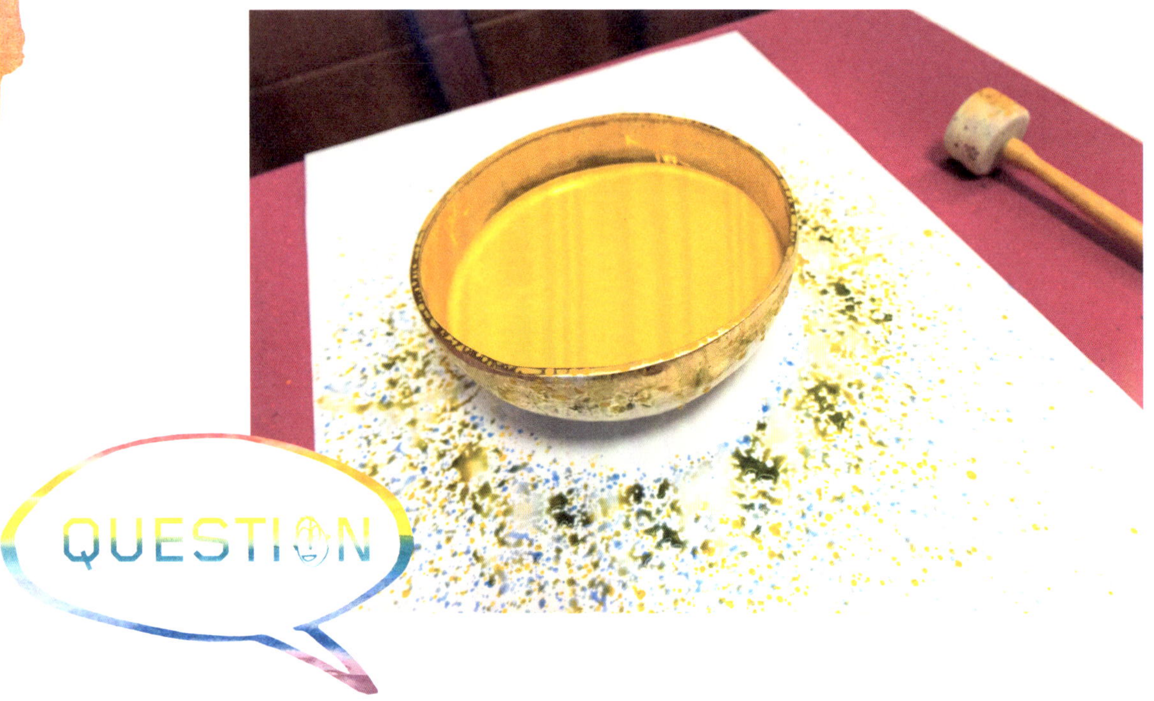

Vem är du ... egentligen? Beskriv dig själv med 7 ord.
Stillhet i Rörelse. Allt och Intet. Nu.

Har du på allvar funderat över det tidigare?
Ja.
Om ja, vid vilket tillfälle?
I min egen andliga praktik.

Vilken övning gillade du bäst?
Flera av dem, av olika skäl. För vissa grupper och sammanhang tyckte jag att solar plexus-chakrat och strupchakrat var användbara. I andra grupper har det bästa sättet att uppnå syftet med rundvisningen varit att söka sig till exempelvis rotchakrat och hjärtchakrat. (Jag har ännu inte fått tillfälle att jobba i tredje ögat-rummet och jag har bara haft det sakrala chakrarummet ett par gånger.) Jag tror att min favoritövning just nu är den man gör i hjärtchakrarummet.
Skulle du kunna beskriva den med egna ord?
Hälsa på varandra, öga mot öga med närvaro i hjärtat, sedan andas tillsammans rygg mot rygg och slutligen lägga händerna på varandras ryggar och känna det hjärta som för oss samman.
Varför är den din favorit?
Den är väldigt privat på ett plan som inte kräver några ord. Den försätter mig och gruppen i ett tillstånd av

Who are you ... really? Describe yourself in 7 words.
Stillness in Motion. All and Nothing. Now.

Have you ever seriously thought about it before?
Yes.
If so, on what occasion?
In my personal spiritual practice.

Which exercise did you like best?
Several of them for different reasons. For certain groups and contexts, I found the solar plexus chakra and the throat chakra to be useful. Whereas in other groups, the purpose of the tour has been best supported by visiting the root chakra and the heart chakra for example. (I have not yet had the opportunity to do the third eye chakra room and I have only done the sacral chakra room once or twice.) I think my personal favourite exercise right now is the one in the heart chakra room.
Could you describe it with your own words?
Greeting each other, eye to eye with presence in the heart, then breathing together back-to-back, and finally placing our hands on each other's backs to feel the heart connecting us.
Why is it your favourite one?
It's very intimate on a level that doesn't demand any words. It puts me and the group in a state of kindness,

calm, connectedness, and compassion. Inwards and with the awareness of us as a collective. It's beautiful.

What was the most beautiful experience that you had with others?

To see participants moved to tears as they tell each other "I am..." and to feel how natural and longed for it is to connect heart to heart.
To hear them share bravely and generously from their authentic self.

Was there also an intense reflective or maybe sad moment?

Yes, especially when doing my guided tour with meditation. I chose to do the root chakra and heart chakra exercises/rooms before meditating in the mirror room followed by an opportunity to "meet yourself with kind eyes" in a mirror and then reflect together.
There was a release of sad emotions from participants as they got in touch with themselves and others. The contemplations and reflections were transparent, vulnerable, and deeply existential. It has touched me.

Do you see the museum with different eyes now?

Yes. I'm grateful for the bravery to let art extend to something that has the potential to touch us in our core like this. Being an artist and expressive art therapist outside of my work with the museum, with my roots very much in this kind of practice, it is both surreal and welcomed to erase the borders within art/healing and where they can be found.

Do you see the artworks or art in general with different eyes now?

No, I've always seen art as essential to existential matters, and that it's very potent in terms of being an agent of change, transformation, healing, and inner awakenings on many levels.

Do you see yourself with different eyes now?

Yes, to some extent. I'm very grateful for this exhibition and for the opportunity to work with it as it gives me hope and reinforcement on many levels. Both for our society, but also in my work here on this Earth. We are all important contributors to the bigger whole and with this exhibition, I feel I can trust my own path even more.

Thank you, Jeppe!

välvilja, lugn, samhörighet och medkänsla. Vända inåt och medvetna om oss som kollektiv. Det är vackert.

Vilken var den finaste upplevelsen du hade med andra?

Att se deltagare bli rörda till tårar när de säger "jag är" till varandra och att känna hur naturligt och efterlängtat det är att få kontakt hjärta mot hjärta. Att höra dem berätta modigt och generöst utifrån sina äkta jag.

Fanns det även intensivt eftertänksamma eller kanske ledsna stunder?

Ja, särskilt när jag gjorde rundvisningen med meditation. Jag valde att göra rotchakra- och hjärtchakraövningarna i de olika rummen före meditationen i spegelrummet som följdes av en möjlighet att "möta sig själv med välvillig blick" i en spegel och sedan begrunda det tillsammans. Deltagare gav uttryck för känslor av sorg när de kom i beröring med sig själva och andra. Funderingarna och reflektionerna var genomskinliga, sårbara och djupt existentiella. Det har berört mig.

Ser du museet med andra ögon nu?

Ja. Jag är tacksam för djärvheten att låta konsten vidgas till något som har förmågan att beröra oss i vårt innersta på det här sättet. Utöver mitt arbete på museet är jag konstnär och uttryckande konstterapeut och har i högsta grad min förankring i den här sortens praktik, och det är både surrealistiskt och välkommet att gränserna mellan konst och healing suddas ut.

Ser du konstverken eller konsten i allmänhet med andra ögon nu?

Nej, jag har alltid betraktat konsten som oumbärlig för de existentiella frågorna och menat att den har en stark förmåga att förändra, förvandla, läka och föra till inre uppvaknanden på många plan.

Ser du dig själv med andra ögon nu?

Ja, i viss mån. Jag är mycket tacksam för den här utställningen och för möjligheten att arbeta med den, eftersom den ger mig hopp och kraft på så många plan. Både vad gäller samhället och i mitt eget arbete här på denna jord. Vi är alla viktiga bidragsgivare till den större helheten, och tack vare den här utställningen känner jag ännu säkrare på att jag valt rätt väg.

Tack, Jeppe!

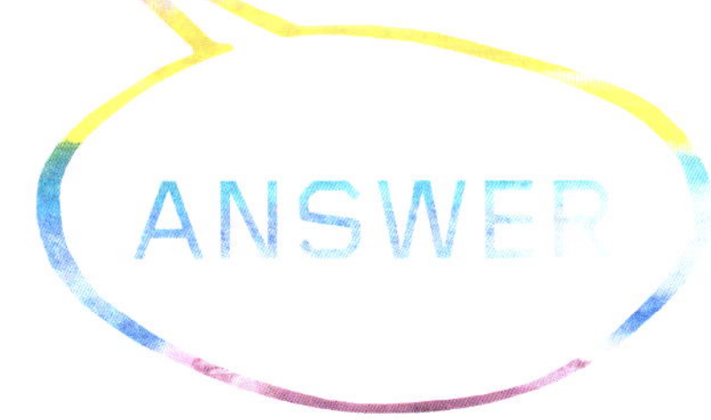

THE FINAL EXHIBITION

PART I

DEN SISTA UTSTÄLL-NINGEN

DEL I

PETER HØEG

Jeppe told me about *Who are you ... really?* on a walkway suspended under the roof of a beachfront house built around an olive tree growing out of the floor, like Penelope's bedroom in *The Odyssey*. In the light of the setting sun on a chilly spring day.

We had walked a pilgrimage route with a group of friends and had now returned home.

The idea of a pilgrimage is to leave everything you know behind and move on from there, in that physical, referenceless weightlessness, to enable life to show its deeper fullness of meaning. Allowing yourself to feel who and what you really are.

So, in a way, our walk was the right introduction to what followed.

Jeppe was drawing on a piece of card on the low table between us.

"First, you go through a water pavilion, a space that raises the energy, and next into an oblong hall with seven sections, according to the chakras. In each room, a guide directs an exercise that keeps returning to the question: Who am I? Who am I really? A crucial part of the project is that no objects are brought into the museum. Everything emerges on site."

Museums have always had artists working on site, building the show. But this was something else. Much more risky.

Jeppe berättade för mig om *Vem är du ... egentligen?* på en gångbro som svävade uppe under taket i ett hus nära strandkanten, byggt runt ett olivträd som växer ur golvet, likt Penelopes sovrum i *Odysséen*. I den iskalla vårens solnedgångsljus.

Vi hade gjort en pilgrimsvandring med en skara vänner, och nu hade vi kommit hem.

Tanken med pilgrimsvandringar är att lämna allt man känner till och sedan röra sig framåt, för att i denna fysiska tyngdlöshet utan referensram ge livet möjlighet att visa sin djupare meningsfullhet. Att tillåta sig att känna efter vem och vad man egentligen är.

Så på ett sätt hade vår vandring varit en passande inledning till det som nu följde.

Jeppe ritade på en bit kartong som han lagt på det låga bordet mellan oss.

"Först går man genom en vattenpaviljong, ett rum som ökar energin, och därifrån in i en avlång sal med sju avdelningar, en för varje chakra, och en guide i varje rum leder en övning där den ständigt återkommande frågan är: Vem är jag? Vem är jag egentligen? För projektet är det avgörande att inga objekt förs till museet. Allt uppstår på plats."

Museer har alltid haft konstnärer som arbetar på plats. Bygger upp föreställningen på plats. Men det här var något annat. Mycket riskablare.

När jag förstod vad Jeppe egentligen ville greps jag av lätt svindel.
Min första tanke var: det här är på sätt och vis den sista utställningen – det slutgiltiga projektet. Efter det här är framtiden helt öppen. Fullständigt oviss.

Museer och utställningar bygger och har alltid byggt på en grundläggande förutsättning som är så djupt inarbetad att vi kanske inte alls lägger märke till den: att besökaren är skild från konstverket. Och från konstnären.
Museer har alltid följt två huvudspår: förevisandet och forskningen. Båda handlar också om makt. Och om andlighet. Om ensamrätten att beskriva och förstå och därmed behärska verkligheten. Det grekiska *museion* var en plats där man studerade *konsterna* – grekerna hade ännu inte skilt konst och vetenskap åt – och som stod i andlig direktförbindelse med muserna.
I Rom fanns en samling av underkastelse- och offergåvor till kejsaren och de stora templen. I Alexandria, på en gång ett bibliotek och en samling av föremål, som i en gest av storartad tänkt kulturimperialism hade skapats för att främja den hellenistiska kulturens utbredning.
I Danmark inrättade landets förste enväldige kung, Fredrik III, Det Kongelige Kunstkammer 1650. Denna anhopning av konst, dyrbarheter, exotiska föremål och rariteter var avsedd att demonstrera kungens rikedom och herravälde även över det okända och fick en rejäl förstärkning när han köpte in läkaren och universitetsrektorn Ole Worms samling av biologiska och geologiska föremål.
Hela tiden handlade det även – och kanske mest av allt – om kontroll. Om att ge en konkret demonstration av kejsarens, kungens och den lärda klassens makt. Om att lägga fram ett fysiskt bevis på feodal stabilitet i en behärskad verklighet.
Det handlade om vad åtskillnaden mellan undersåte och kung, människa och gud innebar.

En särskild aspekt av denna åtskillnad var otillgängligheten. Museerna var ända fram till slutet av 1900-talet, alltså fram till för 150 år sedan, i stort sett stängda för allmänheten. Först var de privata och tillgängliga endast för ägarens gäster, och så småningom blev de i allt högre grad statliga men var fortfarande stängda. I början av 1800-talet ansökte man skriftligt om att få tillåtelse att besöka British Museum, och bara små grupper åt gången släpptes in.
Långt in på 1800-talet gjordes konsten i huvudsak för – och beställdes, betaldes och ägdes av – en liten överklass.

Det har förändrats. I dag lever vi med en helt annan utställnings- och museiverklighet. Konst, utställningar och museer har under de senaste 150 åren i allt högre grad tillgängliggjorts och demokratiserats, och det särskilda monopolet på verklighetstolkning – först adelns, kungamaktens och kyrkans och sedan borgerskapets – har för länge

Comprehending what Jeppe wanted to do was a rather dizzying experience.
My first thought was, in a way, that this is the exhibition to end all exhibitions, the final project. After this, the future is wide open. Completely uncertain.

Museums and exhibitions are, and have always been, built on a fundamental premise so deeply ingrained that it may be hard to even notice: they are built on the visitor being separate from the artwork. And from the artist.
Museums have always had two main tracks: display and research. Both are about power. And spirituality. About having a patent on describing and understanding and, hence, controlling reality. The Greek *museion* was a locale where the arts were studied – the Greeks had yet to separate art from science – and had a direct spiritual connection to the muses.
In Rome, a collection of gifts of submission and sacrifice to the emperor and the great temples. In Alexandria, a library and collection of objects at once, established to disseminate Hellenistic culture in a gesture of grandly conceived cultural imperialism.
In Denmark, the Royal Art Chamber, established in 1650 by Frederik III, Denmark's first absolute monarch, was an accumulation of art, treasures, exotic objects, and rarities, demonstrating the king's wealth and dominion even over the unknown, augmented considerably by the king's purchase of physician and rector Ole Worm's collection of biological and geological objects.
It was always, more than anything, about control. About providing a material demonstration of the power of the emperor, the king, and the learned class. About submitting material proof that the world was ruled in feudal stability. It was about the importance of separating subject and king, human and god.

A distinct aspect of this separation was inaccessibility. Into the late 1900s, 150 or so years ago, museums were practically closed to the public. First they were private and accessible only to the owner's guests, then increasingly state-owned but still closed off. In the late 19th century, people had to apply in writing to visit the British Museum, and only small groups were admitted at a time.
Until late into the 19th century, art was made, commissioned, paid for, and owned by a tiny upper class.

That has changed. Today, we live in an entirely different reality of exhibitions and museums. Over the past century and a half, art, exhibitions, and museums have become increasingly accessible and democratized. Their unique monopoly on interpreting reality – first that of the aristocracy, royalty, and the church, then that of the bourgeoisie – has long since been broken and opened to modernity's many understandings of reality.
One crucial condition has not changed, however. Until now.

sedan brutits till förmån för modernitetens många sätt att tolka verkligheten.
Men en mycket viktig omständighet har aldrig förändrats. Förrän nu.
Det har aldrig ifrågasatts att konstverket och betraktaren är åtskilda. Det finns alltid ett verk som erfars av någon som upplever. En skapare av verket som är någon annan än besökaren.
Detta utgör grunden, och det är och har alltid varit utgångspunkten för själva konstupplevelsen. För konstnärens existens.
Vilka som är konstnärer, hur de har utbildats, hur de får betalt, hur de ser på sig själva och världen, allt detta har förändrats.
Vilka åskådarna är, de som upplever, konstälskarna och konstkonsumenterna – detta har förändrats.
Konstverket har förändrats. Vad som kan kallas konst har förändrats.
Men i detta flytande hav av förändringsprocesser som museiformen och dess förhållande till konst och vetenskap har genomgått har det inte satts i fråga att den som upplever är skild från konstverket. Upplevelse och erfarenhet av konst förutsätter åtskillnad.
Det är denna dogm som Jeppe Hein utmanar.
Han utmanar den med sitt sätt att vara som person. Jeppe är rak, alltid varm och uppriktig, helt ohierarkisk och ohysterisk, och sprider den goda stämningen till omgivningen. Hans medarbetare och publik följer honom inte därför att han betalar eller imponerar eller med sin karisma pådyvlar dem en *starstruckness*. De följer honom därför att han inspirerar dem, därför att han inbjuder till lek, därför att man känner att det han har på hjärtat inte först och främst rör honom själv. Det han har på hjärtat är att mjuka upp och ställvis upphäva åtskillnaden.
Vem är du ... egentligen? handlar om detta.

Det som verkligen berörde mig där på den svävande gångbron ovanför olivträdet, i solnedgångsljuset ovanför vattenytan utanför våra fönster, var det här projektets passionerade våghalsighet.
I *Vem är du ... egentligen?* är det betraktaren själv som är konstverket.
Det som på alla andra utställningar är föremål, installationer, ljud, ljus och målade ytor är i den här utställningen *de processer som utställningen sätter i gång inom varje besökare.*
Känn efter hur det låter. Det verkar enkelt. Verkar liksom naturligt.
Men det är en revolution.
Det är också ett återvändande till antikens visshet om att konst och andlighet hör ihop. Men nu i en fullständigt odogmatisk och hypermodern form.
Jag känner inte till någon annan konstnärlig utställning eller performance som haft detta uttalade mål. Till och med en händelse som utgörs av att publiken ser konstnären i ögonen, eller av att en dansare uppträder för en åskådare

The separation of the artwork and the viewer has never been questioned before. There is always an artwork experienced by a viewer. A creator of the work separate from the visitor.
That's the foundation. It is, and always has been, the premise of the art experience itself. Of the artist's existence.
Who the artists are, how they are trained and paid, how they see themselves and the world, all of that has changed.
Who the viewers, experiencers, art lovers, and art consumers are has changed.
The work of art has changed. What can be called art has changed.
But in this fluid ocean of changes that the form of the museum and its relationship to art and science have undergone, no one ever questioned the separation of the experiencer and the artwork. Experiencing and perceiving art presupposes separation.
This is the dogma Jeppe Hein is challenging.
He is challenging it with his personal being. Jeppe is forthright, always congenial, utterly non-hierarchical, and unhysterical, and he instils that atmosphere in his surroundings. His staff and his audience don't follow him because he pays or impresses or pressures them into being starstruck by his charisma. They follow him because he inspires them, invites them to play, because you feel that what's on his mind is not primarily himself. What's on his mind is softening and, at certain points, eliminating separation.
Who are you ... really? is about that.

What really moved me, there on the walkway suspended over the olive tree, in the light of the setting sun on the water outside our window, was the passionate audacity of this project.
In *Who are you ... really?,* the viewers themselves are the artwork.
What in all other exhibitions are objects, installations, sounds, lights, painted surfaces, in this one are *the processes that the exhibition triggers in each visitor.*
Think about how you feel. It sounds simple.
Even natural.
But it is a revolution.
It is also a return to the certainty of antiquity that art and science belong together. But now in a completely undogmatic and hypermodern form.
I don't know of any other art show or performance with this explicit aim. Even an event comprised of the audience looking the artist in the eye, or a single dancer appearing before an audience of one, still places the attention on the relationship between the artist and the visitor. It still presupposes a separation and distance between the performer and the visitor.
In *Who are you ... really?,* the artist has removed himself almost entirely.

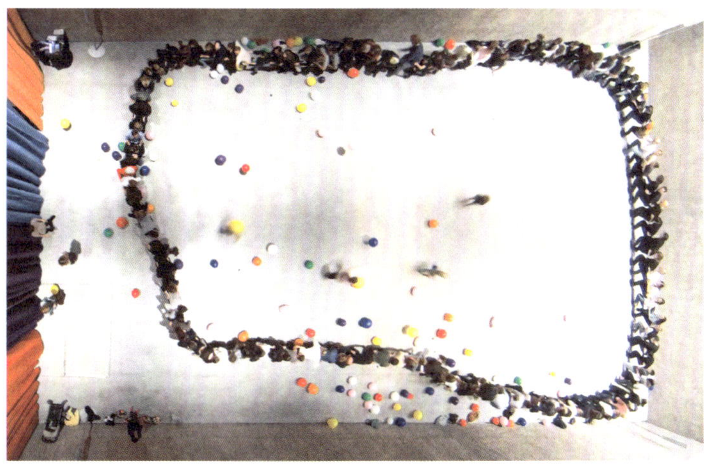

Installation view of Installationsbild från
DON'T EXPECT ANYTHING,
BE OPEN TO EVERYTHING,
KÖNIG GALERIE / St. Agnes, Berlin, 2017.

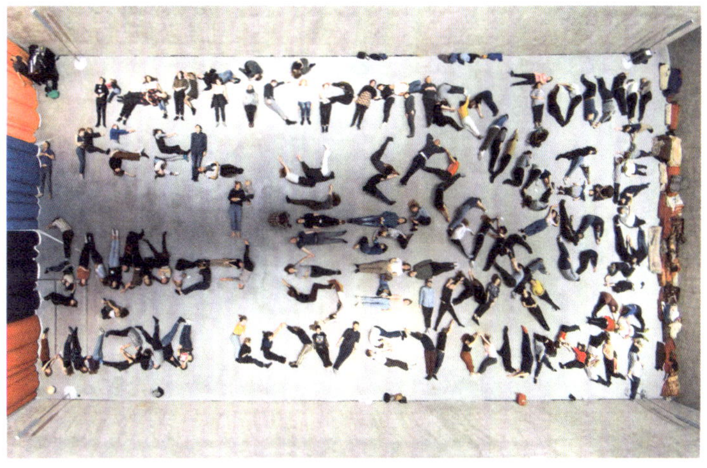

The main focus is not on Jeppe or on something he has physically created. The main focus is on the visitor's own movement towards a deeper contact with themselves. Essentially, towards their own spirituality. Spirituality simply means "the most important, the deepest, the most significant in and among people".
Asking yourself "Who am I?" leads directly into our human essence.

In a sense, a movement has been completed. From the artwork being an extension of the Egyptian or Roman emperor and his god-given power, and thus absolutely separate from the viewer, over the gradual liberation of art and science in the Enlightenment, to today's democratization (and commercialization) of creativity, and up to this point when Jeppe and Moderna Museet are implementing the final and crucial inversion: you, the visitor, are the artwork. Or, more accurately, your own creative process of experience, guided, is the artwork. You are the artist.
So, in a way, this is the exhibition to end all exhibitions. Of course, Jeppe will be making other exhibitions. So will other artists. A lot of other exhibitions, hopefully. But try looking back over the 2,500 years of transformation: from the first museum we know, Ennigaldi-Nanna's museum in Babylon, to now, when the artwork and the creative process, with *Who are you ... really?*, have moved in where

åt gången, riktar fortfarande uppmärksamheten mot relationen mellan konstnären och besökaren. Utgår fortfarande från en åtskillnad mellan den som uppträder och gästen.
I *Vem är du ... egentligen?* har konstnären avlägsnat sig själv nästan fullständigt.
I fokus står inte Jeppe eller något som han fysiskt har skapat. I fokus står besökarens utveckling mot en djupare kontakt med sig själv.
Med sin andlighet, betyder det väl djupast sett. Andlighet är ju helt enkelt "det viktigaste, det djupaste, det mest betydelsefulla, i och mellan människor".
Att ställa sig frågan "Vem är jag?" är en direkt väg till vårt inre mänskliga väsen.

Därmed har i viss mening en utveckling avslutats. Från det att konstverket var en förlängning av den egyptiske eller romerske kejsaren och hans gudomligt givna makt, och därmed i absolut mening skilt från betraktaren, via upplysningstidens successiva frigörelse av konsten och vetenskapen fram till nutidens demokratisering (och kommersialisering) av kreativiteten och till detta nu, då Jeppe och Moderna Museet utför den sista och avgörande omkastningen: du, besökaren, är verket. Eller rättare sagt: med hjälp av en guidning är din kreativa erfarenhetsprocess verket, och konstnären är du.

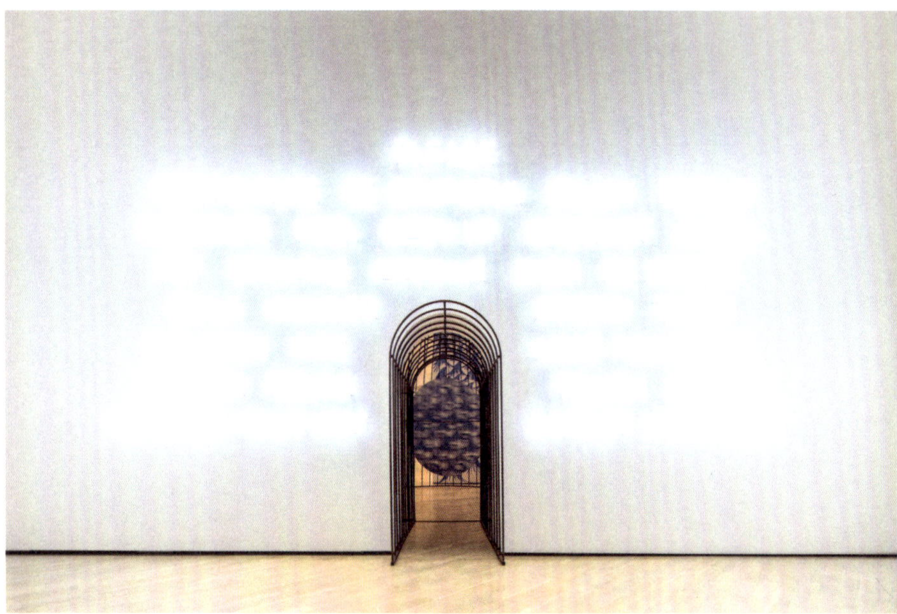

Please Participate, 2015.

Alltså är det här på sätt och vis den sista utställningen. Naturligtvis kommer Jeppe att göra fler. Liksom andra konstnärer förhoppningsvis kommer att göra mängder av andra utställningar. Men se vilken förvandling som skett under de 2 500 år som gått från det första museet man känner till, Ennigaldi-Nannas museum i Babylon, och fram till nu, då konstverket och den skapande processen i och med *Vem är du ... egentligen?* har flyttat in där de djupast sett hör hemma och kan förändra en människas liv: i dig själv. Och mellan oss.

Vi lever i en värld där de yttre strukturerna faller sönder. Den på fossila bränslen vilande marknadsekonomin faller sönder, de finansiella systemen darrar, säkerhetsbalansen är hotad, jordens klimat har feber, avgrunden mellan de rika och de fattiga blir djupare och djupare.
Vart ska vi vända blicken? Vad ska vi luta oss mot? Var finns det trovärdiga svar?
När de yttre auktoriteterna inte framstår som pålitliga finns det en risk att man sjunker ner i maktlöshet.
Men möjligheten finns också att Jeppe ger oss inspiration att känna oss själva på ett djupare plan. Och då upptäcker vi kanske att medkänsla och etik inte bara är något man kan lära sig, utan också har ett inre fundament. Att samhörighet finns som en medfödd möjlighet i allas våra hjärtan.
Att det inte bara finns yttre utan även inre hållbarhet.

they fundamentally belong and can change a person's life: in you. And between us.

We live in a world where the outer structures are breaking down. The market economy resting on fossil fuels is crumbling, the financial systems are quaking, security balances are under threat, the global climate is running a fever, the gap between rich and poor is deepening and widening.
Where should we look? What should we rely on? Where are the credible answers?
When external authorities don't appear credible, there is a risk of getting lost in despair.
But there is also the possibility of being inspired by Jeppe to think more deeply about how we feel. And perhaps discover that empathy and ethics are not only things you can learn. They also have an inner foundation. That communion exists as an innate possibility in the heart of every one of us. That sustainability is not just external but also internal.
As I see it, this is what Jeppe is pointing to with the venture that is *Who are you ... really?*

Is it too risky? Will it do? Can the audience handle it? Can the museum? Are we ready for it?
These questions popped up in my mind there with Jeppe

under the ceiling, over the olive tree, in the gloaming.
Of all exhibitions in the world, this is the one I most want to experience. Can the museum's staff pull it off? Will Jeppe have time to impart his ways to the guides he will be training up for the opening of the exhibition?
The answer is up in the air. This is a creative thriller, a cliff-hanger.

This first impression needs a second part. Which can only be written in a little while. When the world has grown a little older. When we know if this visionary experiment has landed on Mars or in Stockholm.

Det är såvitt jag kan se det som Jeppe pekar på med det vågspel som *Vem är du … egentligen?* också är.

Är det för riskabelt? Går det an? Kan publiken ta in det? Kan museet göra det? Är vi beredda?
Det var de frågor som dök upp i mitt huvud när jag var med Jeppe uppe under taket, ovanför olivträdet, i skymningen.
Av alla utställningar i världen är det den här jag själv allra helst vill uppleva. Men klarar museets personal uppgiften? Hinner Jeppe sprida sitt sätt att vara till de guider som han strax innan utställningen öppnar ska utbilda?
Svaret hänger i luften, det är en kreativ rysare, en *cliffhanger.*

Detta första intryck måste följas upp med en del två. Som inte kan skrivas förrän om ett tag. När världen har blivit lite äldre. När vi vet om detta visionära experiment har landat på Mars eller i Stockholm.

PART II, MAY 2022

Now I have *Who are you … really?* in my heart.

The exhibition has been open and accessible for a month now.
This is still just the beginning. All summer long, a stream of people will stop by Moderna Museet. Nonetheless, it's possible now to see the first pieces of the big picture.
I'm filled with relief. That the project turned out so beautiful. So meaningful. That it succeeded.
The last part, that it succeeded and will continue to unfold over the summer, allows me to make a confession:
What worried me when Jeppe first told me about the project, a concern I didn't express to him, and barely expressed to myself, actually – a concern that has now been put to shame – was the question that is always crucial when helping or instructing or guiding people into deeper aspects of themselves:
Are the guides up to it? Can they make it authentic?
Can the museum adapt to this scenario?

To my mind, one of the biggest global processes of change is the movement away from us, individuals and citizens, being controlled by external structures and authorities, and towards increasing self-reliance. Learning to feel, evolve, and express the innate potentials of empathy, presence, and global responsibility that exist in all of us.

DELL II, MAJ 2022

Nu har jag *Vem är du … egentligen?* i mitt hjärta.

Utställningen har varit öppen och tillgänglig i en månad.
Det är fortfarande bara början. Hela sommaren kommer en ström av människor att besöka Moderna Museet. Ändå är det möjligt att nu skaffa sig en första överblick.
Jag fylls framför allt av en stor lättnad. Över att projektet blivit så vackert. Så viktigt. Över att det lyckats.
Det senare, att det lyckats och kommer att fortsätta utvecklas under sommaren, gör att jag kan erkänna en sak:
Det som gjorde mig orolig när Jeppe första gången berättade om projektet, en oro som jag inte visade inför Jeppe – och nog inte riktigt formulerade för mig själv – och som nu har kommit på skam var den fråga som alltid är helt avgörande när människor ska få hjälp med att föras eller vägledas in mot djupare sidor av sig själva:
Klarar vägledarna detta? Kan de göra det på ett äkta sätt?
Kan museiguiderna finna sig till rätta i detta scenario?

En av de allra största globala förändringsprocesserna är, som jag ser det, att vi i egenskap av individer och samhällsmedborgare som styrs av yttre strukturer och auktoriteter i allt högre grad blir självständiga. Att vi lär oss känna, utveckla och uttrycka de medfödda möjligheter till empati, närvaro och globalt ansvar som finns i oss alla.

Denna förändring är synlig och tydlig i den moderna, progressiva pedagogik som under de senaste 60–70 åren har avlöst den svarta pedagogiken, och som bärs av tillit till barns och ungdomars medfödda förmågor. Den moderna skolan främjar, åtminstone i Skandinavien, eget ansvar i stället för lydnad, kreativitet i stället för utantillkunskaper, respektfull och vänlig dialog mellan barn och vuxna i stället för maktdemonstrationer.
Samma strävan är synlig i det globala intresset för mindfulness, den första internationella vågen någonsin som utforskar de möjligheter som finns i medvetandets väsen och inte i dess varierande innehåll.
Vidare visar sig oberoendets visdom i den ökande förståelsen för betydelsen av konfliktlösning i stället för krig, för att mäkla rätt i stället för att ställa inför rätta. Förståelsen för att de nödvändiga förändringsprocesserna i riktning mot ett hållbart samhälle, den stora gröna omställningen, måste åtföljas av en inre process. Den medmänskliga vänligheten, den naturliga etiken, den globala ansvarskänslan, finns visserligen i människans kropp, hjärta och medvetande som möjligheter ända från födseln. Men de växer inte av sig själva. Lika lite som yttre förändringar till det bättre sker av sig själva. Den inre hållbarheten är, liksom den yttre, ett resultat av ett medvetet arbete.
Ett initiativ som *Vem är du ... egentligen?* pekar inåt mot detta arbete som leder till eget ansvar, det personliga och det gemensamma. När vi på utställningen får hjälp med att känna kroppen, sinnena, kärleken och kreativiteten inom oss, visas vi försiktigt in till de ställen inom oss där vår medmänsklighet ligger lagrad. När vi, om så bara för ett ögonblick, känner kroppen utan att den behöver prestera, känner den bara för att känna den, dess vibrerande liv, kroppsrummets alldeles väldiga inre landskap, när vi känner vår fysiska sårbarhet, så är det från dessa upplevelser inte långt till att genast känna och förstå att andra människor är lika känsliga. Lika sårbara. Lika upptagna av att försöka skydda, säkra och optimera sin fysiska existens.
Ur den enkla handlingen att känna sig själv med utgångspunkt i kroppen strömmar medkänslan. Med sig själv och andra.

Att hjälpa människor in i riktning mot sig själva är därför mycket viktigare än det först kan verka.
Det är en global uppgift!
Som just nu befinner sig under radarn. En del av de på sikt avgörande men just nu lågmälda aktiviteter som pekar mot framtiden.
Det är därför avgörande hur den uppgiften lyfts fram.
Och därför tänkte jag: Går det an på Moderna Museet?
Den som hjälper en människa in mot sin egen väsenskärna håller, för att säga det med eftertryck, en bit av den människans liv i sina händer.
Det skulle vara konstigt om alla Moderna Museets guider var erfarna utövare. Det kan man inte förvänta. Att de har terapeutisk utbildning i att hjälpa besökare som, på vägen

This movement is clear and evident in the modern progressive education that has replaced the authoritarian school system over the last 60–70 years, and that is underpinned by confidence in the innate competence of children and young people. Modern schools, at least in Scandinavia, cultivate self-responsibility instead of obedience, creativity instead of rote learning, respectful and friendly dialogue between children and adults instead of power manifestations.
The same aspiration is evident in the global interest in mindfulness, the first international wave ever exploring the potentials inherent in the nature of consciousness itself, not in its various contents.
Moreover, the wisdom of self-reliance is apparent in the growing understanding of the importance of conflict resolution instead of war, judicial mediation instead of litigation. The understanding that necessary processes of change towards a sustainable society, the green transition, must be accompanied by an inner process. The potential for compassion, natural ethics, a global feeling of responsibility, may be present in our bodies, hearts, and minds at birth. But it doesn't grow on its own. No more than outer change for the better comes about on its own. Inner sustainability, like the outer kind, is the result of conscious effort.
An initiative like *Who are you ... really?* points inward at our personal and shared self-reliance. At this exhibition, as we are helped to feel our bodies, our senses, our sense of love, and our creativity, we are gently guided inward to the places where our compassion lies embedded. When, even for a moment, we feel our body without it having to perform, feel it solely to feel it, its vibrant life, the positively colossal inner landscape of bodily space, feel our physical vulnerability, it is a very short step from that sensation to immediately feeling and understanding that other people are just as sensitive. Just as vulnerable. Just as concerned with trying to protect, secure, and optimize their physical existence.
From the simple act of feeling yourself with a starting point in the body, compassion flows. For yourself and others.

Helping people inwards to themselves is much more important than it may seem.
It's a global task!
Right now it's under the radar. One of the essential long-term activities that are low-key for now, but point to the future.
How this task is carried out is crucial.
So I thought: Will it do at Moderna Museet? Those who direct another person towards the core of their being are, to put a point on it, holding a piece of that person's life in their hands.
It would be strange if Moderna Museet's guides were all experienced practitioners. No one would expect that. That they have therapeutic training in directing visitors who, on their inner journey towards themselves, might encounter

difficult biographical material. Or who are simply shaken up by what, for most of us, is the unfamiliar world of experience that opens up when you go inward.
So I was concerned about that. That the museum and Jeppe had bitten off more than they could chew, that this vital and nourishing morsel was too much.

It wasn't. The project is clearly successful. The museum and the guides are up to the task. More than that, they have grown with it.
How did that happen? How was this venture pulled off? We should thank Jeppe in large part for sticking the landing. He's a practitioner himself. He meditates, does yoga, stays in retreats, and for many years has systematically explored art's potential for putting people in deeper touch with themselves. Jeppe's training of the guides, his video material, his written and visual instructions and, probably most of all, his presence around the exhibition up to the opening were surely key.
Plus, it seems, the guides have truly welcomed the project and carried it forward. Enthusiastically, to judge by the reactions, and with the appropriate humility. With the understanding that this is not just the audience's exhibition and evolution, but theirs as well.
Ultimately, isn't it the audience that realizes an exhibition, that has realized this one?
On social media, and directly to the museum and Jeppe, there is a stream of emotional responses. People are touched, and have had the courage to open up. To take part. To let the processes that are the lifeblood of the project unfold.

I don't know the circumstances around Moderna Museet's selection and support for this exhibition. But I can't help but feel genuine gratitude. *Who are you ... really?* is a wild project. At Moderna Museet, there must be a rare combination of wildness and a heartfelt spirit of adventure. As Nietzsche said, approximately, you have to be a little bit crazy to give birth to dancing stars.
In *Who are you ... really?*, the visitors and the guides and Jeppe and Moderna Museet dance. An at once both extroverted and introverted heartfelt dance.

Peter Høeg, M.A. in literature, is an author. His books are translated and published in more than 30 languages. Besides writing novels (i.a. *Miss Smilla's Feeling for Snow* and *The Susan Effect*), Peter is engaged in bringing empathy, compassion, and presence into educational institutions. With, among others, Jesper Juul, Helle Jensen, Jes Bertelsen and Steen Hildebrandt, he is a founding member ot he Danish Society for the Promotion of Life Wisdom in Children. In this context he has co-written books on empathy in the school (i.a. *Empathy: it's what holds the world together*, 2012). He is a long-term meditation practitioner and teaches meditation, primarily in Denmark, at his and his partner, Hanneli Ågotsdatter's platform Kontemplation.dk and at the lay monastery Vaekstcenteret.

inåt mot sig själva, måste konfronteras med svårhanterligt biografiskt material. Eller bara skakas om av den erfarenhetsvärld som de flesta av oss är helt ovana vid och som öppnar sig när man rör sig inåt.
Det var det jag var orolig för. Att museet och Jeppe hade lovat mer än de kunde hålla, ett på sätt och vis livsviktigt och stärkande löfte.

Det hade de inte. Det står klar att projektet har lyckats. Att museet och guiderna är vuxna uppgiften. Och mer än så. Att de själva har vuxit med uppgiften.
Hur har det gått till? Hur har detta äventyr rotts i land? Vi måste till stor del tacka Jeppe för att projektet kom i hamn. Han är själv utövare. Han mediterar, han utövar yoga, han drar sig tillbaka till retreater och han har under många år systematiskt utforskat konstens möjligheter att få människor att komma i djupare kontakt med sig själva. Jeppes instruktioner till guiderna, hans videomaterial, vägledningarna i text och bild och antagligen allra mest hans egen närvaro innan utställningen öppnade måste ha haft avgörande betydelse.
Guiderna tycks verkligen ha tagit sig an detta projekt och fört det framåt. Med den entusiasm och att döma av reaktionerna även den ödmjukhet som är nödvändig. Med förståelse för att detta inte bara är publikens utställning och utvecklingsprocess utan också deras.
Och är det inte mest av allt publiken som förlöser en utställning, som har förlöst den här?
På sociala medier – direkt till museet och till Jeppe – har det kommit en ström av rörda reaktioner. Folk har berörts – och har haft modet att öppna sig. Att delta. Att låta de processer som är projektets livsnerv flöda.

Jag känner inte till bakgrunden till Moderna Museets val av, och stöd till, den här utställningen. Men jag kan inte annat än känna en stor tacksamhet. *Vem är du ... egentligen?* är också ett otyglat, utsvävande projekt. Det betyder att det på Moderna Museet måste finnas en sällsynt kombination av tygellöshet och hjärtlig riskvillighet. För man måste, som Nietzsche på ett ungefär sa, själv vara lite galen för att kunna föda en dansande stjärna.
I *Vem är du ... egentligen?* dansar publiken och guiderna och Jeppe och Moderna Museet. En på en gång utåtriktad och inåtvänd, hjärtlig dans.

Peter Høeg är fil.mag i litteraturvetenskap och författare. Hans böcker har översatts till fler än 30 språk. Förutom att skriva romaner (bland annat *Fröken Smillas känsla för snö och Effekten av Susan*) är han engagerad i att utbildningsinstitutioner ska främja empati, medkänsla och närvaro. Tillsammans med bland andra Jesper Juul, Helle Jensen, Jes Bertelsen och Steen Hildebrandt startade han Foreningen Børns Livskundskab och har i det sammanhanget varit medförfattare till böcker om empati i skolan (exempelvis *Empati: det som håller samman världen*, 2012). Sedan lång tid tillbaka har han utövat meditation, som han också undervisar i, främst i Danmark på sin och partnern Hanneli Ågotsdatters plattform Kontemplation (kontemplation.dk) och vid det sekulära klostret Vækstcenteret.

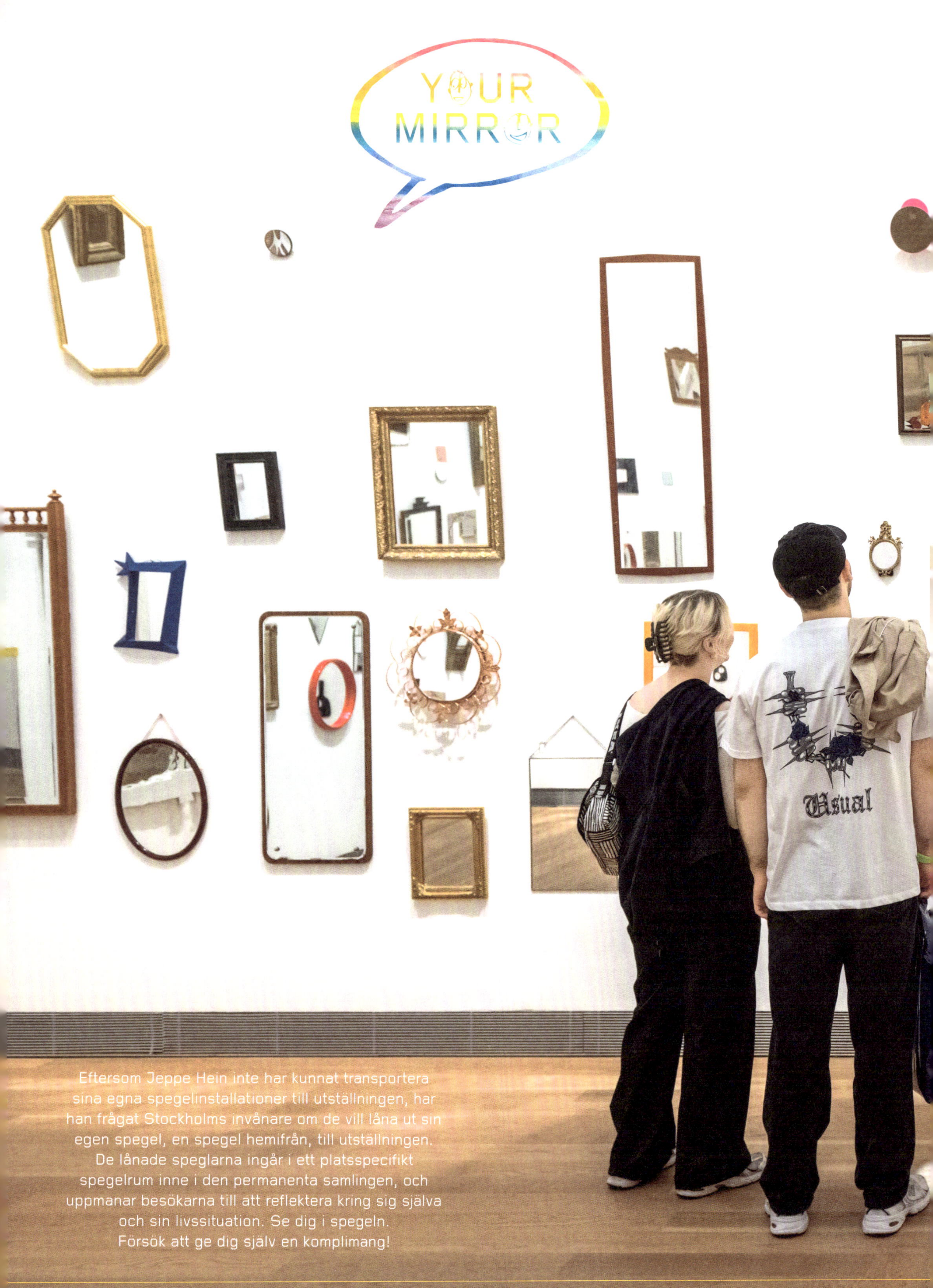

YOUR MIRROR

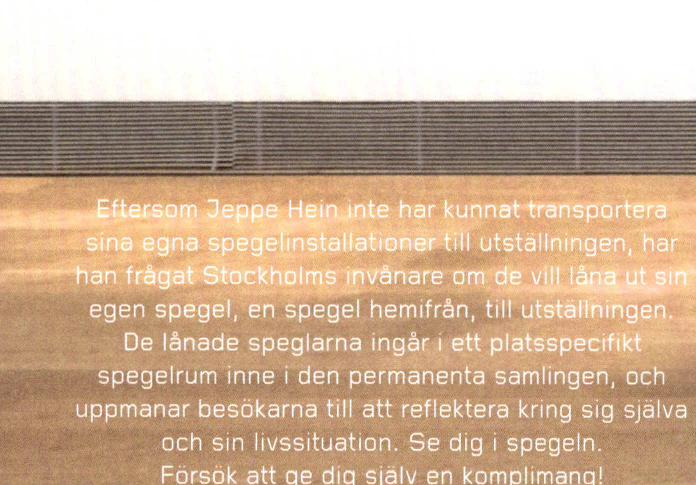

Eftersom Jeppe Hein inte har kunnat transportera sina egna spegelinstallationer till utställningen, har han frågat Stockholms invånare om de vill låna ut sin egen spegel, en spegel hemifrån, till utställningen. De lånade speglarna ingår i ett platsspecifikt spegelrum inne i den permanenta samlingen, och uppmanar besökarna till att reflektera kring sig själva och sin livssituation. Se dig i spegeln. Försök att ge dig själv en komplimang!

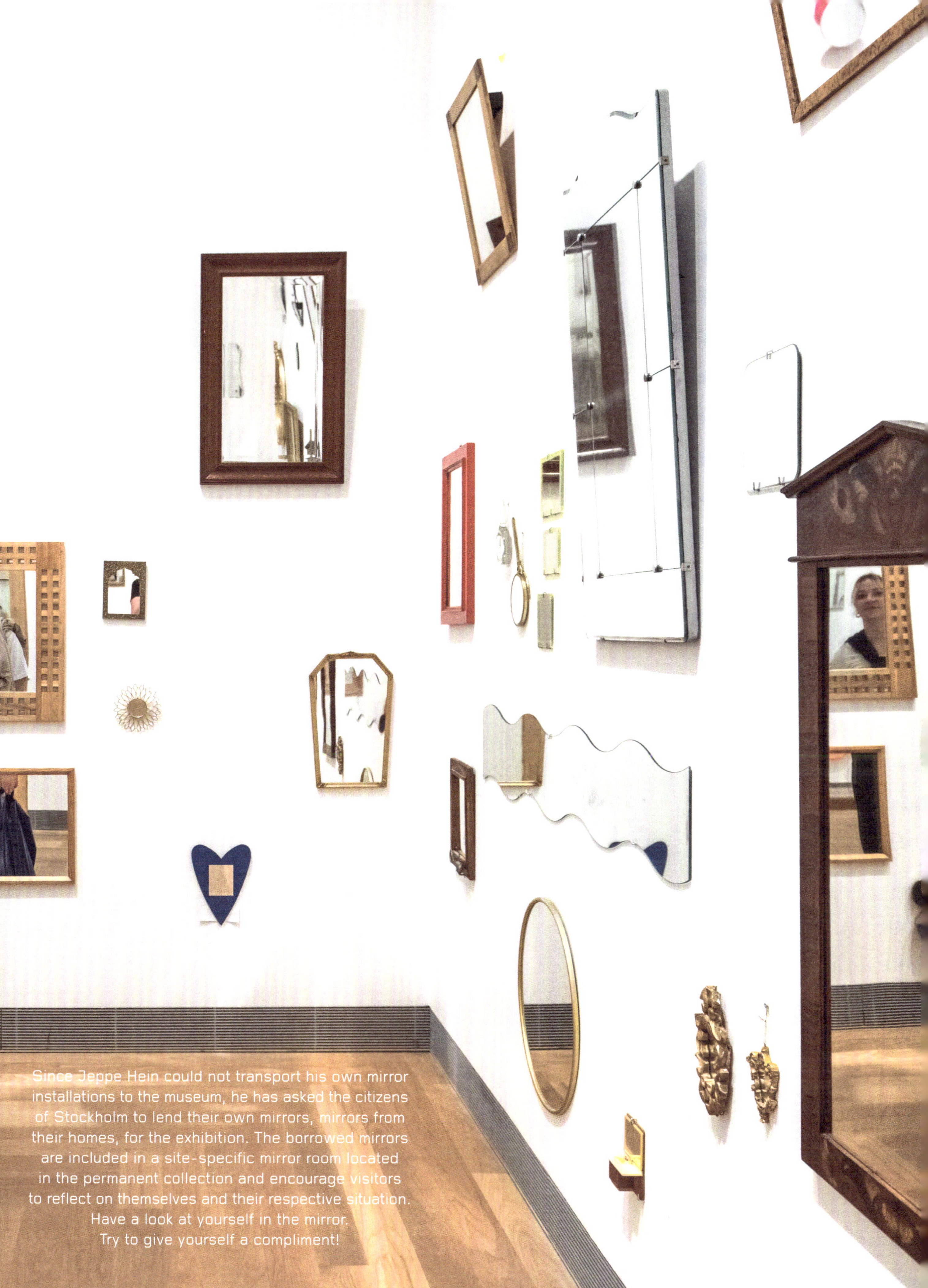

Since Jeppe Hein could not transport his own mirror installations to the museum, he has asked the citizens of Stockholm to lend their own mirrors, mirrors from their homes, for the exhibition. The borrowed mirrors are included in a site-specific mirror room located in the permanent collection and encourage visitors to reflect on themselves and their respective situation. Have a look at yourself in the mirror. Try to give yourself a compliment!

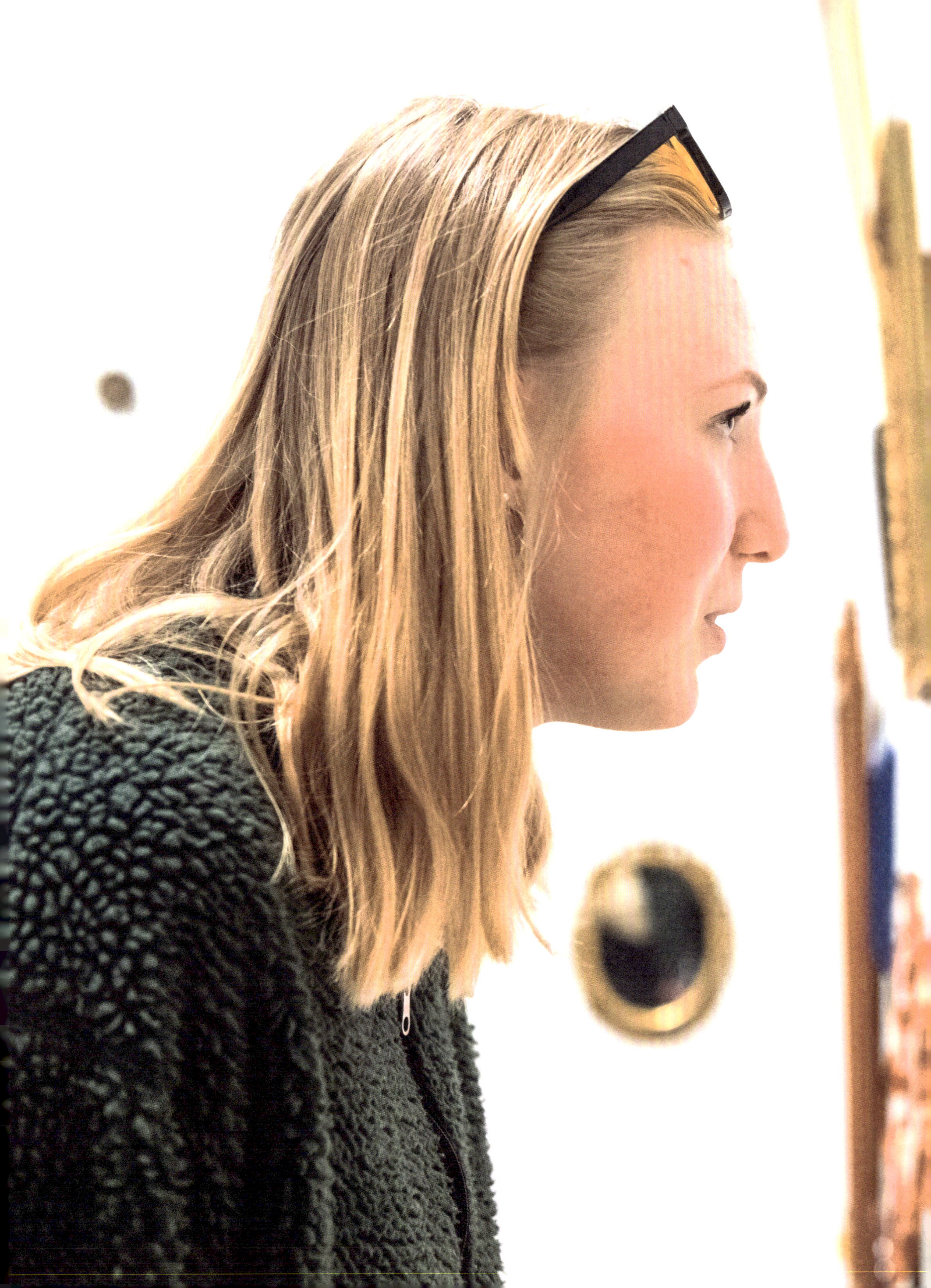

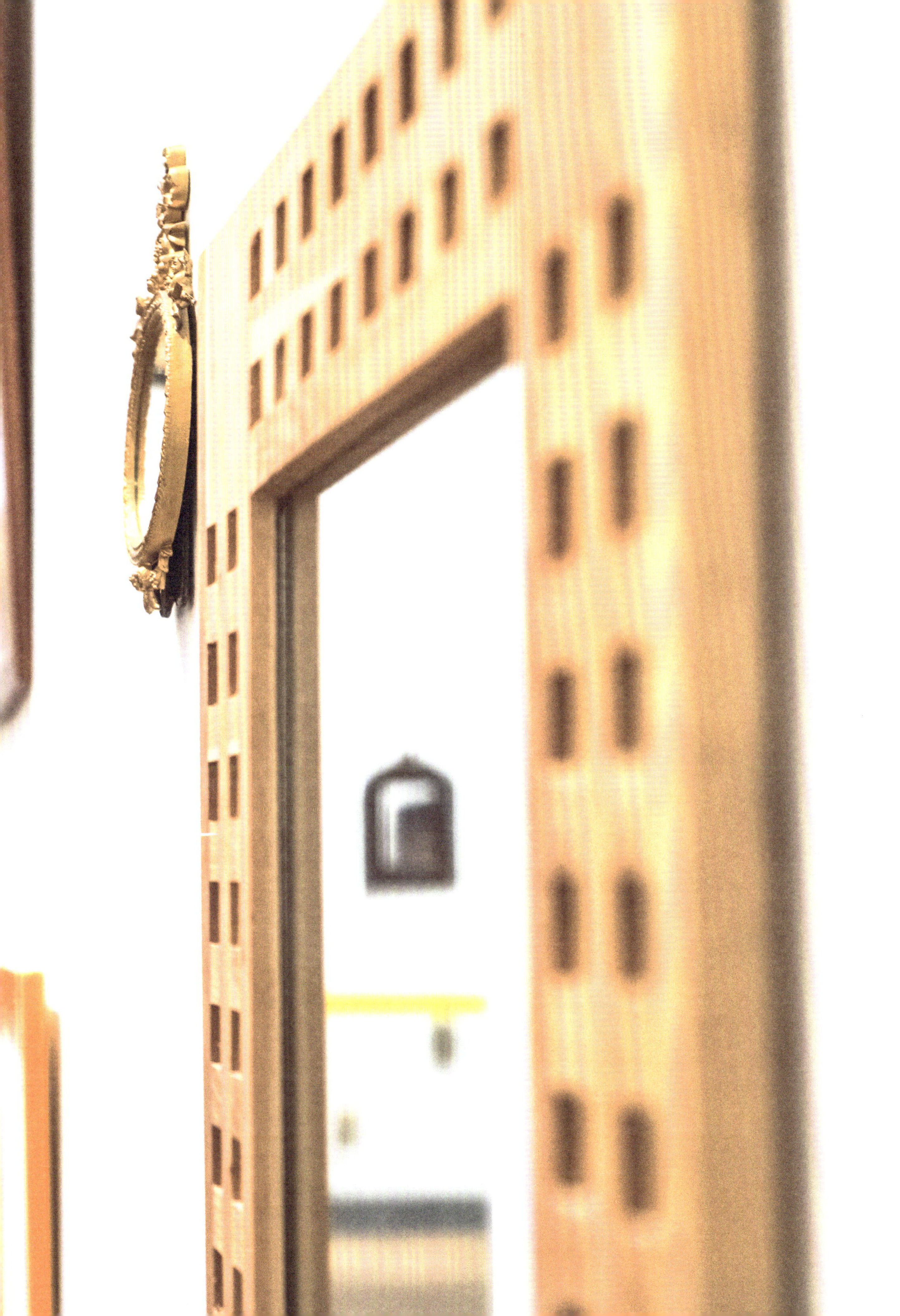

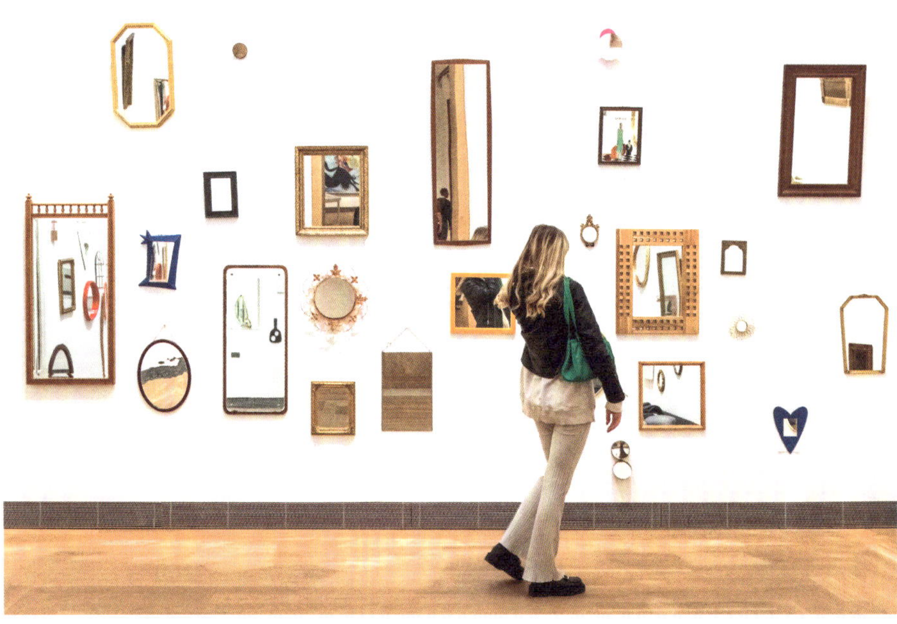

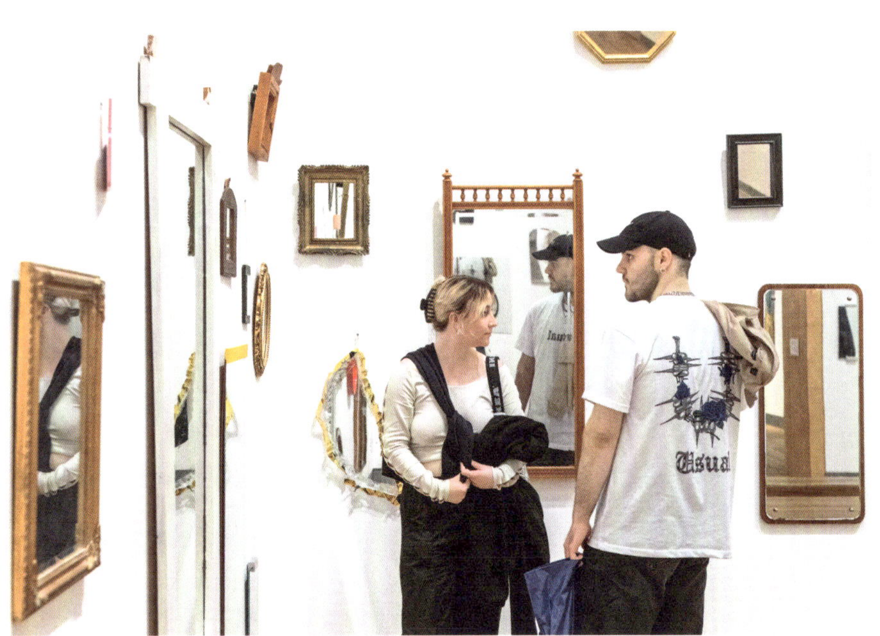
Usual

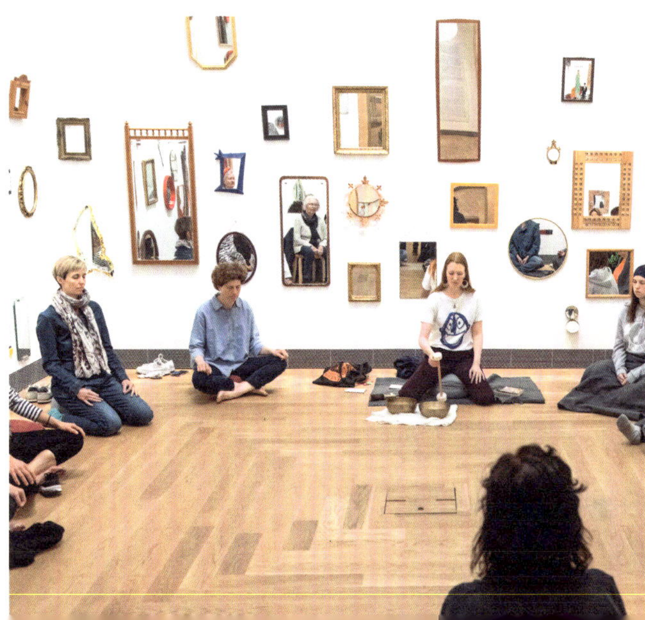

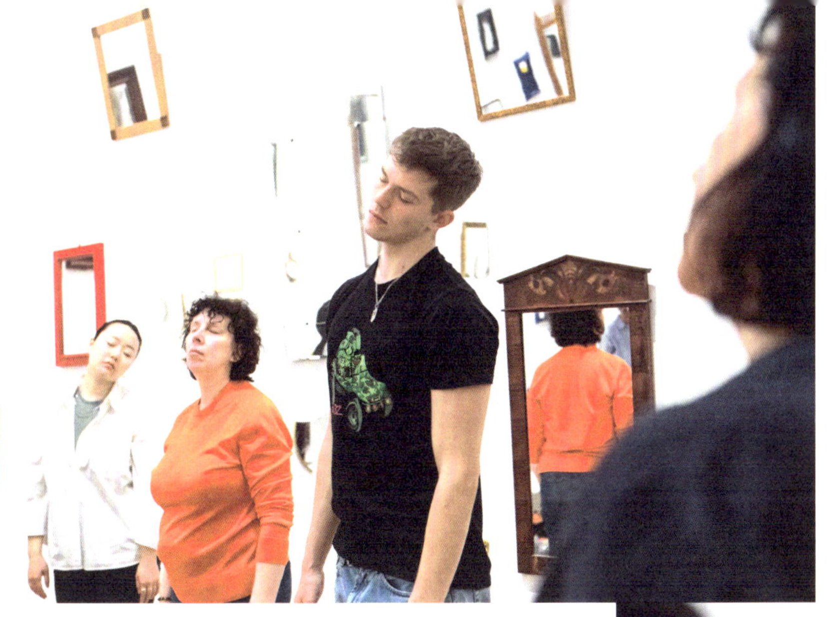

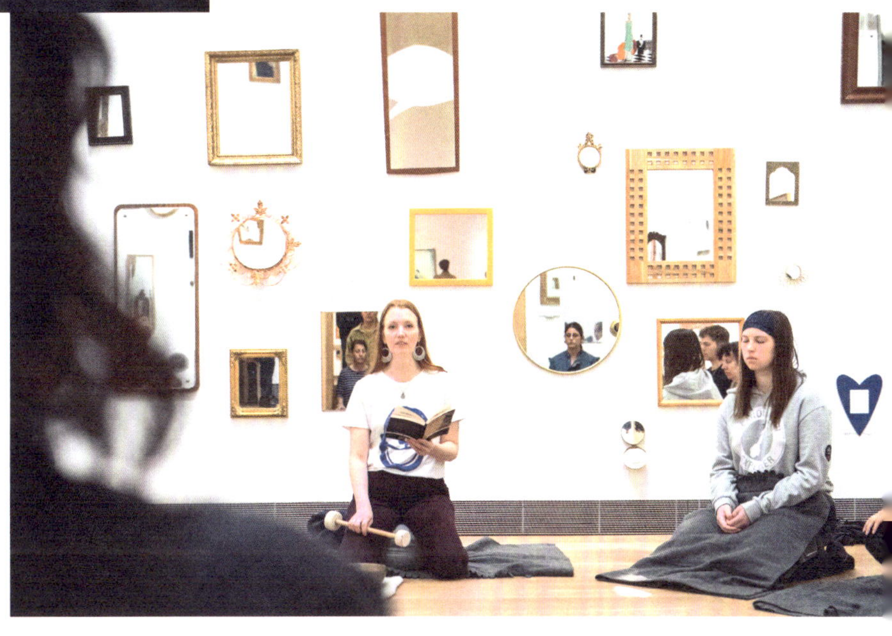

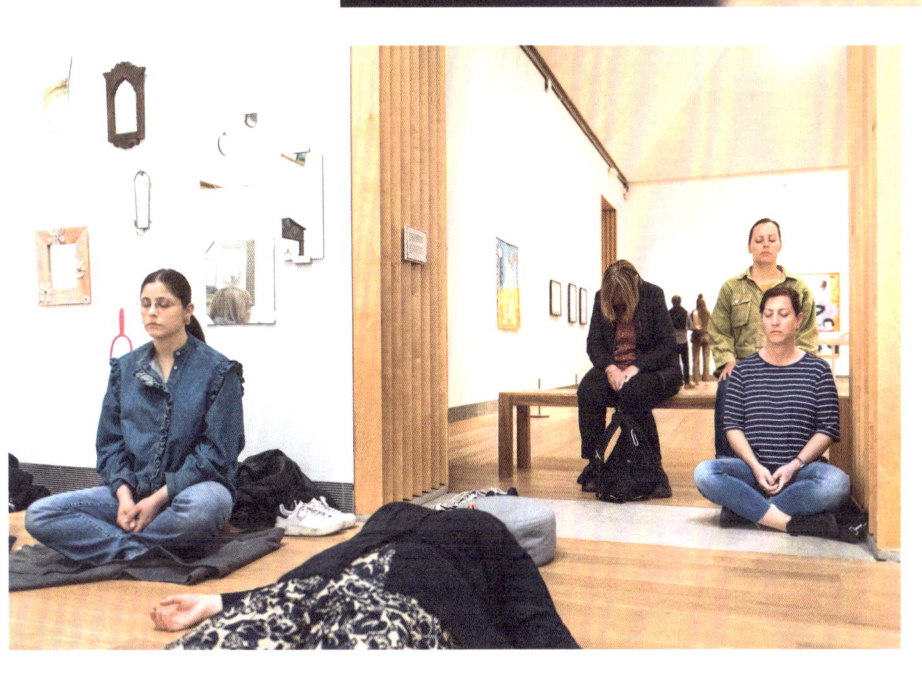

SAMTAL JEPPE HEIN OCH JAMES R. DOTY

Jeppe Hein: Först av allt, Jim, vill jag med leende hjärta hälsa dig välkommen. Jag tycker verkligen att det är mycket hedrande att vi kan föra detta samtal. Du är professor i klinisk neurokirurgi vid Stanford University, du har skrivit ett stort antal böcker och du har grundat Center for Compassion and Altruism Research and Education – och gjort mycket mer än så. Jag har sett fantastiska videor, TED talks och annat som har inspirerat inte bara mig utan även många andra. Jim, vem är du egentligen?

James R. Doty: Är det frågan? [*skrattar*]

Det är den första frågan. Jag har redan presenterat dig, så inget av det där behöver du prata om. [*skrockar*]

Ja, men det är intressant att du nämnde mina titlar och vad jag uträttat. Det är intressant därför att många använder det som en beskrivning av vilka de är. För i dagens samhälle trivs folk inte riktigt med att vara sina äkta jag. Det är därför de presenterar sig så som de vill bli uppfattade. Andning och mindfulness handlar om att vara närvarande i nuet. När man bär på en projektion av hur man vill bli uppfattad av andra i stället för att vara sitt äkta, sårbara jag blir det väldigt svårt att få kontakt. Så när du frågar mig vem jag egentligen är skulle jag säga att jag är en skör och bräcklig människa som ofta känner sig osäker och rädd och har ångest, och att jag lider. Det säger jag inte för att jag nödvändigtvis förväntar mig medkänsla eller medlidande, utan jag säger det därför att det är alla människors verklighet.

JEPPE HEIN IN CONVERSATION WITH JAMES R. DOTY

Jeppe Hein: First of all, Jim, welcome from my smiling heart. I am very, very honoured to be able to have this talk. You are a clinical professor of neurosurgery at Stanford University, you are the author of many books, and you are the founder of the Center for Compassion and Altruism Research and Education – and much more. I saw these amazing videos, TED Talks and more, which inspire not only me, but a lot of other people. Jim, who are you really?

James R. Doty: Is that the question? [*laughs*]

That would be the first question. I somehow introduced you, so all those things you don't have to talk about. [*chuckles*]

Well, it is interesting, though, because you mentioned some of the titles that I have. It is an interesting thing, because many people use these titles and accomplishments as a presentation of who they are. Because in today's society, people don't feel comfortable really being their authentic selves. That is why they have this presentation of how they want to be seen.

When we talk about breathing and mindfulness, it's about being present. When you are carrying this projection of how you want people to see you, instead of being your authentic, vulnerable self, it actually makes it very difficult to connect. So, when you asked me, who am I really, what I would tell you is that I am a frail, fragile human being, who has insecurities, fears, anxiety, and that I suffer. I tell you that, not necessarily expecting sympathy or pity, but

Tyvärr säger många i dagens samhälle – särskilt de yngre – att de vill bli influencers. Problemet är att de försätter sig i en position där de blir bedömda av andra. Ingen är perfekt. Det jag har presterat ser kanske fantastiskt ut på pappret, men det är det inte. Jag har begått fel och misstag. Jag har sårat människor, och återigen så är det den mänskliga existensens natur.

En föreställning om det perfekta leder bara till lidande, för ingen av oss är perfekt. Det är fruktansvärt sorgligt eftersom det finns många ungdomar och vuxna som har försökt upprätthålla illusionen om det perfekta. Det har resulterat i så mycket lidande att de blir väldigt deprimerade, och en del har till och med begått självmord.

Men det fantastiska är något som folk inte inser, att när man är sitt äkta, sårbara, sanna jag så blir man i själva verket bemött med öppna armar. Jag tror att det är mycket viktigt att inse det.

Det var på sätt och vis ett mycket vackert svar. Du svarade på frågan men talade också om den känsla av samhörighet som du försöker skapa och vill dela med dig av just nu. Var är du nu, Jim? Du ser ut att vara hemma.

Ja, jag sitter i mitt bibliotek – som du ser, med alla böcker och samlingar av saker på bokhyllorna från olika resor, upplevelser jag haft tillsammans med andra människor. Och det är också intressant, för när man har saker omkring sig som är relaterade till positiva upplevelser bidrar det faktiskt till att höja humöret.

Jag omger mig också med en massa knäppa saker som på sätt och vis förbättrar humöret och den skapande känslan.

Du pratade om det förut … jag har det här på armen, ”Här är jag, här och nu”, en tatuering med vita bokstäver som jag skaffade när jag bränt ut mig. Jag insåg nämligen, när jag såg tillbaka, att jag bara hade befunnit mig i framtiden och i det förflutna. Jag hade fina utställningar och träffade människor jag verkligen gillar, men jag var alltid någon annanstans. Jag var aldrig riktigt närvarande i nuet. Du kan kanske berätta för mig varför det är så viktigt – för hjärnan och hjärtat – att befinna sig här och nu?

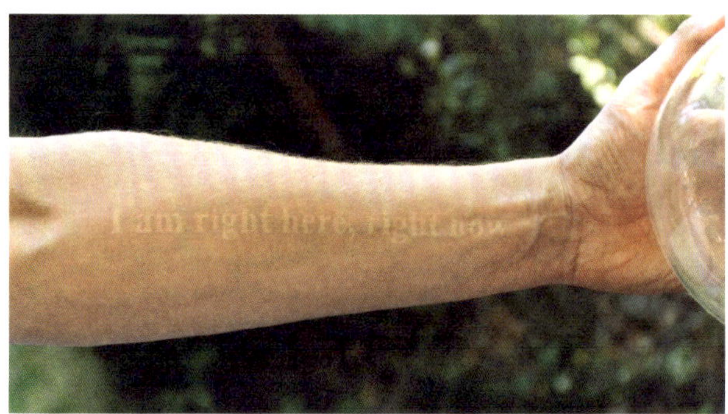

Jeppe Hein's arm with tattoo RIGHT HERE RIGHT NOW.
Jeppe Heins arm med tatueringen RIGHT HERE RIGHT NOW.

Det finns ett par saker man kan nämna. En av dem är att man för att verkligen få kontakt måste vara närvarande, det vill säga i nuet. Tyvärr är folk förvirrade, eftersom de alltid försöker använda en erfarenhet i det förflutna eller föreställa sig en framtid som ska göra nuet bättre. Problemet är att själva görandet resulterar i att man missar ögonblicket och närvaron i nuet. Det är på den punkten som många blir väldigt förvirrade, eftersom de tror att de genom att analysera upplevelser eller förutsäga en framtida upplevelse ska kunna leva helt och fullt. Det kan de inte. På sätt och vis påminner det om känslomässiga bindningar. När man har bundit sig vid ett resultat, till exempel när man förbundit sig att vara lycklig, så analyserar man alltid vad som gjorde en lycklig eller inte gjorde en lycklig, om det hör till det förflutna – eller också tänker man på saker man kan göra

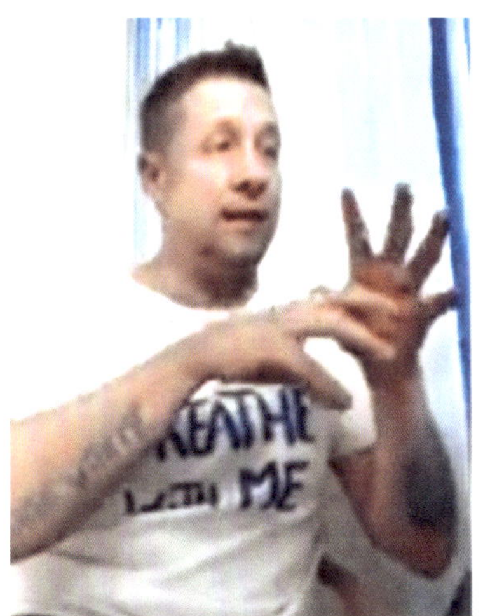
Jeppe Hein in conversation with James R. Doty.
Jeppe Hein i samtal med James R. Doty.

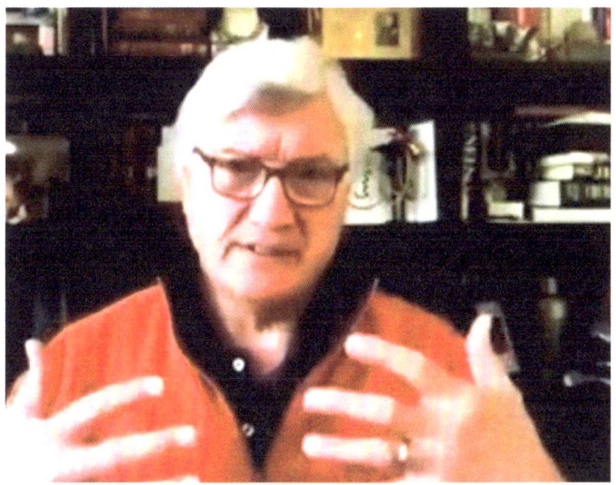

James R. Doty in conversation with Jeppe Hein.
James R. Doty i samtal med Jeppe Hein.

I tell you that because that is the reality of all of us. People, unfortunately, in today's society – especially younger people – many actually say they want to be influencers. The problem is that they put themselves in a position to be judged by others. No one is perfect. Perhaps on paper what I have accomplished seems perfect, but it is not. There have been failings, mistakes. I have hurt people, and again, that is the nature of human existence.
An idea of perfection is going to only result in suffering, because none of us are perfect. It is horribly sad because there are a number of young people and adults who have tried to maintain the illusion of perfection. It has resulted in so much suffering that they become very depressed, and some have even committed suicide.
What is amazing, though, what people don't realize, is that when you are your authentic, vulnerable, true self, actually people embrace you. I think that is very important to realize.

It was a very beautiful answer in a way: how to embrace this question, but also the connection you are trying to build up and want to share with people right now. Where are you right now, Jim? It looks like you are at home?

Yes, I am in my library – as you can see, all the books and various collections of things on the bookshelves from different travels or experiences with people. Again, it is interesting, because when you have things that have a relationship to positive experiences around you, it actually helps elevate your mood.

I have a lot of crazy stuff around me too, which help my mood and creative intuition in a way.
You talked about it before… I have it right here on my arm, "I am right here, right now" in white tattooed letters, which I got after my burnout; because I understood that one of the main things from my experience was that I was only in the future and in the past. I was never right here. I was having beautiful shows, meeting people whom I love, but I was always somewhere else. I was never really being present in the moment. Can you maybe tell me: why is it so important to be right here, right now – for the brain and the heart?

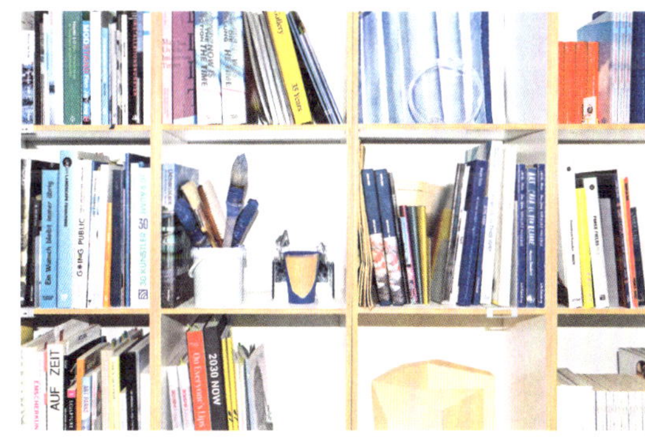

Right: Library at Studio Jeppe Hein.
Höger: Biblioteket i Studio Jeppe Hein.

Well, there are a couple of things. One is: to truly connect, you have to be present, that means in the here and now. Unfortunately, people are confused, because they are always trying either to utilize a past experience or to imagine a future, which will then make the present better. The problem is the very nature of doing that results in you missing the moment and being present. That is where people get very confused, because they think by analysing experiences or trying to predict a future experience that will make them full and whole. It doesn't. In some ways, it is similar to attachment. When you are attached to an outcome, for example, when you are attached to being happy, then you are always analysing – if it is in the past – what made you happy or didn't make you happy, or thinking

i framtiden för att bli lycklig. Men man kan inte vara lycklig om man inte lever i nuet. Det är det som är problemet för väldigt många.
Ofta leder det till grubblerier och att man ältar tankar som ska hjälpa en, tror man, att förstå sitt tillstånd. Men förståelsen av vilket tillstånd man befinner sig i är av ett sådant slag att den hindrar en från att befinna sig i det. Jag tror att det tyvärr är problemet för många människor.

Och jag försökte vara närvarande i nuet. Jag gjorde en massa mindfulness-övningar, iakttog lövens rörelser i träden för att öva mig. Vi kan öva oss på detta i vår vardag: när jag skär ingefära till morgonteet, eller när jag är med min dotter, eller när jag promenerar. När man tänker så kan man vara närvarande i nuet utan att kolla telefonen eller göra den typen av saker.

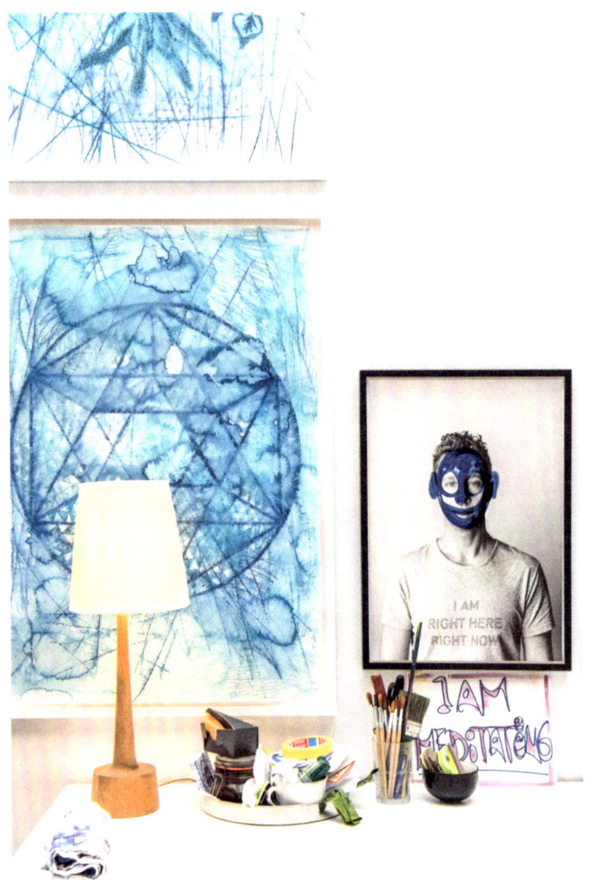

Jeppe Hein's desk at Studio Jeppe Hein.
Jeppe Heins skrivbord i Studio Jeppe Hein.

Den här tanken om att vara närvarande gör det möjligt, tror jag, att se verklighetens sanna natur. När man är närvarande sker ett antal saker. En av dem är att man slutar racka ner på sig själv. Väldigt många av oss har negativa kommentarer om oss själva som mal i huvudet, men det man inser är att alla inte är sanna. De är bara sanna i den meningen att negativa saker fastnar i oss. Men händelser som vi är med om kan inte vara bra eller dåliga i sig själva. Det handlar om hur vi förhåller oss till dem. Många håller fast vid det negativa.
Särskilt i det moderna samhället är den genomsnittliga personen stressad och orolig eftersom det råder så stark tidspress. Man måste komma ihåg att vårt dna inte har förändrats på de senaste 200 000 åren. Vi är likadana som vi var på savannen i Afrika. Där och då hade vi en mekanism i kroppen, och den har vi fortfarande, som heter autonoma nervsystemet. Det innefattar sympatiska och parasympatiska reaktioner. När vi drunknar i information, i mobiltelefonen eller via andra medier, upplever många att det som händer runt omkring dem, eller deras arbete, inte är naturligt. Följden blir att de drabbas av stress och oro som så småningom kan leda till kraftig depression. Om det då finns en mekanism som växlar spår från det sympatiska systemet, som är förknippat med flykt- och kampresponsen och med frysresponsen, till det parasympatiska systemet, vilket leder till att vi slappnar av, så fungerar vår fysiologi som den ska. Vi får en känsla av lugn, öppenhet och kontakt med omvärlden.
Det som händer när man gör en andningsövning, som när man deltar i *Andas med mig*, är att man växlar spår. Man försätts i ett tillstånd där man känner att man på ett naturligt sätt är en del av ett sammanhang. Det är en av de saker som gör den här övningen så fantastisk. Det är en teknik som gör det möjligt att bli balanserad och närvarande och sluta analysera alla de där andra sakerna som man känner att man vill ha men som inte finns inom räckhåll just nu. Det vill säga den känslomässiga bindningen, återigen – antingen en känsla av att det enda sättet att förändra något för att förbättra sin situation är att fokusera på det förflutna och älta ”Varför gjorde jag inte det eller

about things you can do in the future to make yourself happy. But, you cannot be happy unless you are in the here and now. That is the problem for so many people. Oftentimes, it leads to this rumination and these thoughts going over and over to help you, you think, understand where you are at. But the nature of understanding where you are at distracts you from being there. I think this is the problem for a lot of people, unfortunately.

That was also my intention. I did all these mindfulness exercises, looking at leaves moving – being right in the moment – to practice that. We can practice this in our everyday life: when I cut my ginger for my morning tea, or when I am with my daughter, or when I walk. When you think like that, you can be present in the moment without looking at your phone and doing stuff like that.

This idea of being present, I think, allows you to see the true nature of reality. By being present, a couple of things happen. One is: you stop beating yourself up. So many of us have these negative comments that we tell ourselves. What happens is that all of these are not true. They are only true by the fact that negative things stick to us. But events happening to us have no power for good or bad. It is how we respond to them. Many people hold onto these negative things.

Especially in modern society, the average person is stressed and anxious, because there are immense demands on their time. You have to remember: our DNA has not changed in the last 200,000 years. So, we are the same as we were on the savannah in Africa. In that situation, there were mechanisms, which we have retained, called the autonomic nervous system. It has a sympathetic and a parasympathetic response. When we are inundated with information, either with our cell phones or media, events happening around us, or our job, for many people, that is not natural. As a result, they have stress and anxiety which can ultimately lead to significant depression. So, if you have a mechanism to shift you from engagement of your sympathetic nervous system, which is associated with the flight, fight, or fear response, to shift you to the parasympathetic nervous system, which results in us relaxing, our physiology works best; we feel a sense of calmness, openness, a sense of connection.

What happens when you do a breathing exercise, like you do with *Breathe with Me*, it shifts you. So, it shifts you into this place where you are just naturally connected. Really, that is one of the wonderful things of this exercise. It is a technique that allows you to be centred and present, and to stop analysing all the other things that you feel you want but are not in front of you today. Again, it is the attachment – either an attachment to change things to improve your situation by focusing on the past and repeating, "Why didn't I do this or that?", or this belief that if you fixate on the future, that future will magically occur. But it is taking all this time to process this that stops you from being in the present.

Breathe with Me, an art project by Jeppe Hein and ART2030
ett konstprojekt av Jeppe Hein och ART2030.
Installation view from Installationsbild från
Gunn High School, Palo Alto, USA, 2021.

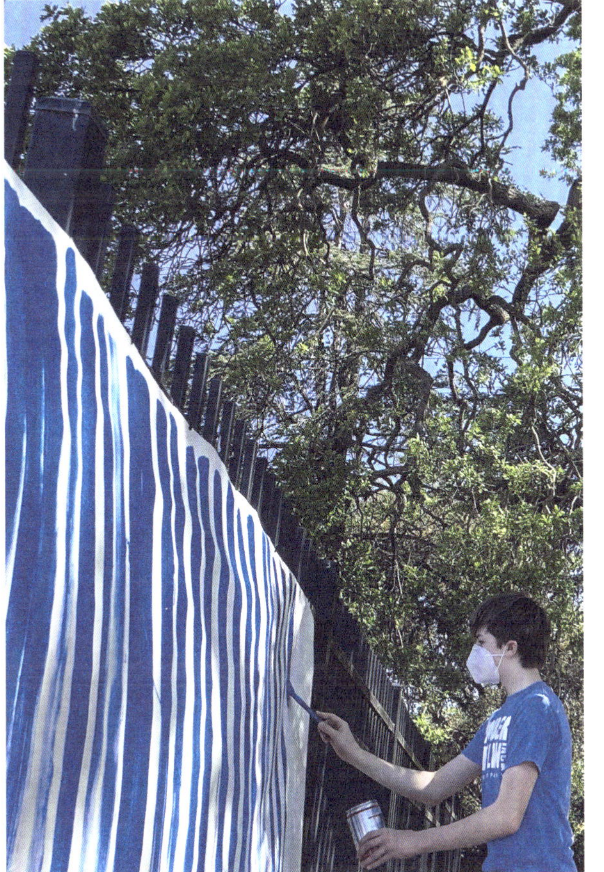

det?", eller också övertygelsen att om man fäster ögonen på framtiden så kommer den framtiden på något magiskt sätt att inträffa. Men det är all den tid man lägger ner på den här sortens bearbetning av känslor som hindrar en från att vara i nuet.

Det är den där rösten i huvudet som du talar om att vi alla har. Jag försöker inspirera, använda olika verktyg – som andning – men det finns många andra tekniker som kan hjälpa oss att bli lugna och sluta vara på helspänn, så som vi är. Det kan naturligtvis öka välbefinnandet, och även få oss att bli mer empatiska och öppet sinnade.

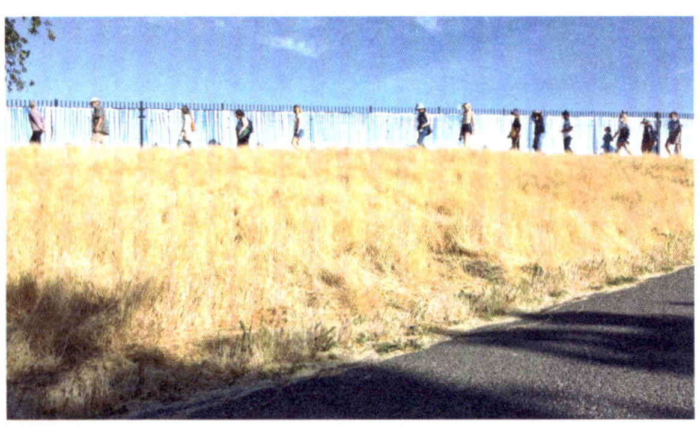

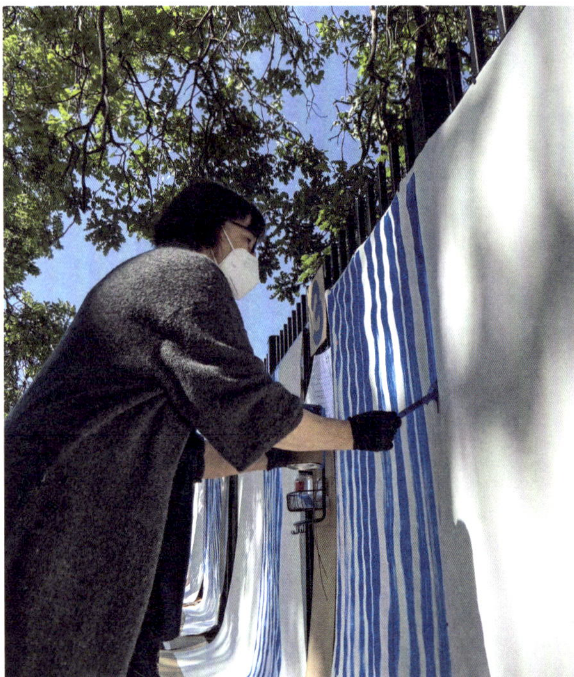

Breathe with Me, an art project by Jeppe Hein and ART2030
ett konstprojekt av Jeppe Hein och ART2030.
Installation view from Installationsbild från
Gunn High School, Palo Alto, USA, 2021.

Ja, så är det. Vi pratade om självmedlidande och sedan om medkänsla med andra. Det här med att vara kritisk och negativ mot sig själv – det finns flera saker att säga om det. En av dem är att det försätter en i ett stresstillstånd och aktiverar det sympatiska nervsystemet. Men att vara överdrivet kritisk och nedgörande mot sig själv leder också till att man betraktar andra med samma blick. Man kan säga att det förgiftar omgivningen. När man kan sitta för sig själv och vara snäll mot sig och säga "Jag förtjänar kärlek, jag är en bra människa", så är de negativa kommentarerna inte sanna längre. Ja, jag kan bli bättre, men jag duger. Om man kan slå sig till ro med det och känna på det sättet, och vara sårbar, så har man en möjlighet att se andra människor och förstå att även de lider.
Ofta är det här med lidandet väldigt självfokuserat. Man rabblar alla problem man har. Men man inser inte att massor av andra människor har liknande eller värre problem. En av de saker som jag verkligen tror kan hjälpa en individ, särskilt om man har dessa negativa känslor, är andningsövningar, att långsamt andas in genom näsan och sedan andas ut genom munnen, för det kan tvinga fram förändringen. Men en annan sak som underlättar är att rikta sig utåt och vara vänlig, vara till nytta för andra. Omsorgen om andra är något av det viktigaste som finns.
Ibland blir ju folk självupptagna, och följden är att allt de gör alltid handlar om dem. I visst avseende skapar idén om att det är så viktigt att vara populär i skolan en orealistisk föreställning om hur det ska vara och hur det inte ska vara, eller om vad som är en god handling och vad som inte är det. Saken är den att godhet är ett uttryck för omsorgen om andra. När man går ut ur sig själv, när man ser någon som är ledsen är det viktigaste att själv vara lugn men sedan sträcka ut en hand och få kontakt. Det är faktiskt viktigare, tror jag, än nästan allt annat. Att ha ägodelar, att kunna skryta om x, y eller z, är när det kommer till kritan fullständigt meningslöst.

Det är något av det viktigaste jag försöker lära mina barn, att kunna hjälpa varandra men också människor man inte känner. Man blir väldigt rörd när man ser att det fungerar i verkliga livet, när de har tagit hem kompisar och det händer en massa saker.

I bortre änden av min pool har jag faktiskt, tro det eller ej, en Buddhastaty utan huvud. Ett modernt konstverk.

This is this kind of voice in your head that you are talking about that we all have. I am trying to inspire, to use different tools – like breathing – but there are a lot of other techniques, where you can actually start somehow to calm down and not be alert, as we are. That can, of course, increase our well-being, and also the way we create more empathy and more of an open heart.

Yes, that is right. We talked about compassion for yourself and then compassion for others. This idea of being critical and negative towards yourself, there are several things. One is: it shifts you into this stress mode or your engagement of your sympathetic nervous system. But what it also does is: when you are very hypercritical and non-accepting of yourself, when you look out at the other, you use that same lens. In some ways it poisons that environment. When you can sit with yourself and be kind with yourself and say, I am worthy of love, I am good, these negative comments are not real. Yes, I can improve, but I am worthy. If you can sit with that and feel that way, and be vulnerable, this then allows you to see other people and understand that they are suffering as well.

Oftentimes, this idea about suffering is very self-focused. It is: oh I have this problem, I have that problem. But you don't realize that so many others have similar or worse problems. One of the things I think that can really help an individual, especially when they have these negative feelings, is this idea of this breathing exercise, slowly inhaling through your nose and then exhaling through your mouth, that can force that shift. But one of the other things that helps with that is actually going outward and being kind, being of service to others. One of the most important things is this idea of caring for others.

You know sometimes people get self-focused, and, as a result, all of their actions are always about them. In some ways this idea of popularity in schools creates this unrealistic idea of what is or isn't right, or what is or isn't good. The thing is that goodness is a manifestation of how you care for others. So, when you reach outside of yourself, when you see someone who is sad, the most important thing is to be calm yourself, but then to reach out and be connected. That is actually more important, I think, than just about anything. Having possessions, being able to brag about x, y, or z, at the end of the day, is completely meaningless.

One of the most important things that I am trying to teach my children is also this kind of thing: Being able to help each other, but also people you don't know. It is very touching when you see that it works in real life, when they have friends at home and there are things happening.

You know, at the end of my pool, believe it or not, I have a modern art statue of Buddha without a head.

My jacuzzi is at the other end of the pool. The reason I bring this up is because I sit and reflect there, and I see this headless Buddha. It reminds me not to get lost in my head, but to be centred in my heart. I think that is how one

Min jacuzzi ligger i andra änden av poolen. Skälet till att jag tar upp detta är att jag sitter och funderar där, och då ser jag den huvudlösa Buddhan. Den påminner mig om att jag inte ska förlora mig i mina tankar utan fokusera på mina känslor. Jag tror att det är så man bör tänka. Missförstå mig inte, att bara ha kontakt med känslorna utan att använda huvudet kan vara väldigt ohälsosamt på många plan. Men om man ser till hur hjärnan och kroppen fungerar mår man mycket bättre av att koncentrera sig på känsloinriktade aktiviteter.

Många människor har tyvärr, särskilt i västvärlden eftersom vi har ett konsumtionssamhälle med marknadsförare som försöker sälja saker, en falsk föreställning om att ju fler och bättre saker man har, desto mer betydelsefull är man. Många utnyttjar det för att framstå som betydelsefulla i förhållande till dem som inte har dessa saker. De tror att de fyller ut den tomhet som finns i oss alla. Problemet är att den tomheten bara kan fyllas genom att man går ut ur sig själv och bryr sig om andra människor.

När vi ligger på vårt yttersta kommer vi inte att dömas efter hur stort vårt hus var eller vilken bil vi hade. Vi kommer att dömas efter vad vi gjorde för att förbättra andra människors liv.

Mitt arbete och min konst handlar om kommunikation. På det hela taget betraktar jag konst som ett verktyg för kommunikation och dialog, och på något sätt är konsten ett outtalat språk – något som man måste uppleva. Jag tror att man kan bli hjälpt av det, för till exempel så är mina verk väldigt lekfulla. Man börjar leka, har kul och glömmer för en stund bort att den egna bekvämlighetszonen har en gräns. Man kliver ut ur den. Barnen gör det mycket snabbt, för de har egentligen ingen bekvämlighetszon. När man börjar lämna den tror jag att man börjar känna frihet och börjar leva. Innan jag började se in i mig själv och fundera över mitt liv och började andas, meditera och göra yogaövningar trodde jag att jag som konstnär helt enkelt fick bra idéer. Jag tänkte att oj, det där är ju en väldigt bra idé, och trodde att mina idéer bara kom.

Nu tror jag mycket mer att det är ett slags medvetenhetsmoln. Det är så jag ser det. Jag kan liksom avlyssna det genom att meditera, och sedan får jag på något sätt fram det med hjälp av mina känslor. Det kommer ur hjärtat. Jag formar det, ger det en gestalt och en berättelse.

Vad tror du att inspiration är? Varifrån tror du att den kommer?

Jag tror att den har två beståndsdelar. Som du påpekar kan den yttre världen såklart ha en väldigt dramatiskt påverkan – men det kan även den inre världen. Vilken värld det än rör sig om så utlöser den ett djupt emotionellt tillstånd som man känner att man måste ta ställning till genom att uttrycka något.

Jag tror alltså, naturligtvis, att sinnena spelar en viktig roll, men att det också är en fråga om att i huvudet återskapa upplevelser som man haft och som också har varit inspirerande. Den ena delen är ett omedelbart nu,

should think. Don't get me wrong, only being connected to your heart without any thinking through can actually be very unhealthy on multiple levels. But this idea of focusing yourself on heart-centred activities is much more beneficial to you in terms of how your brain works, in terms of how your body works.

A lot of people, unfortunately, and especially in the Western world because we have marketeers selling stuff and a consumer society, hold the idea, which is a false one, of course, that having more things, having better things, somehow makes you more important. A lot of people use that to appear important in comparison to those who don't have those things. They think that that fills this emptiness that all of us have inside of us. The problem is that that emptiness is only filled by going outside of yourself and caring for others.

At the end of our days, none of us are judged on how big of a house we have or what type of car. We are judged on the steps we have taken to improve the lives of other people.

My work and art is about communication. In general, I see art as a tool for communication and dialogue, and somehow art is a language unspoken – it is something that you have to experience. I think it can help you, because, for example, my work is very playful. So you start to play, enjoy, and forget a bit this boundary of your own comfort zone; you are stepping out of it. The kids are doing it very fast, because they don't really have a comfort zone. When you start to leave that, then you start to feel freedom and start to live, I think. Before I started to look into myself and reflect on my life and started to breathe, meditate, and do yoga, I thought I just had a good idea. I thought, oh, that is a very good idea. I thought, my inspirations just come.

Now I believe much more that it is a kind of cloud for awareness. This is how I see it. I think I can tap [into] it through meditation and afterwards somehow I bring it out with my heart. It is coming out from my heart: I form it, give it a shape and a story. What do you think inspiration is? Where do you think is it coming from?

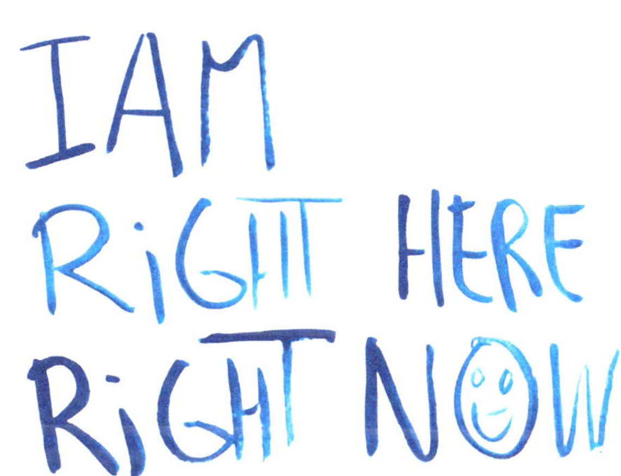

Watercolour by Akvarell av
Jeppe Hein, 2015.

Well, I think there are two parts of it. As you point out, of course, your external world can affect you very dramatically – but, also, your internal world. I think, whichever it is, it manifests by feeling this deep emotional state, which you feel then you have to express something in response to that.

So, I think it is a matter, of course, of the senses, but it is also a matter of recreating in your head experiences that you have had that have also been inspiring to you. So, one is a direct present – one perhaps maybe a past – but they all motivate you in a manner to do an action, which in and of itself may result in something that inspires others.

I am an artist. I am down here all the time (pointing to the heart); I am not up here (pointing to the head). I am a skilled carpenter, I studied art, but I am trying to be

den andra något förflutet, men båda motiverar till handling, vilket i sig kan resultera i något som inspirerar andra.

Jag är konstnär. Jag befinner mig härnere hela tiden (pekar på hjärtat). Jag befinner mig inte häruppe (pekar på huvudet). Jag är utbildad snickare och jag har studerat konst, men jag försöker ha båda mina bara fötter på jorden. Det kan ibland vara väldigt svårt.

Vissa går vilse i sitt huvud och förstår sig inte på hjärtat. Jag tror att det är negativt. I själva verket är det på hjärtats plan som vi verkligen är människor. Att tänka igenom saker har, tror jag, på något plan hjälpt oss att överleva och lyckas väl. Om vi avskärmar oss från hjärtat kan det leda till att vi går under som art. Jag tror att fler saker bör vara inriktade på hjärtat, på känslolivet, och syftet med det är att när man kan se en annan människas lidande, och när man kan se den andra på samma sätt som man ser sig själv, så kan man inte vara arg eller fientlig. Allt man förmår känna är en längtan efter att få kontakt med denna andra person, för genom att hjälpa och umgås och prata med honom eller henne hjälper man faktiskt på ett djupare plan sig själv.

Ett exempel är att vi som art lär oss saker genom att härma andras handlingar – vanligtvis våra föräldrars. Det är fantastiskt bra om situationen är sådan att dessa personer är förebilder. Men det är inte alla som befinner sig i en sådan situation. Trauman som drabbar oss som barn dröjer tyvärr ofta kvar hos oss när vi blir vuxna. Bagaget man bär med sig, ofta av negativt slag – för barn tror att saker som händer i deras egen familj är deras fel – påverkar utan tvivel hur man beter sig i världen. Många inser inte att det beteende de uppvisar är yttringar av detta trauma i det förflutna. Detta gör i sig att det är mycket, mycket svårt att vara närvarande, eftersom man bär med sig dessa minnen som sedan påverkar hur man ser på framtiden.

Jag tror att något av det viktigaste med de här formerna av andnings- eller meditationsövningar, och en mängd andra, är att de gör det möjligt för oss att inse hur vi påverkats av dessa händelser i det förflutna och lär oss hur vi ska bli av med dem och sedan vara närvarande. För det man gör är att man avlägsnar alla de olika saker som är knutna till "jaget" och som hindrar en från att vara "sig själv". När man får möjlighet att ta bort dem och inse hur fin man är, så förstår man vilken otrolig kraft man har. Man ser vilken förmåga man rymmer inom sig att förändra världen, eller förändra en annan människas liv. Då tänds plötsligt gnistan och man känner sig genast som en del av ett större sammanhang. Man känner sig alldeles full av energi, och den man är förminskas inte av allt som man har häftat fast vid sig själv.

Saken är den att när det går upp för någon att han eller hon har förmågan att agera inom sig, så är det befriande för den personen att se världen på ett helt annat sätt. Jag brukar säga till andra, och jag växte upp under väldigt svåra förhållanden, att när jag förändrade mitt sätt att se på världen så förändrade världen sitt sätt att se på mig.

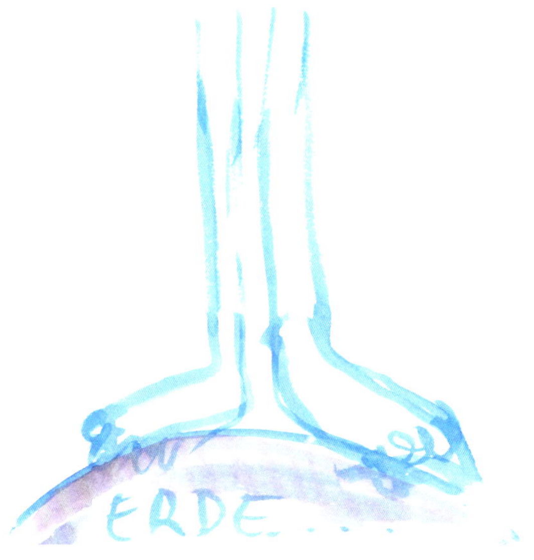

Watercolour by Akvarell av
Jeppe Hein, 2011.

grounded with my bare feet. That can sometimes be very difficult.

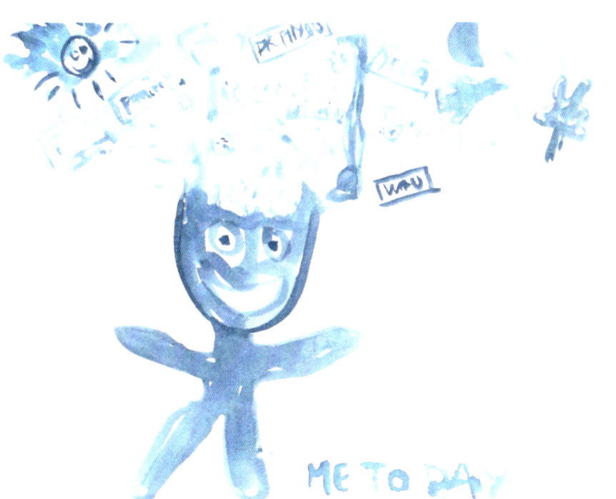

Watercolour by Akvarell av Jeppe Hein, 2013.

Some people get lost in their head, and they have no understanding of the heart. I think that is a negative effect. It is really at the heart level that we are really human. I think, well, thinking things through, on some level, has allowed us to survive and prosper. The separation from one's heart is what can lead to the destruction of our species. I think having more things that are heart-oriented, with the purpose of that being that when you are able to see the suffering of another, and when you are able to look at the other as yourself, then you cannot have anger or hostility. All you can feel is this desire to connect with this other, because by helping them, by spending time, by talking to them, actually on a deep level, you help yourself.
As an example, of course, as a species, we learn by mirroring the actions of others – usually our parents. That is wonderful if you have a situation where these people are role models. But not everyone has that situation. Unfortunately, traumas that occur to us as children oftentimes carry through with us as we become adults. That baggage that you carry, oftentimes that negativity – because as a child you think events that occur in your family are your fault – actually affects how you act in the world. A lot of people don't realize that the behaviour they are exhibiting are manifestations of this past trauma. That, in and of itself, makes it very, very difficult to be present, because you are carrying these memories which then affect how you perceive the future. So, I think one of the important things about these types of breathing practices or meditation practices, or a variety of others, is that they allow you to see how these other events in your past are affecting you – how to release those and then how to be present. Because what you are doing is removing all these different things that are attached to the "me" that distract you from being "you". So, when you are able to remove those, and you see the beauty of yourself, you see the incredible power that you have. You see the ability that you hold within you to change the world, or change another person's life. Then suddenly, the spark is lit, and you feel completely connected; you feel completely energized, and who you are is not being diminished by all these things that you have attached to yourself.
The thing is, when a person realizes that they have agency within themselves, it is liberating for them to see the world in a completely different way. I tell people, and I grew up in very challenging circumstances, when I changed how I saw the world, the world changed how it saw me. So, I think that this idea of truly being yourself, actually, if you accept it, in the sense that that is truth, then it is incredibly liberating and allows you to be the real "you".

I discovered, after trying to change everyone around me – my wife, my kids, my employees, my teachers, whoever – that you can only change yourself. I think when you start to understand that – what you just said – then a lot of things

Därför tror jag faktiskt att den här tanken om att verkligen vara sig själv, om man godtar den, i betydelsen att den rymmer sanningen, är oerhört befriande och gör det möjligt att vara den man verkligen är.

Jag upptäckte, efter att ha försökt förändra alla runt omkring mig – min fru, mina barn, mina anställda, mina lärare, ja alla – att man bara kan förändra sig själv. Jag tror att när man börjar förstå det där – det som du nyss sa – så löser sig en massa saker av sig själva, för man kan inte klandra någon annan för vem man är. Vi har såklart en berättelse inom oss, men den är mycket vacker. Det är väldigt svårt att erkänna att det bara är sig själv man kan gå in i, att man bara kan förändra sitt eget beteende, som du sa, och sitt eget sätt att se på saker och ting. Då kan universum och kanske frun där hemma också förändras – eller inte förändras. För mig var detta en stor gåva när jag väl började jobba på att acceptera det. Jag tror att det på något sätt är att acceptera det.

Ja, det där stämmer. Många ägnar väldigt ofta en massa tid åt att klandra andra ända tills de inser att de själva bär en stor del av ansvaret. När man har kunnat göra den där inre förändringen blir man mycket mer hänsynsfull och försiktig i sitt sätt att se på saker. Och när man ser världen med sådana ögon förändras naturligtvis det sociala växelspelet. För om någon är stark och bestämd mot oss har vi som art en benägenhet att vara starka och bestämda tillbaka.
Om man alltid försöker ändra på andra människor och talar om för dem att man har rätt och de har fel så sätter de sig bara på tvären, precis som du nämnde att du upplevt. När man bara är närvarande och icke-dömande, helt enkelt är den man är när man yttrar sig, så får andra människor en chans att tänka efter och själva bli öppnare och förändras.
Något som diskuteras mycket är alla politiska perspektiv man kan ha. Det vi med säkerhet vet är att hat aldrig löser någonting. Det vi måste göra är att visa respekt, uppträda värdigt och lyssna på andra människor. När man lyssnar på andra kan man ofta förstå deras perspektiv. Man kan sätta sig i deras ställe och säga: Nu förstår jag varför han eller hon känner på det sättet. Det kan få en att inse att man tänker fel, eller omvänt att de tror att de tänker fel. Men det ger en chans till förändring eftersom de inte känner att de blir dömda. Jag tror att det är ytterligare en möjlighet för oss att förstå att de handlingar vi utför, eller våra reaktioner på saker och ting, först och främst är ett resultat av andra händelser eller ett bagage som vi bär på – men också att förstå att vi alla har vissa fördomar som färgar vårt sätt att uppfatta saker. Man kan inte ändra på en fördom om man inte inser att man har den. Att vara öppen och acceptera att man kan ha fel skapar med andra ord ett oändligt antal möjligheter att lära sig något.

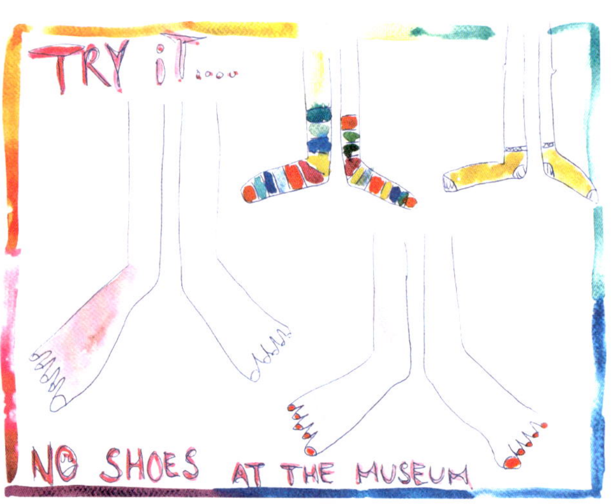

Watercolour by Jeppe Hein used as display sign at Moderna Museet, 2022.
Akvarell av Jeppe Hein, använd som skylt på Moderna Museet, 2022.

Många tror att om man ägnar sig åt meditation, dagliga övningar, så håller man också på med någon form av andlighet. Jag tror att det kan vara viktigt att förstå att

solve themselves, because you cannot blame anyone for who you are. Of course, we have a story within us, but it is very beautiful. It is very hard to admit that you can only go within yourself and change the way you behave, as you said, and the way you look at things. Then the universe, and maybe your wife might also change – or not change. For me, this was a very big gift once I started working on accepting that. I think it is accepting it somehow.

Yes, that is right. So many people, so often, spend time blaming others until they recognize that they themselves are in great part responsible. So, when you are able to have that inner shift, you see things in a much more thoughtful, gentle way. Of course, when you are seeing the world through that lens, that changes every interaction you have. Because as a species, if somebody is forceful towards us, we have a tendency to be forceful back.
As you were pointing out in your experience, you see, when you are always trying to change people and tell them that you are right and they are wrong, all they do is resist. When you simply are present, and being non-judgemental, but being who you are in expressing yourself, that gives the window for people to be thoughtful and be more open themselves and to change.
You know there is a lot of argument about all these different perspectives in politics. What we do know is that hate never solves anything. What we have to do is show respect, dignity, and listen to other people. Oftentimes, when you listen to somebody, you can understand their perspective. You can put yourself in their shoes, and say: Oh, I see why they might feel that way. That may make you realize that your thinking is incorrect, or conversely, they may think that their thinking is incorrect. But it gives the window for change because they do not feel that they are being judged. I think that is another opportunity for us to understand that the actions we make, or the reactions we have to things, first of all, often arise because of other events or baggage that we are carrying – but also having an understanding that each and every one of us has certain biases in how we perceive things. You cannot change a bias unless you understand that you have the bias. So, being open and accepting that you can be wrong, leads then to an infinite number of possibilities for learning.

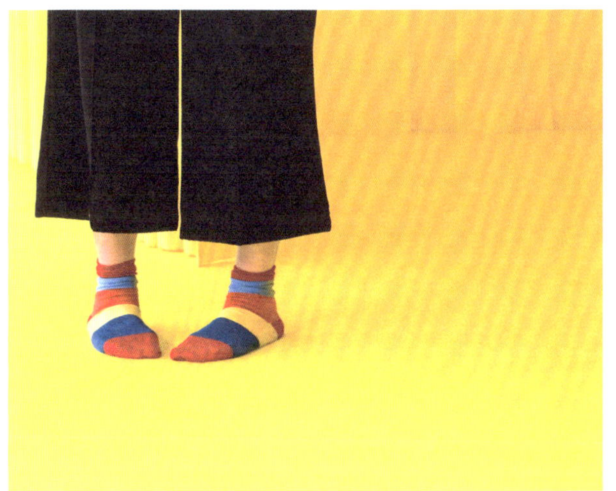

A lot of people believe that if you do meditation, daily practice, it has a lot to do with spiritual practice. I think it can be important to see that the daily practice, or the way you are living – is that spiritual? I think it is very spiritual, but I think it is very important for young people, who haven't started to do meditation, breathing work, or yoga, to know: don't be afraid; it is not completely spiritual; you don't run into something which you cannot come out of again. It is actually just to give us some tools, which are very, very powerful.

Well, I think that some people try to use these types of breathing exercises for meditation to indicate that someone is trying to force a religion down their throat, and they

den dagliga övningen, eller sättet att leva – har det med andlighet att göra? Jag tror att det är väldigt andligt, men jag tror att det är väldigt viktigt för yngre personer, som inte har börjat med meditation, andningsövningar eller yoga, att veta att de inte behöver vara rädda, att det inte är andligt rakt igenom, att de inte kommer att hamna i något som de inte kan komma ut ur igen. Egentligen är det bara ett antal mycket kraftfulla verktyg.

Jo, jag har intrycket att det finns de som lyfter fram meditationens andningsövningar för att kunna säga att någon försöker pracka på dem en religion, och det vill de inte höra talas om. Det är förstås fånigt. I själva verket finns det i alla religiösa traditioner någon typ av meditation, ofta någon form av andningsövning. Skälet till det är att dessa övningar genom tusentals år av experimenterande har visat sig vara mycket, mycket kraftfulla. Det som sedan händer är att de, på grund av en kultur som höljer dem i dogmer, för vissa människor skapar en religiös upplevelse.

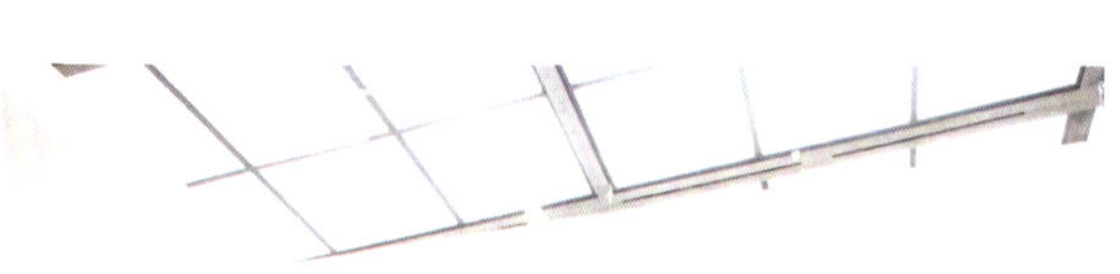

Jag är naturvetare. Jag är ateist. Jag tror bara på en sak, för det enda jag vet något om är livet som levs i nuet. Punkt slut. Något annat känner jag inte till, men det spelar ärligt talat ingen roll. Vad gäller andlighet så tror jag att det är ett mänskligt behov av att känna att livet haft en mening. Att få kontakt med den makt man har inom sig och med alla andra är en otrolig upplevelse. När man kan se vårt ömsesidiga beroende, när man kan blicka ut och se att vi alla hör samman, så blir man väldigt motiverad att bry sig om andra. Man blir starkt motiverad att ägna sig åt aktiviteter som skapar mening och mål. För det är så man verkligen blir lycklig i djupaste bemärkelse, tack vare det man har gjort för andra.

Jag tror inte att man nödvändigtvis behöver någon religion för att göra det. Men man behöver självmedvetenhet, motivation och en insikt om att vi alla hör samman. Det är det viktigaste. I själva verket är det, på sätt och vis, ett uttryck för vad alla religioner försöker göra, nämligen att skapa sammanhållning och kärlek. Jag tror att om vi människor kan vara vänliga och medkännande och älska varandra, så löser det i stort sett alla problemen.

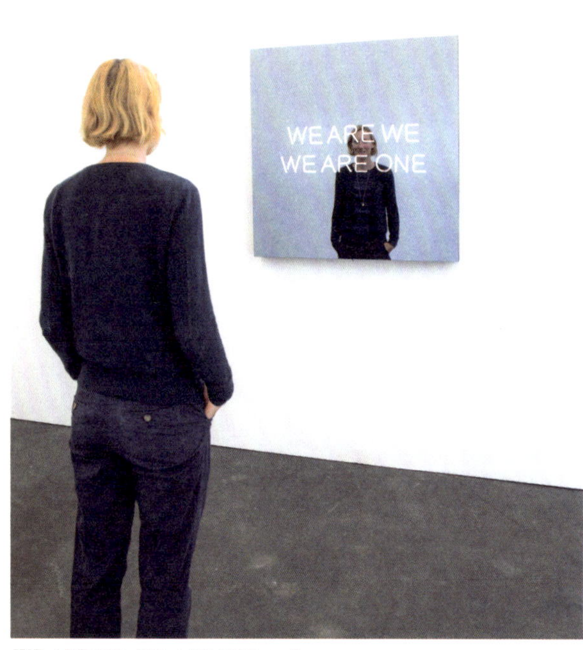

WE ARE WE, WE ARE ONE, 2018.

Jag tillverkar neonkuber med texter i neon inuti och en spegel utanpå, och de hänvisar alltid till vad jag arbetar med för ögonblicket. Jag har faktiskt gjort en där det stod "VI ÄR VI, VI ÄR ETT" ("WE ARE WE, WE ARE ONE").

Till en del anknyter det till det jag just förklarade, för det finns gott om resurser i världen som gör det möjligt för oss att ge mat, kläder och tak över huvudet till enskilda individer. Det som tyvärr sätter gränser för det är att vi skapat ett samhälle som håller isär de rika och de fattiga. Det är sådant som skapar militären, skapar allt det som skiljer oss åt och som står i motsättning till fokuserandet på det som förenar oss.

Jag tror att mitt arbete, och förhoppningsvis många, många andra människors arbete, kan bidra till att vi

cannot listen to it. Of course, that is ridiculous. Essentially, in every religious tradition, there is some type of meditation, oftentimes a breathing type of practice. The reason that is is because over thousands of years, through experiments, these practices have been very, very powerful. Then what happens is, depending on the culture that wraps the dogma around it, it creates for some people a religious experience.

I am a scientist. I am an atheist. I only believe in one thing, because that is the one thing I know: that is living in the present. Period. The others, I have no idea of, but frankly it doesn't really matter. You know, when you talk about spirituality, I think this is a need within humans to feel that their life has had purpose. Connecting with this power that is within yourself and with everyone else is an incredible experience. When you are able then to see our interdependence, when you are able to look out and see that we are all one, then you are highly motivated to care for others; you are highly motivated to do activities that lead to meaning and purpose. Because that is how you are really happy in the deepest sense, because of what you have done for others.

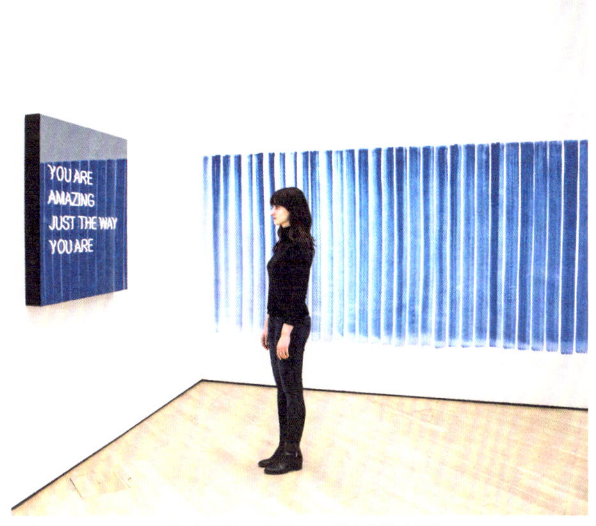

YOU ARE AMAZING JUST THE WAY YOU ARE, 2015.

I think that you don't necessarily need any religion to do that. But at the same time, you need to have self-awareness, motivation, and an understanding that we are all one. That, of course, is the most important thing. In fact, in some ways, that is a manifestation of what all religions try to do, which is to come together and love. I think that if people can be kind, compassionate, and love each other, then pretty much that solves all the problems.

I make these neon boxes with neon text inside and a mirror outside, and they always refer to what I am working on at the moment. I actually made one saying: "WE ARE WE, WE ARE ONE".

In some ways it refers to the statement that I just made, because there are plenty of resources in the world that allow us to feed, clothe, give shelter to individuals. What limits that is, unfortunately, how we have created a society that separates the haves and have nots. That creates the military and creates all of these dividers, versus focusing on what unites us.

I think that through my work, and hopefully the work of many, many other people, that we will continue to promote this concept of interdependence and oneness. I think that is what all of us should strive for. The very nature of doing that actually decreases suffering. It makes us feel better. The Dalai Lama said: "Being kind and compassionate is one of the only times it is okay to be selfish." What he meant by that is that when you display those behaviours or actions, you are actually profoundly affecting your own mental and physical health. In fact, amazingly, when you are kind and compassionate, it has more benefit to you than being at your ideal body weight or exercising. Not that you shouldn't do those things, but my point is that these activities, which are a gift you have to give

fortsätter verka för idén om ömsesidigt beroende och samhörighet. Jag tycker att det är vad vi alla bör sträva efter. Att göra det är en aktivitet som faktiskt minskar lidandet. Det får oss att må bättre. Dalai Lama sa: "En av de få gånger då det är i sin ordning att vara självisk är när man är vänlig och medkännande." Med det menade han att när man uppvisar det beteendet eller utför de handlingarna så påverkar man i själva verket sin egen mentala och fysiska hälsa på djupet. Det fantastiska är att man mår bättre av att vara vänlig och medkännande än av att ha en ideal kroppsvikt eller att träna. Inte för att dessa saker inte är viktiga, men min poäng är att dessa aktiviteter, som är en gåva man måste ge bort, påverkar en på djupet och innebär att man ger sig själv en gåva.

Jag tror att ett leende bör inleda dagen. Det skapar en enorm glädje om man ler mot någon man inte känner. Jag tror att det överskrider kulturella barriärer, åldersgränser och allt möjligt. Och det är gratis! Även om det ibland kan vara väldigt svårt att le mot någon – om man är mitt uppe i en arbetsprocess. Men det är i alla fall en liten sak som man kan göra, le mot någon på gatan och i vardagen. Jag vet hur det får mig att känna när någon ler mot mig. Man behöver inte ge mer än ett leende. Det behöver inte leda till särskilt mycket, men det är mycket vackert.

Ja, det är det folk inte inser. Många säger: Jag har tyvärr inga pengar och jag har inga förutsättningar, ingen makt, så jag kan inte lindra någon människas lidande. Men saken är den, precis som du nyss påpekade, att något så enkelt som ett leende vid rätt tillfälle faktiskt kan förändra någons liv.

Jim, jag känner mig väldigt inspirerad och hedrad. Tack så mycket för att du kom, Jag tackar dig från djupet av mitt hjärta.

Det var ett nöje!

James R. Doty är med.dr och professor i klinisk neurokirurgi vid Stanford University School of Medicine. På Stanford University har han även grundat och är chef för Center for Compassion and Altruism Research and Education, som fick sitt startkapital av Dalai Lama (Tenzing Gyatso). Tillsammans med forskare inom olika discipliner undersöker han det neurala underlaget för medkänsla och altruism. Hans bok *Den magiska butiken: en neurokirurgs jakt på hjärnans mysterier och hjärtats hemligheter* har legat på *New York Times* bästsäljarlista och har i nuläget översatts till 31 språk. James R. Doty är även huvudredaktör för den nyligen utkomna *The Oxford Handbook of Compassion Science*.

away, profoundly affect you, and you give yourself a gift.

I think that a smile should be the beginning of the day. It is creating an enormous happiness if you smile at someone you don't know. I think it is crossing boundaries of culture, age, whatever. And it is free! Although it can be very difficult sometimes to smile at someone – if you are working on a process. Still, it is just a small thing you can do: to smile at someone on the street and in everyday life. I know how I feel when someone smiles at me. You don't need to give more than a smile. It is not that you have to take the whole hand afterwards, but it is very beautiful.

Well, that is what people don't realize. A lot of people say: Well, in my position I don't have money; I don't have a position; I don't have power – I really cannot alleviate the suffering of anyone. But the fact of the matter that you just pointed out is that something as simple as a smile in the right circumstances can actually change someone's life.

Jim, I am very inspired and very honoured. Thank you so much for attending. Deeply from my heart, thank you so much.

Pleasure!

James R. Doty, MD, is a clinical professor in the Department of Neurosurgery at Stanford University School of Medicine. He is also the founder and director of the Center for Compassion and Altruism Research and Education at Stanford University of which His Holiness the Dalai Lama is the founding benefactor. He works with scientists from a number of disciplines examining the neural bases for compassion and altruism. He is the *New York Times* bestselling author of *Into the Magic Shop: A Neurosurgeon's Quest to Discover the Mysteries of the Brain and the Secrets of the Heart*, now translated into 31 languages. Dr. Doty is also the senior editor of the recently released *The Oxford Handbook of Compassion Science.*

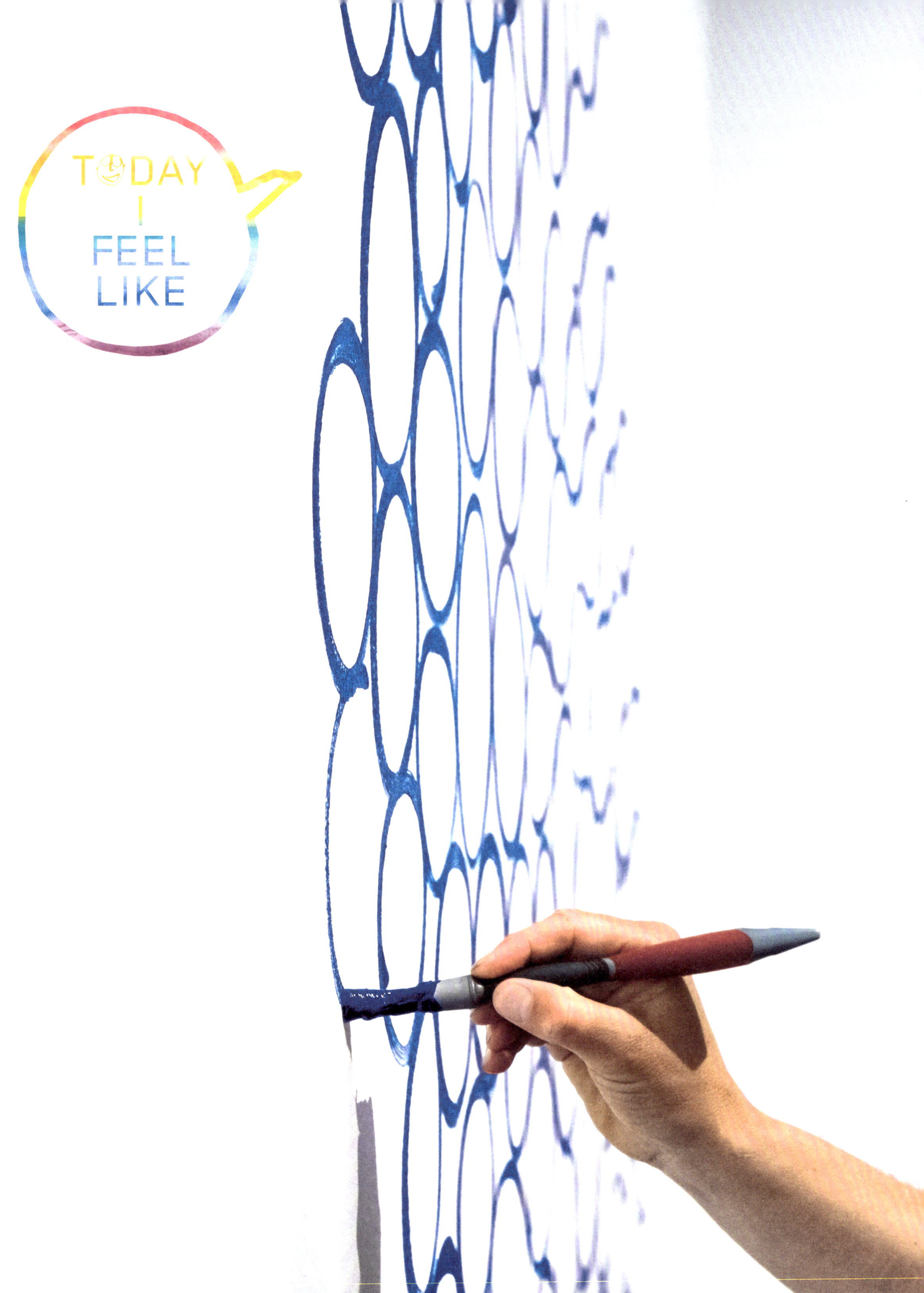
TODAY
I
FEEL
LIKE

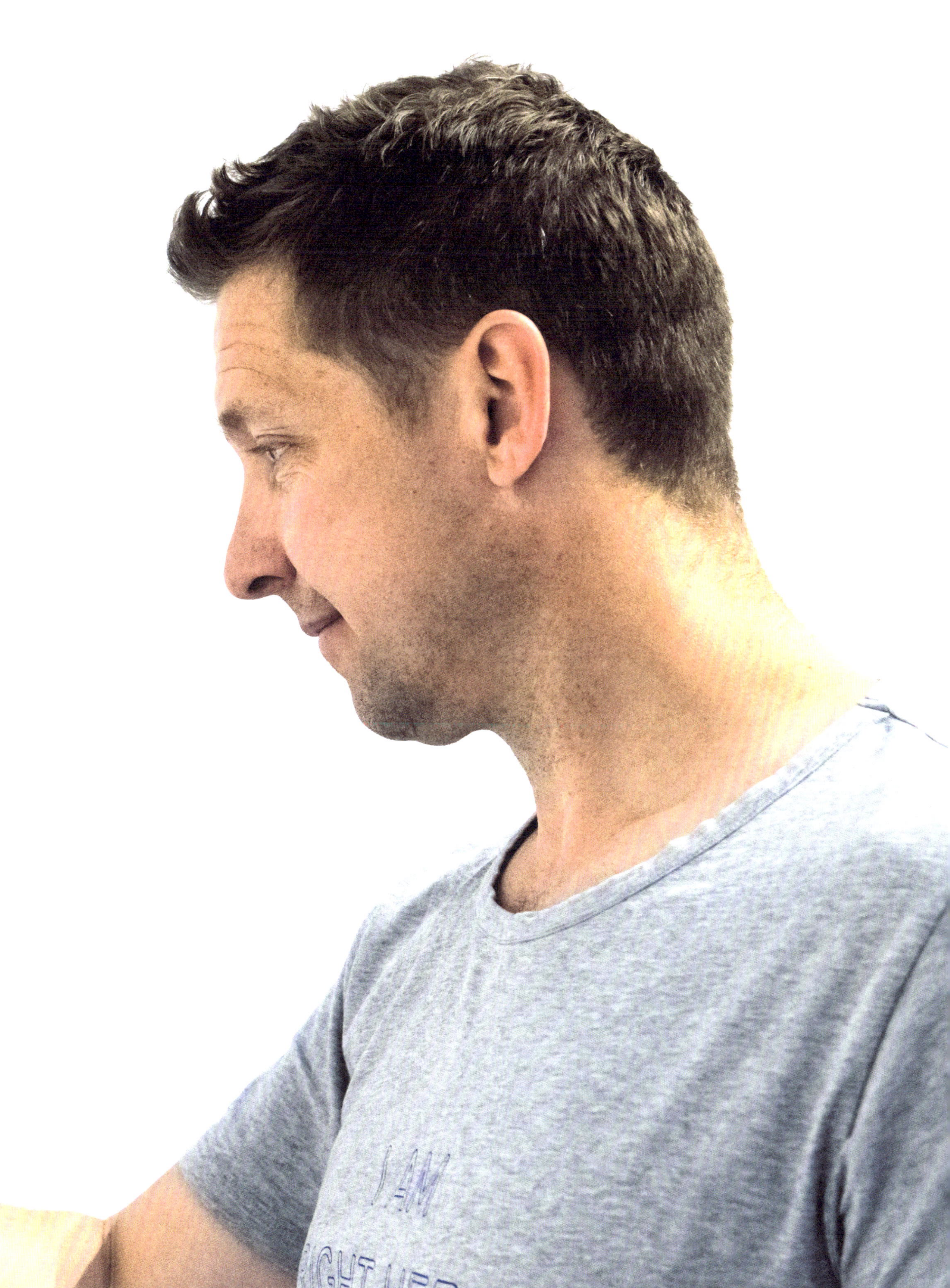
I AM

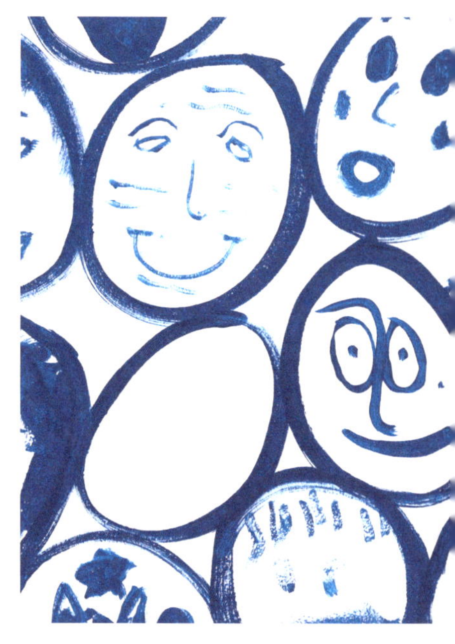

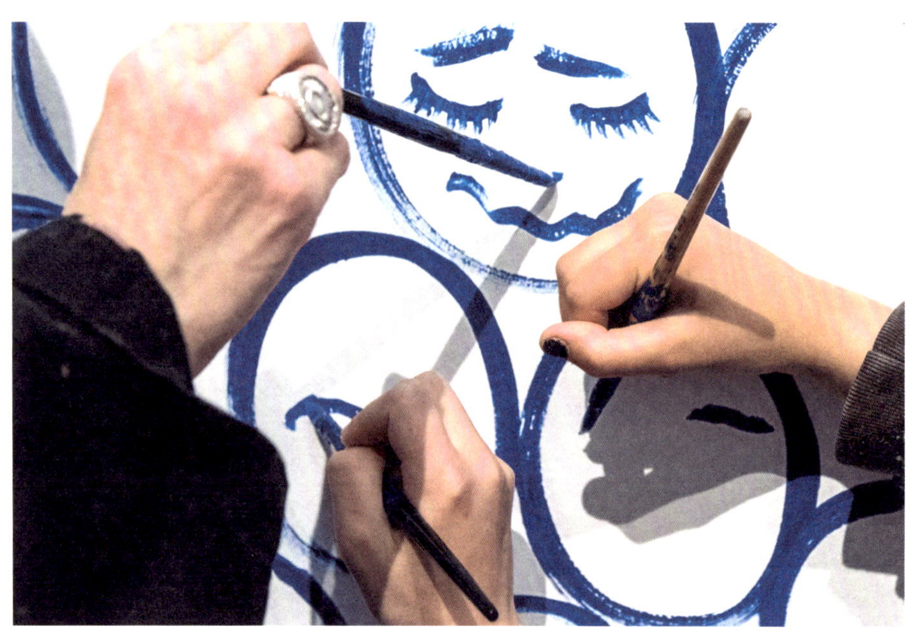

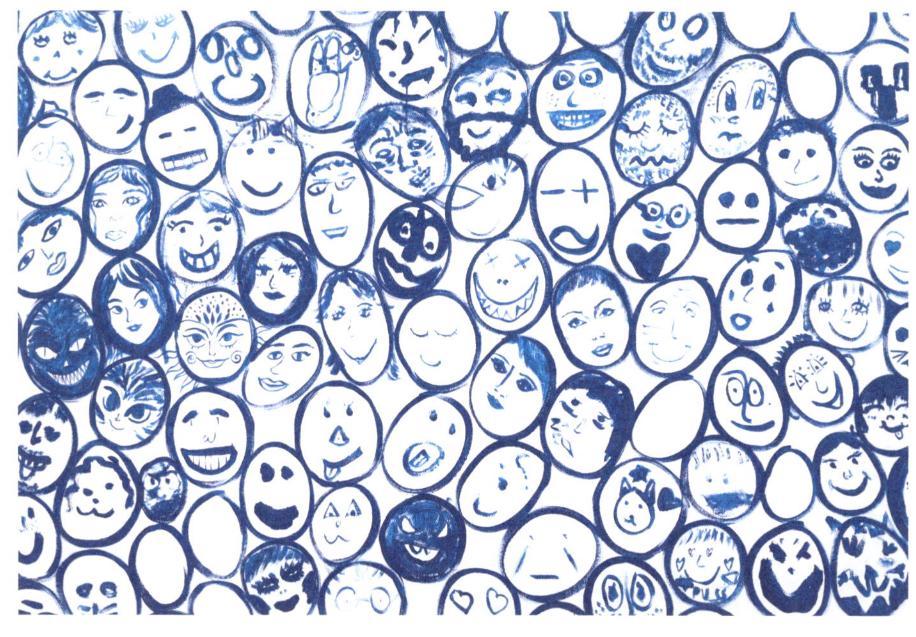

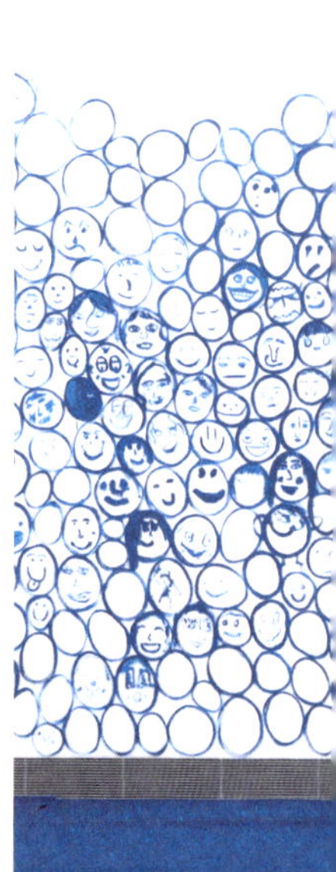

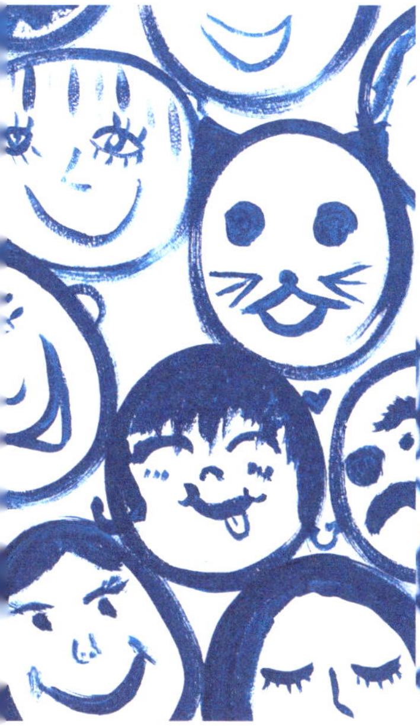

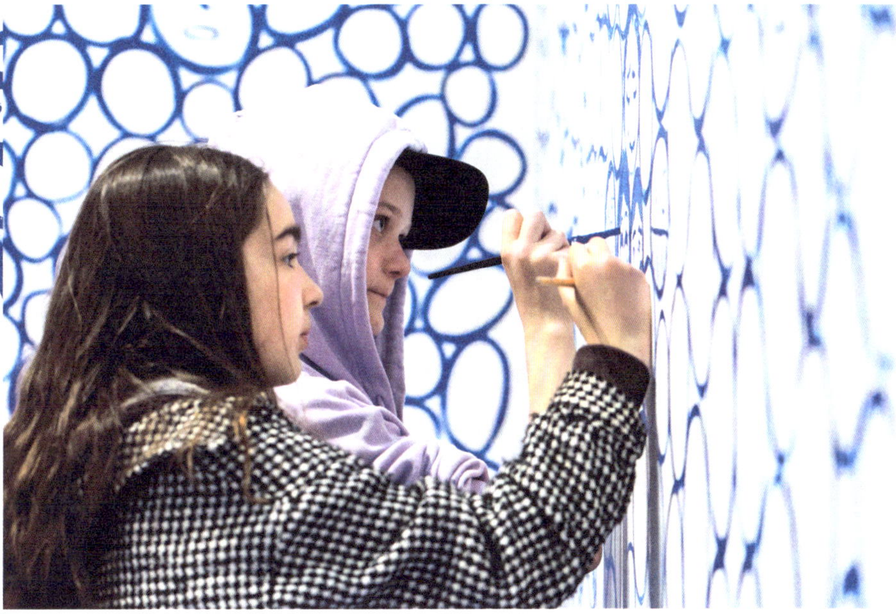

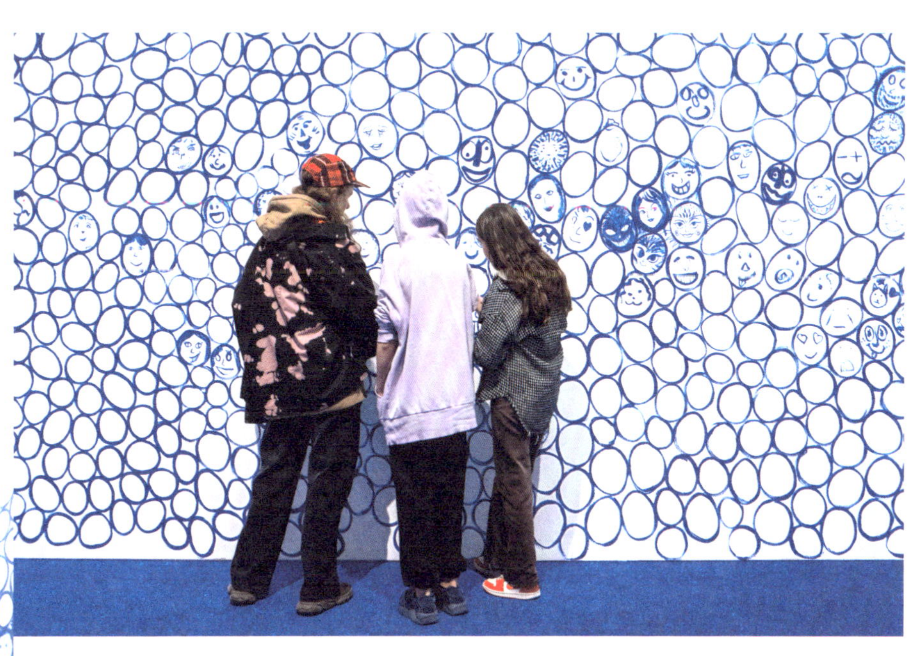

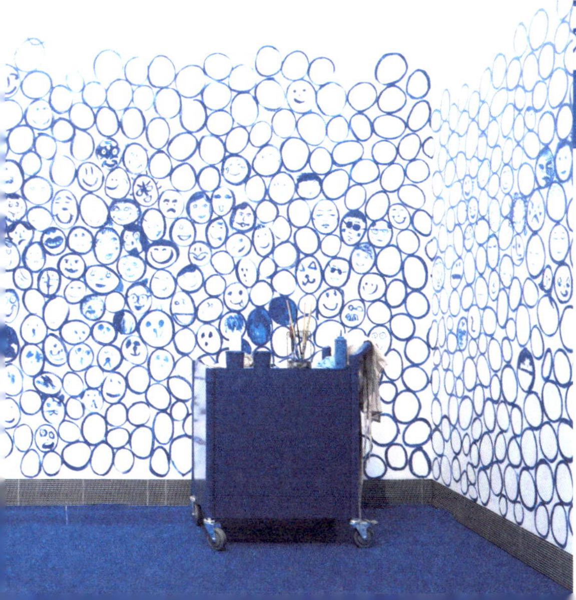

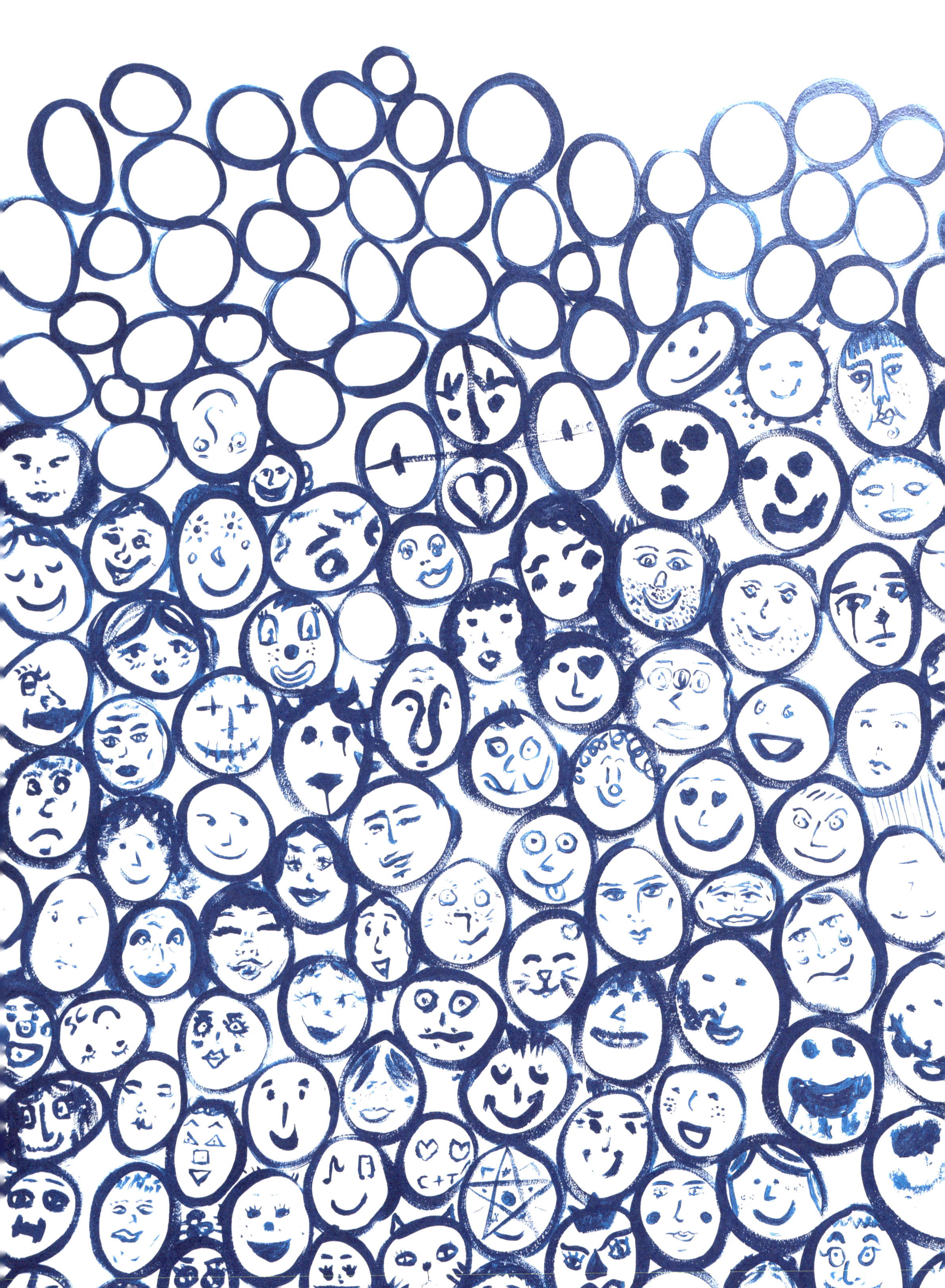
SC
C+T

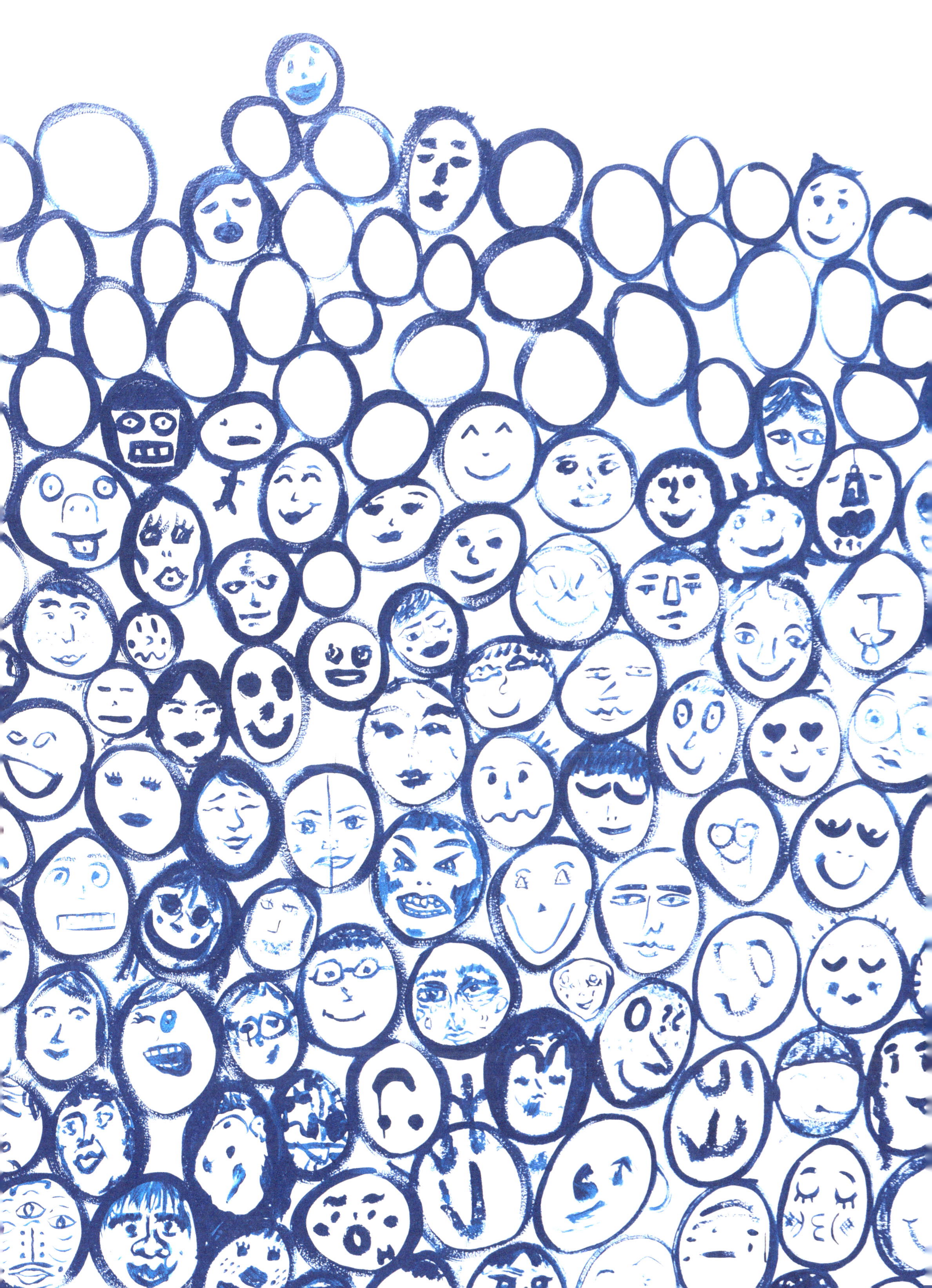

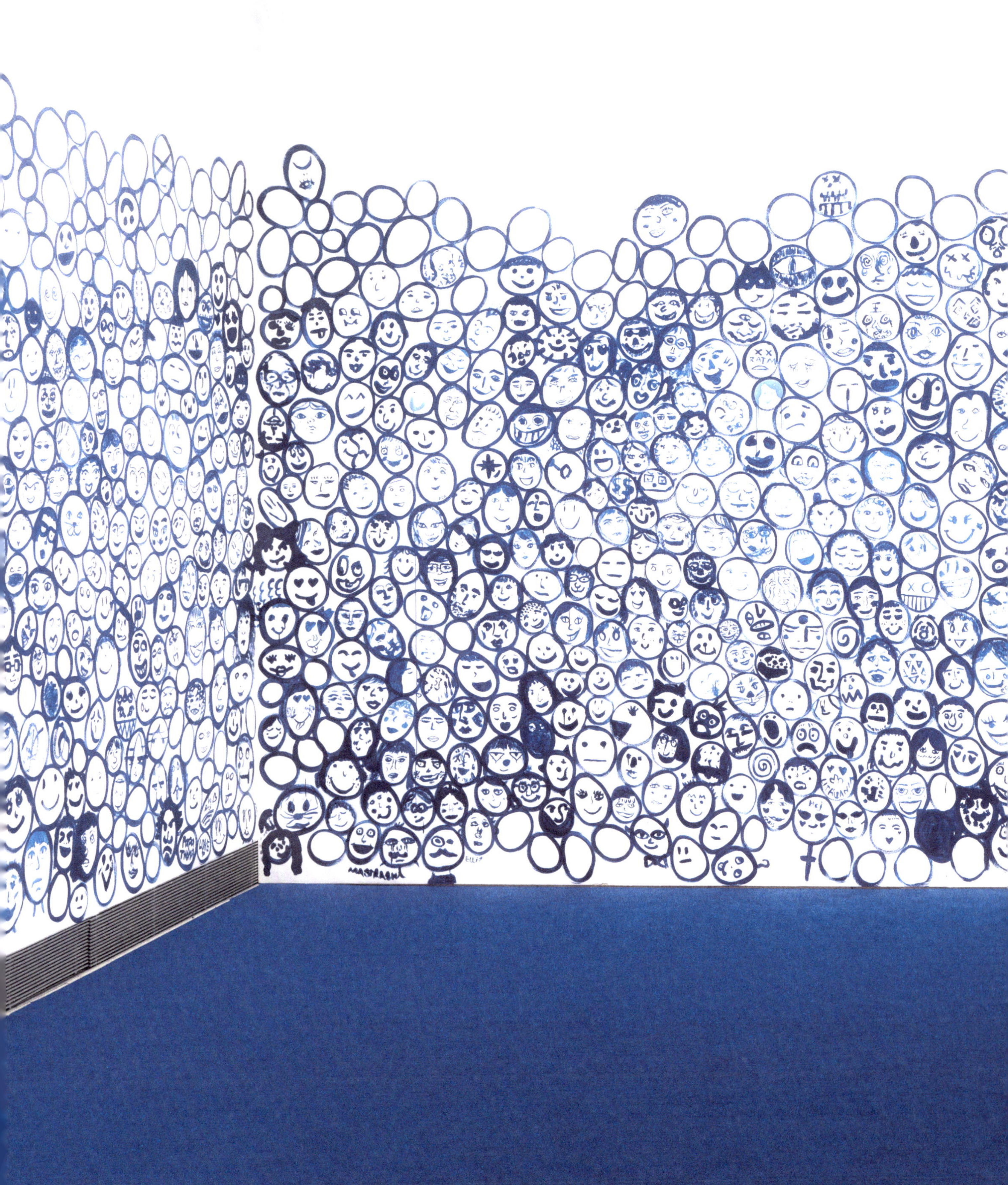

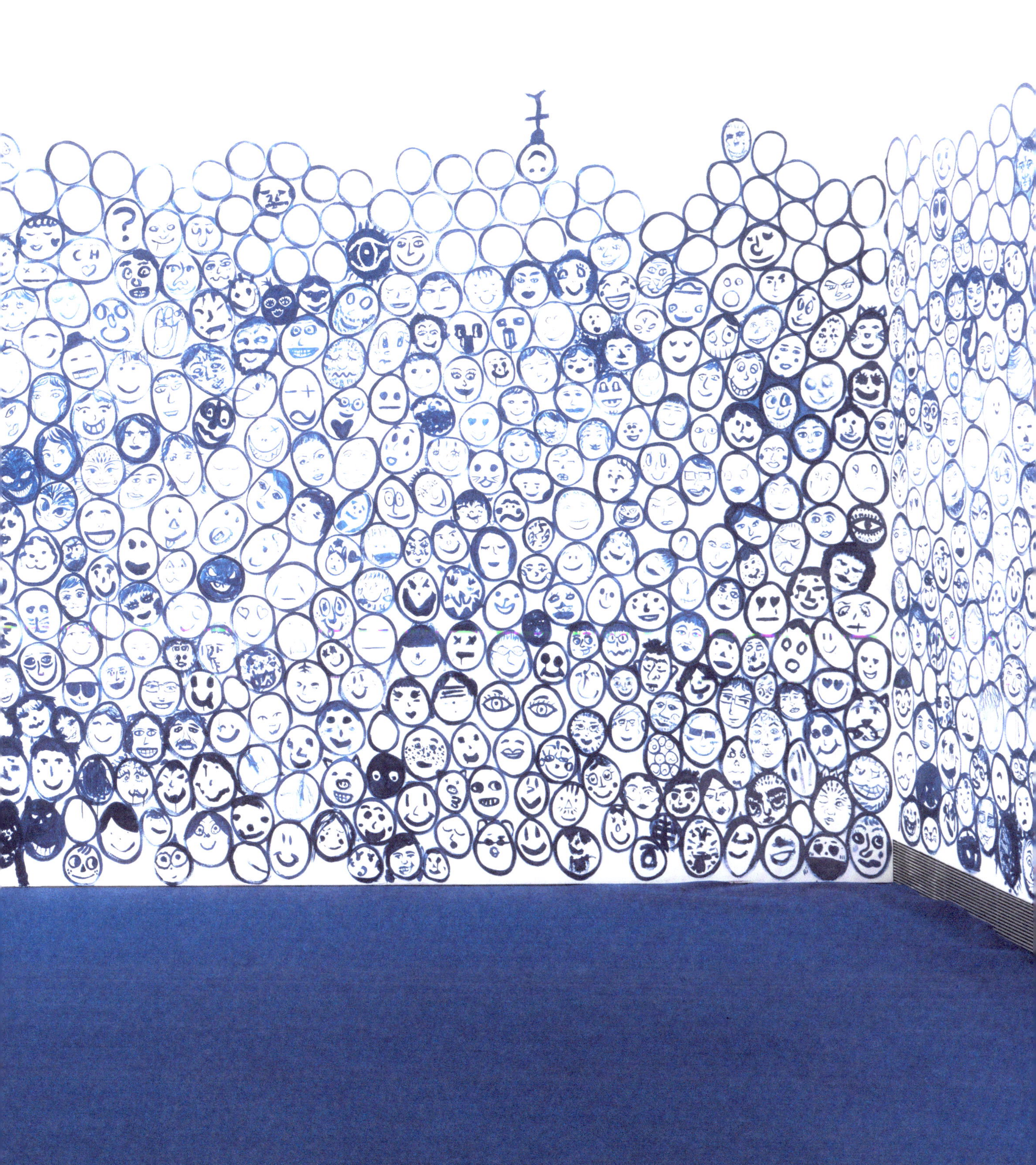

I TID, I TIDEN, HELA TIDEN

IN TIME, ON TIME, ALL THE TIME

FINN JANNING

"Vad är viktigt i ditt liv, och varför är det viktigt", sa jag medan min pappa vek en soffkudde på mitten, lade sitt huvud på den och drog sitt sista andetag.
Måndagsmorgonen då min pappa dog – på en plats i Danmark – undervisade jag – på en plats i Spanien. Efter att ha undervisat en av mina universitetsklasser online lade jag mig på sängen, tömd på energi. Jag slöt ögonen och fokuserade på min andning. Den var orolig. Hjärtat slog för snabbt. Sedan slog det inte alls. Det var som om hjärtats rytm var beroende av min vilja. Om jag ville att det skulle slå. Eller inte slå.
Just som jag skulle ställa väckarklockan på telefonen och ta siesta såg jag att både min mamma och min syster hade ringt flera gånger. Jag hade inte hört signalerna. Telefonen var alltid på ljudlöst. Det var på grund av min brors död – för många år sedan – som jag fick besked om per telefon av min mamma. Den ljudlösa telefonen har sedan dess varit mitt sätt att vidga mellanrummet mellan en uppringning och min reaktion.
Jag ringde till min mamma. Hon svarade och sa: "Pappa är död."
Jag låg ner när jag mottog budet. Förmodligen sa jag: "Jaha."
I ett försök att inta en mer passande ställning satte jag mig upp och föste ut benen från sängen. Jag nådde inte ner till golvet. Benen hade blivit kortare, eller också hade jag

"What's important in your life, and why is it important?", I said, as my father folded a pillow on the sofa, laid his head on it, and drew his final breath.
On the Monday morning that my father died, somewhere in Denmark, I was teaching an online university class, somewhere in Spain. Afterwards, I lay down on my bed, drained of energy. I closed my eyes and checked my breathing. It was agitated. My heart was beating too fast. Then it didn't beat at all. It was as if my heartbeat depended on my will. On whether I wanted it to beat. Or not.
Just as I was about to set the alarm on my phone to take a siesta, I saw that both my mother and my sister had called several times. I hadn't heard. My phone was always on mute. The reason was the death of my brother, years ago, when my mother and I were informed together by phone. Ever since, the muted phone has been my way of widening the gap between a call and my reaction.
I called my mother. She picked up and said, "Dad's dead". I received the news lying down. I probably replied, "Oh". Trying to get into a more appropriate position, I straightened up and shoved my legs over the side of the bed. I couldn't reach the floor. My legs had become shorter or numb. For a moment, I thought I was going to fall, but I still forced my body off the bed and got to my feet, as my mother ended the call with the words, "The doctor's ringing the doorbell".

I went into the kitchen, where my wife turned and looked at me.
"My father's dead", I said.
Four or five hours later, I told our three kids, "Grandpa's dead".
The words couldn't capture the reality. It seemed unreal. Which confirmed my conviction that things have to be written down to be real. To really exist. Maybe it's just because of my dyslexia that I have to see a word to be able to hear it.
I wrote, "My father's dead".

That sentence made me realize, with even greater force than before, that I was nobody.
Nothing but potential, a virtuality yet to be actualized.
I can describe myself, of course, as can other people. I can claim that I want something, to be something, become something, but all of that was, and is, often nothing but words of embellishment and self-congratulation.
What I realized was that, if I died, now and here, I would only be what I had left behind: thoughts, gestures, feelings, a way of being in the world, values, a possible physical presence, and the warmth of my handshake.
Indeed, it's always other people who give a person their identity, whether that person wants it or not. Many find it unbearable that they can't control how other people see them, which is why they so eagerly and persistently narrate who they are.
I don't worry about fitting in. I have long since accepted that I was and am what others have made me, but also what they, individual people, will miss or have learned because of me.
In the same train of thought, a sudden fear of dying arose. I became afraid of dying. The thought hadn't crossed my mind since my brother's death. It wasn't my own absence that scared me but the absence of me, mainly in my kids' lives. I wanted to be there for them, because they needed me, I told myself. This assumption had nothing to do with their fragility. More likely, I wanted to make them as grateful as I had been for my dad.
This gratitude sprang from the fact that he was there. He was present. Curious. He was good at becoming the one he spent his time on.
For my father, it wasn't about him, and yet it was about him. He *showed* his singularity – unlike today's zeitgeist, when so many *talk* about their supposed genius.

As the funeral approached – slowly, because I couldn't fly from Spain to Denmark, having tested positive for COVID-19 the same day – an image of Michael Corleone appeared before my mind's eye.
In the movie *The Godfather*, the youngest son, Michael, doesn't want to be part of the family business. But when his father is shot and later dies, he steps up. He doesn't step into character but into existence. He steps onto the stage of

tappat känseln i dem. En kort stund trodde jag att jag skulle falla men makade ändå kroppen över sängkanten, och sålunda stod jag upp när min mamma avslutade samtalet med orden: "Läkaren ringer på dörren."
Jag gick ut i köket, där min fru vände sig om och tittade på mig.
"Min pappa är död", sa jag.
Fyra fem timmar senare sa jag till våra tre barn: "Farfar är död."
Orden släppte greppet om verkligheten. Det verkade overkligt. Det bekräftade min övertygelse om att något måste skrivas ner innan det kan bli verkligt. På allvar existera. Kanske är det bara på grund av ordblindhet som jag måste se ett ord för att kunna höra det.
Jag skrev: "Min pappa är död."

Meningen fick mig att inse – med större kraft än tidigare – att jag var ingen.
Inget annat än en potentiell, virtuell existens som ännu inte fått verklighet.
Jag kan såklart beskriva mig själv, precis som andra kan. Jag kan påstå att jag vill något, vill vara något, bli något, men allt detta var – och är – ofta bara ord, förskönande självberöm.
Det jag insåg var att om jag dog – här och nu – så skulle jag inte vara något annat än det jag lämnat efter mig: tankar, gester, känslor, sätt att vara i världen, värderingar, en möjlig kroppslig närvaro och värmen från min handtryckning.
Det är trots allt alltid de andra som ger en människa hennes identitet – oavsett om hon vill ha den eller inte. Många finner detta outhärdligt, att de inte har kontroll över hur andra uppfattar dem, och därför berättar de med stor iver och ihärdighet vilka de är.
Jag struntar i om jag passar in. Jag har sedan länge accepterat att jag varit och är vad de andra gör mig till, men också vad de – vissa av dem – kommer att sakna eller ha lärt sig tack vare mig.
Ur samma tankeflöde kom en plötslig ångest för att dö. Jag blev rädd för att dö. Tanken hade inte slagit mig sedan min brors död. Det var inte så mycket min egen frånvaro som skrämde, utan frånvaron av mig i – främst mina barns liv. Jag ville ju finnas till hands för dem, för de behövde mig – intalade jag mig. Antagandet hade inget att göra med att de var ömhudade, utan det var nog mer att jag ville göra dem lika tacksamma som jag hade varit för min pappa.
Denna tacksamhet kom sig av att han fanns där. Var på plats. Närvarande. Nyfiken. Han var bra på att bli den som han ägnade sin tid.
För min pappa handlade det inte om honom, men det handlade om honom i alla fall. Han *visade* att han var något särskilt – i motsättning till den rådande tidsandan, dit det hör att många *berättar* hur geniala de tror att de är.

När begravningen närmade sig – långsamt, eftersom jag samma dag gjorde ett positivt covid-19-test och därför inte kunde flyga från Spanien och hem till Danmark – dök en bild av Michael Corleone upp på näthinnan.
I filmen *Gudfadern* ville den yngste sonen, Michael, inte ha någon del i familjens verksamhet, men när hans far först blev skjuten och sedan dog trädde han in. Han trädde inte i förgrunden, men däremot in i existensen. Han trädde in på livets scen – blottad, eftersom den skyddande hinna som fadern representerade nu var borta.
Jag blev tvungen att göra samma sak när min pappa dog. Det var inte en fråga om lust eller val, utan om nödvändighet. Det hände. Det enda jag hade att falla tillbaka på var det som han hade fört vidare till mig och som jag tyckte var värt att upprepa. Bara det som är värt att upprepa i det oändliga är värt att göra en första gång. Så enkelt är det.
Det gjorde han – och nu börjar jag göra det, fullt ut.

När läkaren ringde på dörren hemma hos min mamma – en plats som bara några minuter tidigare hade varit mammas och pappas plats – var det redan för sent.
Även om jag inte är någon särskild – identiteter är ändå aldrig något annat än fiktioner – så skulle jag vilja bli någon som aldrig är för sen. Och inte för tidig heller. Bli den som är i tid. Min pappa sa ofta: "Det är viktigt att vara i tid."
I många år uppfattade jag detta i den vanliga betydelsen, som om det handlade om att komma i tid, men poängen är att vara medan tid är – i tid, i tiden, hela tiden. Träda in i existensen.
Även om jag inte har något behov av att hänga upp min existens på kroklisten av identiteter, och inte heller drömmer om status och prestige, så vet jag vem jag skulle vilja bli.
Kanske mer nu än tidigare.
Jag önskar att jag kunde bli någon som lämnar barnen, familjen och de nära vännerna med en känsla av tacksamhet. Över att jag fanns där – i tid, i tiden. Hela tiden.
Det kräver bara en sak: en förståelse eller upplevelse av att jag inte är placerad i tiden, utan att tiden finns i mig. När detta inträffar kommer ingen någonsin att känna sig utanför – inte heller jag.
Min pappa lärde mig att platsen visserligen är avgörande men att tiden är viktigare: den förbinder alla platser. Med tiden kommer min pappas kropp att upplösas, bli ett med jorden och hjälpa en planta eller ett träd med att växa och ge syre. Det syret kommer vinden att föra med sig någon annanstans, där det fyller lungorna på en människa – kanske för första gången.
Vem är jag i själva verket? Jag är inte Don Corleone – och det trivs jag bra med, så länge jag är något och en dag kommer att ha varit något för dem som är och har varit viktiga för mig.
Om jag är något, så är jag den som bär tiden i mig. Inget annat. Och det är fullt tillräckligt.

life, stripped bare of the protective membrane of his father.
I had to do the same thing after my father died. It wasn't a question of desire or choice, but of necessity. It happened. All I had to lean on was what he had passed on to me that I found worth repeating. Only that which is worth repeating endlessly is worth doing once. It's that simple.
He did – and now I'm doing it, too, fully.

When the doctor rang the doorbell of my mother's house – a place that only a few minutes before had been my mother's and my father's – it was already too late.
Even if I'm not anyone specific – identities are nothing but fictions, anyway – I want to become the one who is never late. Or early. The one who is right on time. My father often said, "It's important to be on time".
For years, I took it literally, as if it were a matter of showing up on time, when the point was to show up – in time, on time, all the time. To step into existence.
Even if I don't need to hang my existence on the peg rack of identities, and I don't dream of status or prestige, I know who I want to become.
Now, maybe more than ever.
I want to be someone who leaves my children, my family and close friends with a feeling of gratitude. Because I was there – in time, on time, all the time.
It will only take one thing: a recognition or experience that I am not situated in time, but that time is in me. When that happens, no one, including myself, will ever feel left out.
My father taught me that place is essential, but time is even more important: it connects all places. In time, my father's body will disintegrate, become one with the soil, help a plant or a tree grow that will produce oxygen. The wind will carry that oxygen somewhere and fill the lungs of a human being, perhaps for the first time.
Who am I really? I'm no Don Corleone, and that's fine with me, as long as I'm somebody and someday will have been something to those who are and have been important to me.
If I am anything, I am the one who carries time within me. Nothing else. And that's plenty.

Finn Janning är fil.dr i filosofi och författare. Han har medverkat i *Epiphany*, *Under the Gum Tree*, *Philosophy Now*, *Foliate Oak Literary Magazine* och andra publikationer. Om Jeppe Hein har han skrivit böckerna *The Happiness of Burnout: The Case of Jeppe Hein* och *När livet blomstrer: Breathe with Jeppe Hein*. Bland övriga titlar kan nämnas *Opmærksomhedens filosofi*, *Stakkels Jim* och *A Philosophy of Mindfulness*.

Finn Janning, PhD, is a writer and philosopher. His works have been featured in *Epiphany*, *Under the Gum Tree*, *Philosophy Now*, *Foliate Oak Literary Magazine*, among other publications. He is the author of *The Happiness of Burnout – The case of Jeppe Hein* and *When life blooms – Breathe with Jeppe Hein*. His most recent books are *Opmærksomhedens filosofi*, *Stakkels Jim* and *A Philosophy of Mindfulness*.

HUR KÄNNER JAG MIG

HUR KÄNNS DET ATT VÄGLEDA

WHAT AM I LOOKING FOR

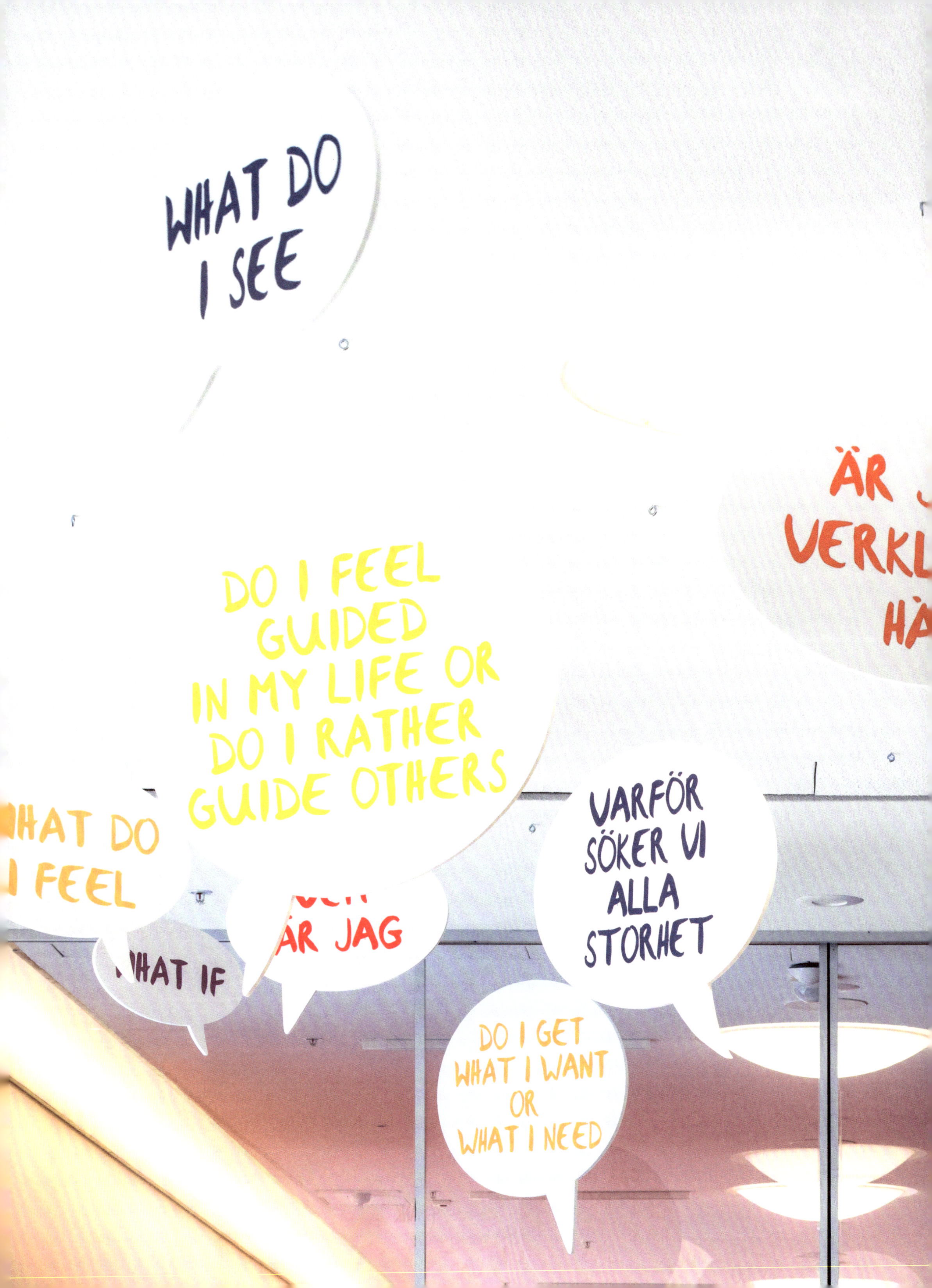

WHAT DO I SEE
DO I FEEL GUIDED IN MY LIFE OR DO I RATHER GUIDE OTHERS
VARFÖR SÖKER VI ALLA STORHET
WHAT IF
DO I GET WHAT I WANT OR WHAT I NEED

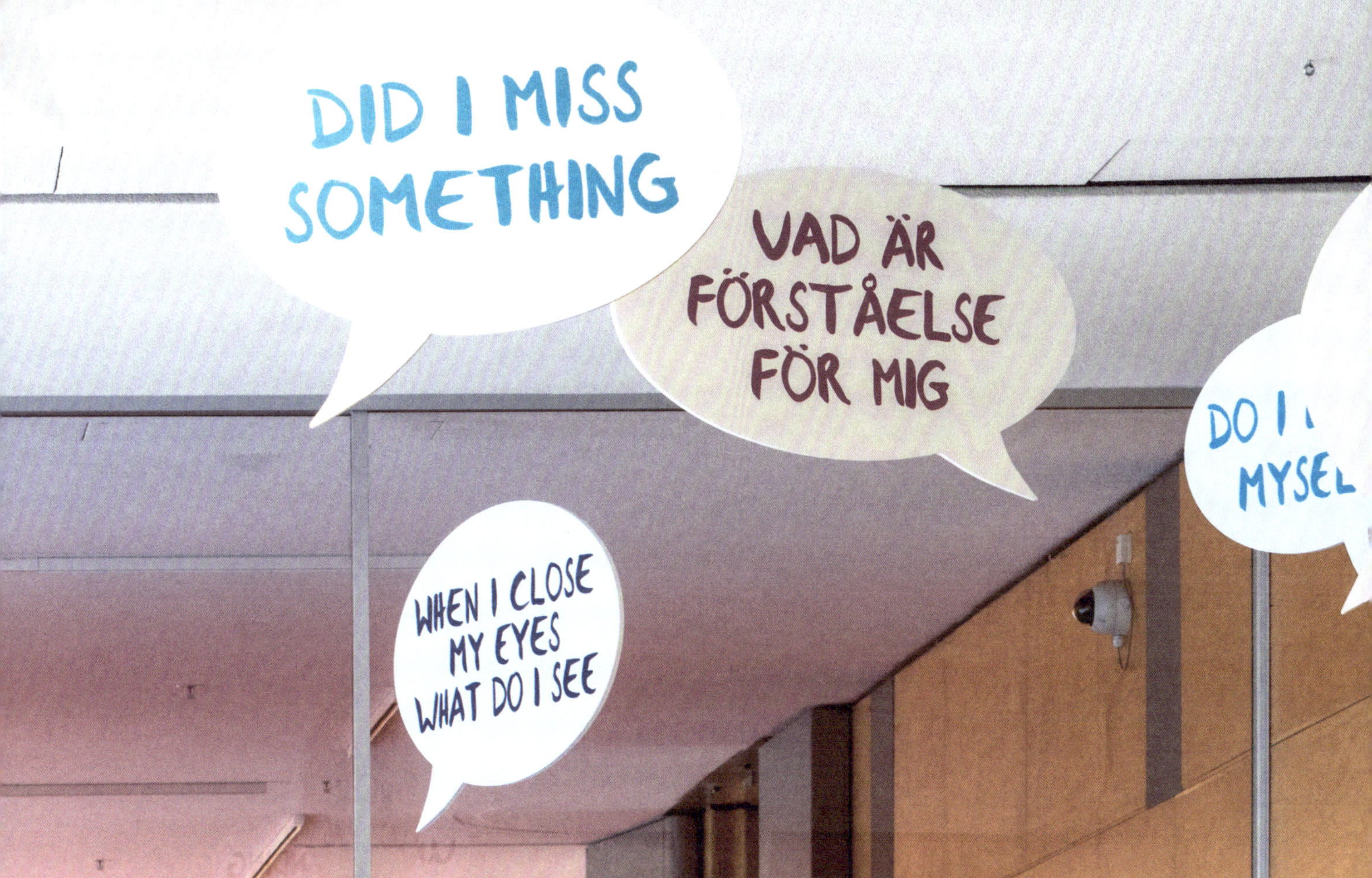
VAD VILL JAG PRATA OM
DID I MISS SOMETHING
VAD ÄR FÖRSTÅELSE FÖR MIG
WHEN I CLOSE MY EYES WHAT DO I SEE

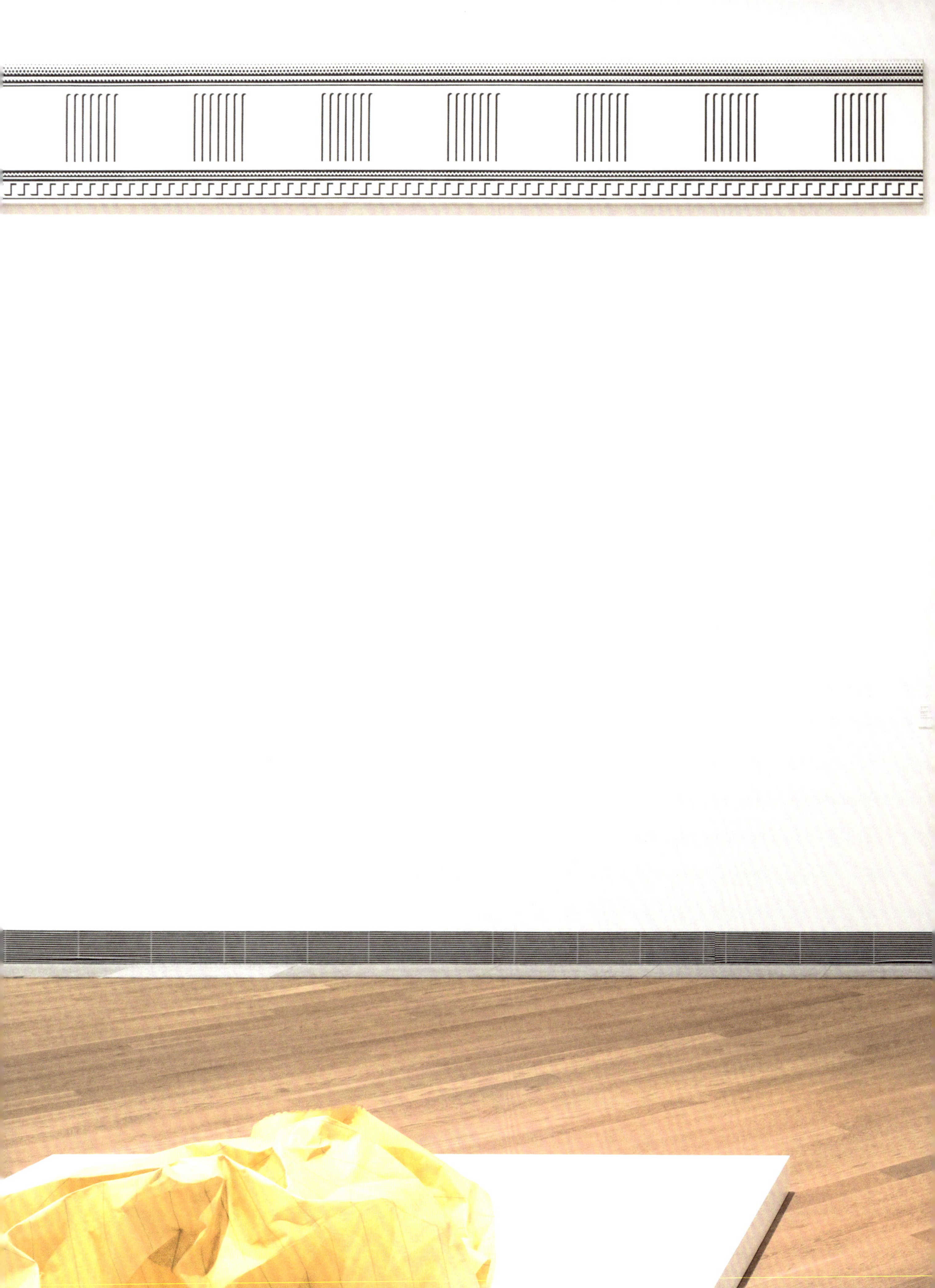

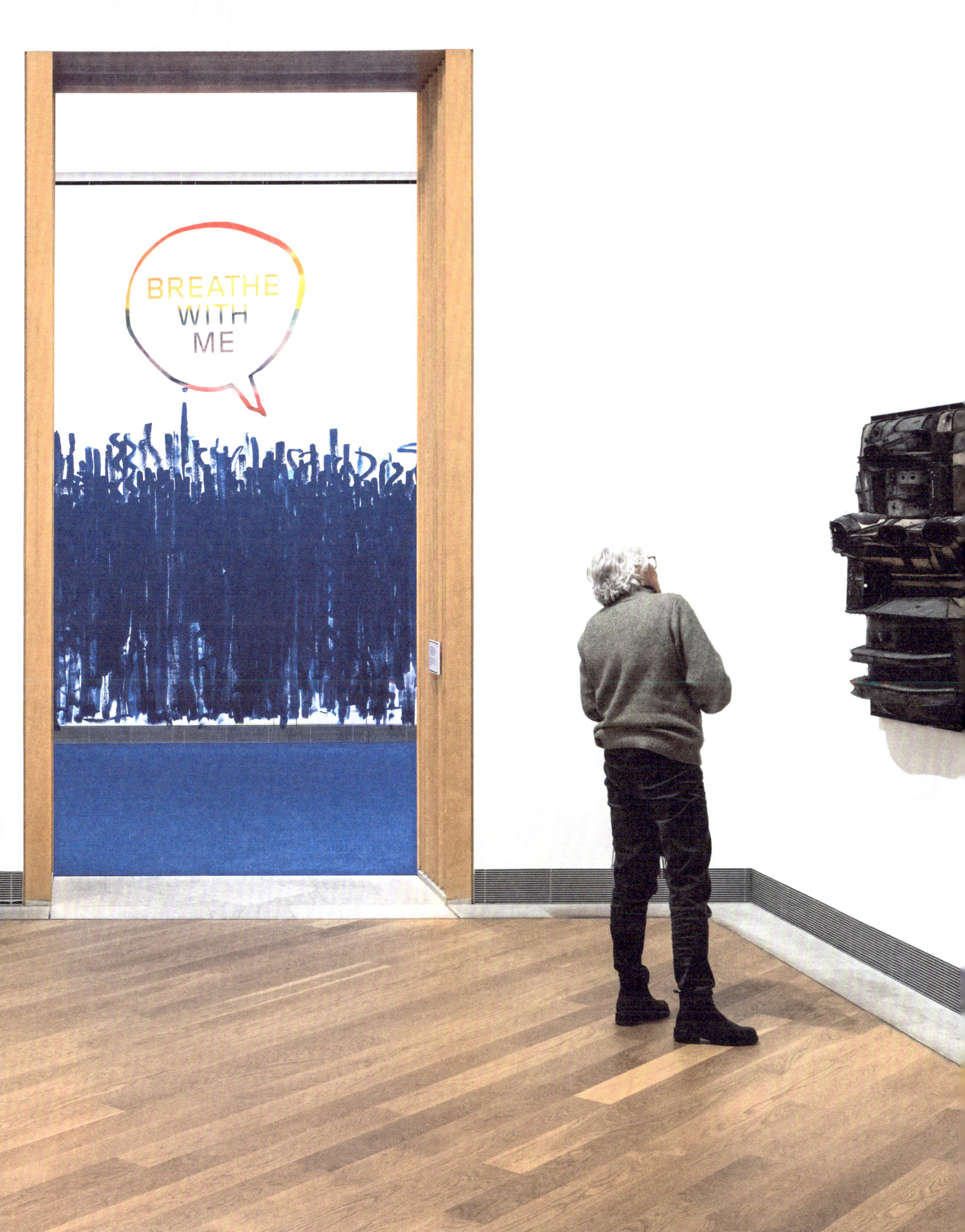
BREATHE
WITH
ME

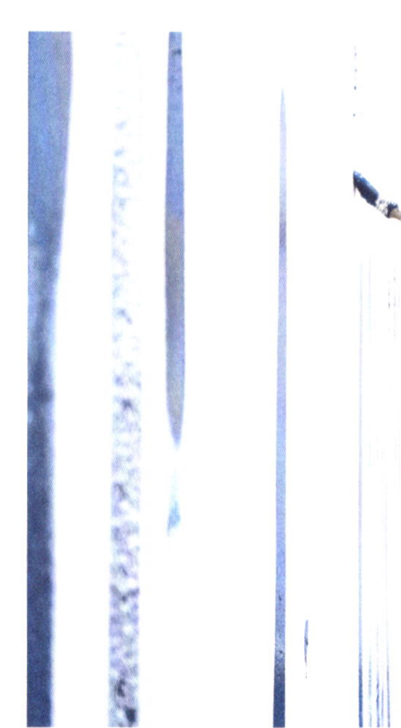

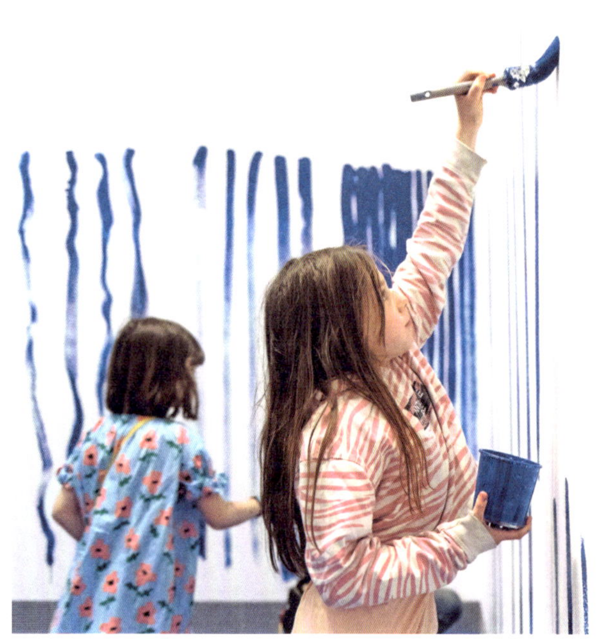

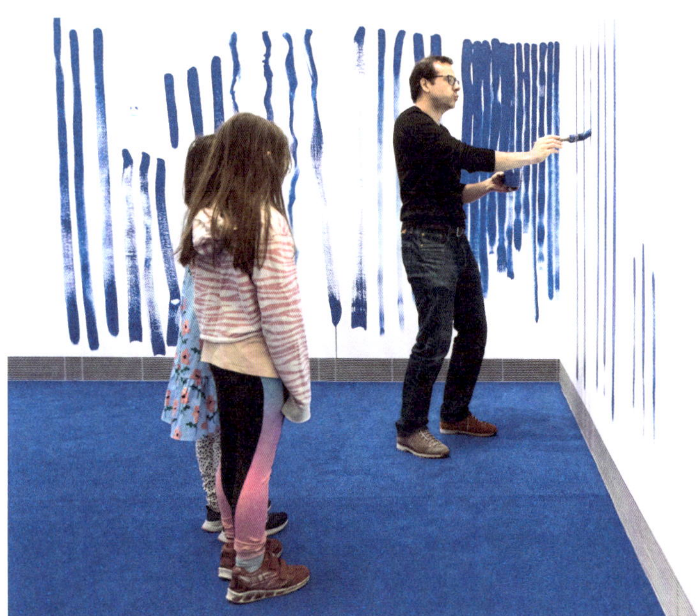

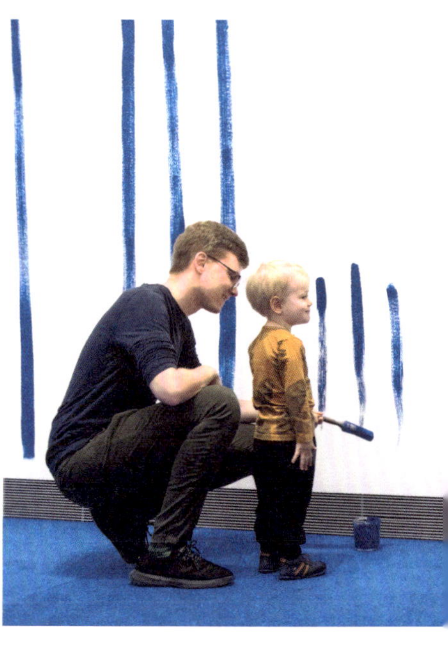

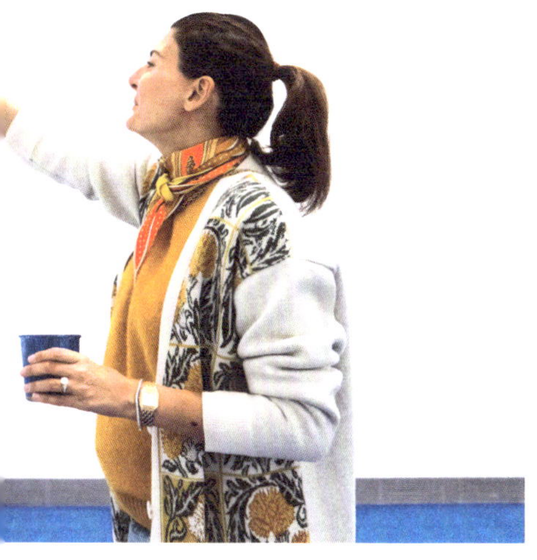

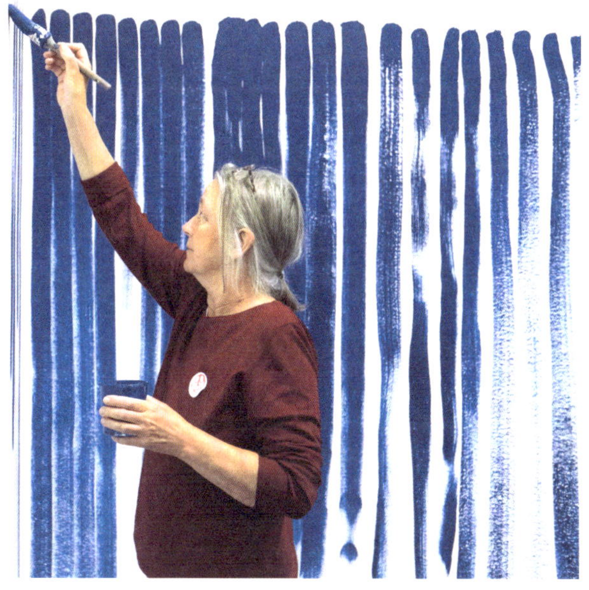

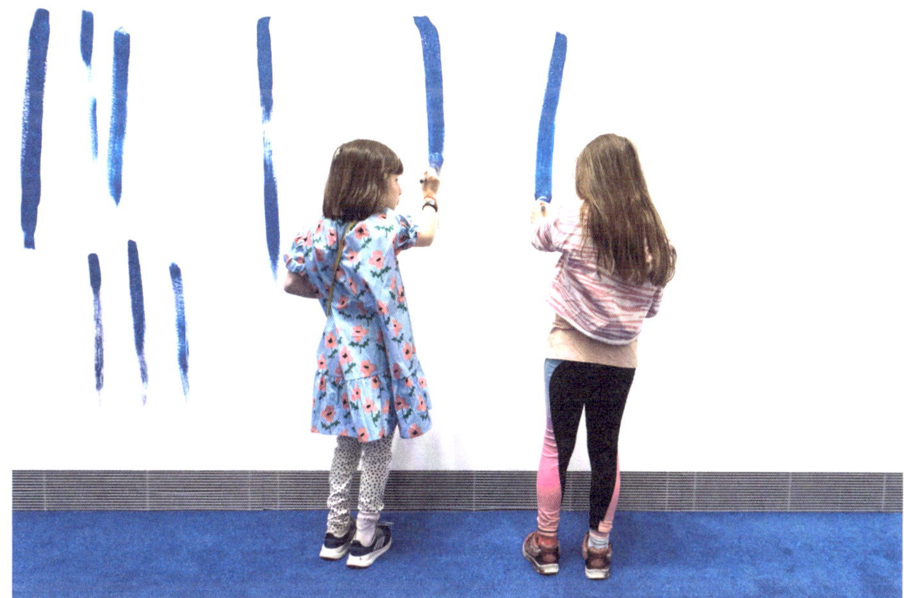

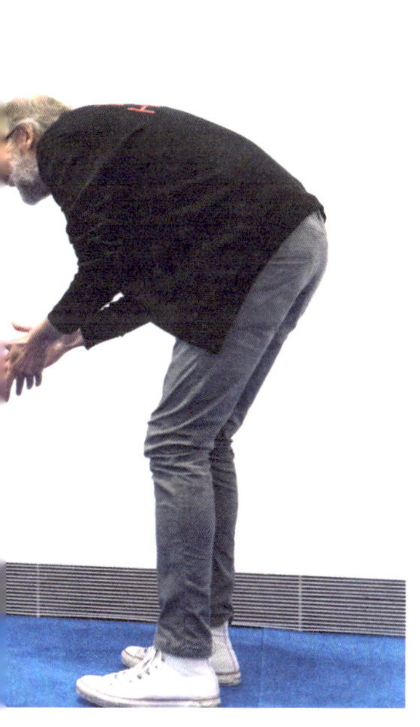

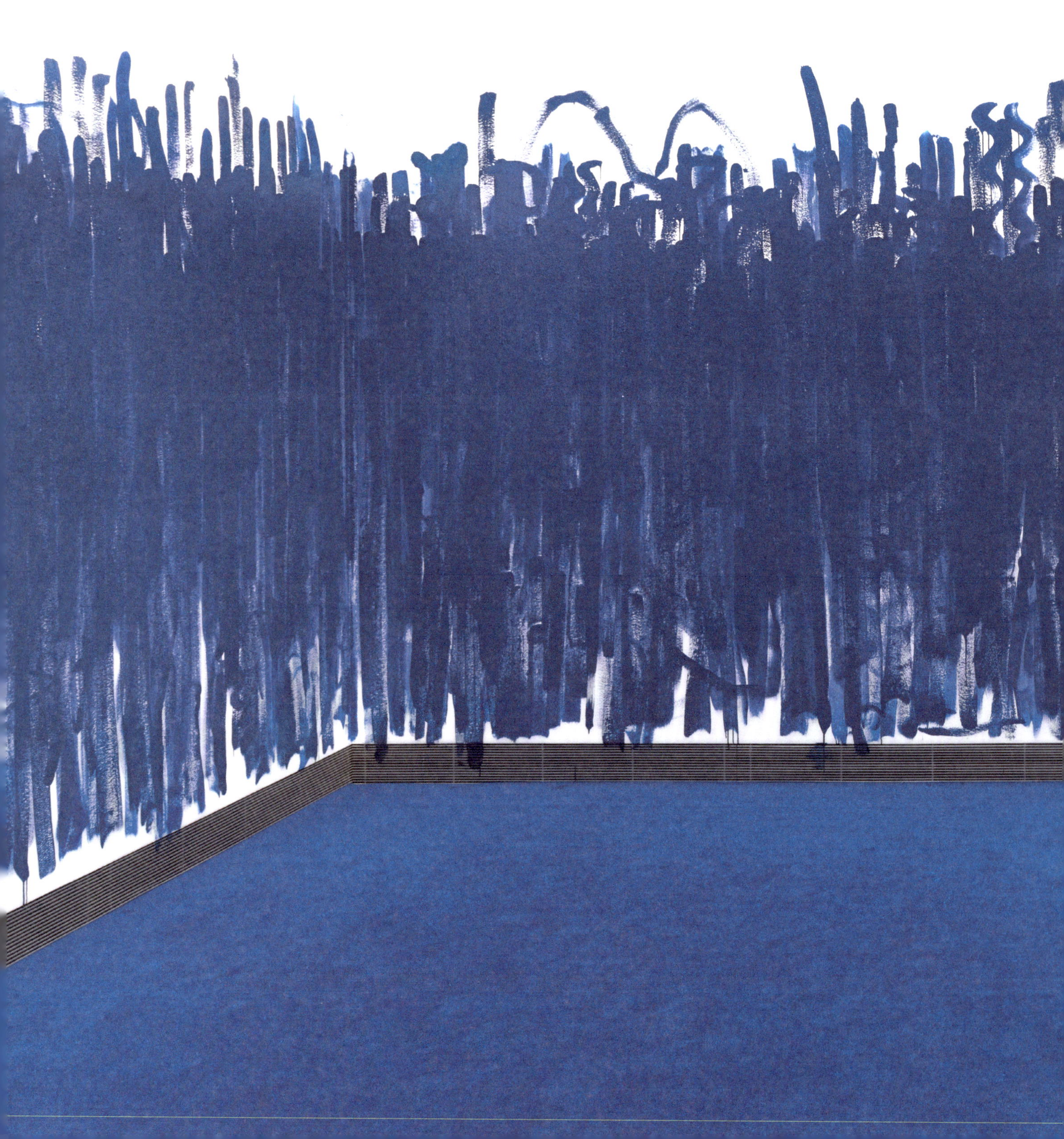

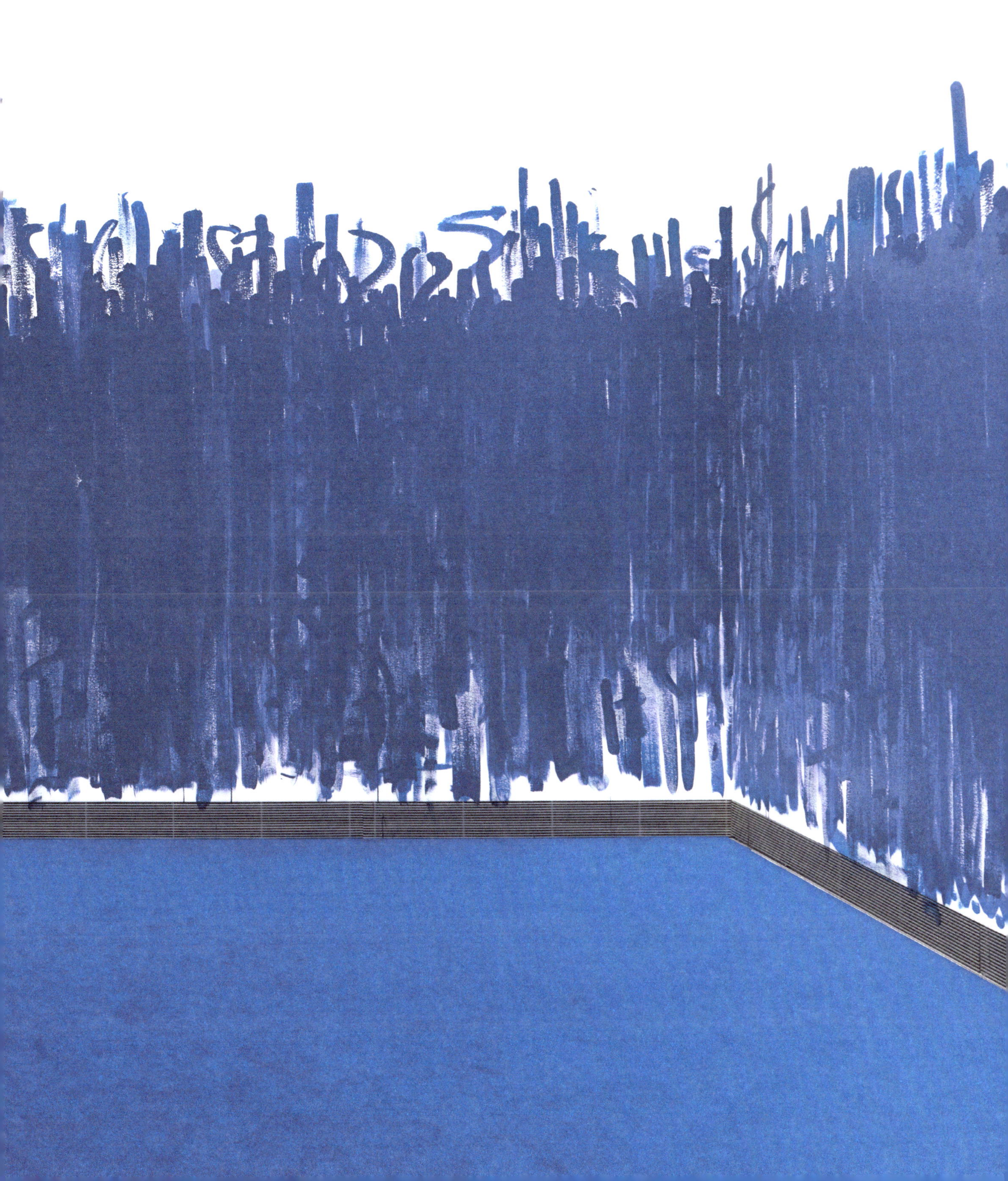

Biografi

Jeppe Hein (f. 1974) är en dansk konstnär som bor i Berlin. Han har studerat vid Det Kongelige Danske Kunstakademiet i Köpenhamn och Städelschule – Hochschule für Bildende Künste i Frankfurt.

Jeppe Hein är allmänt känd för sina iscensättningar av erfarenhetsbaserad interaktiv konst som intar en plats i skärningspunkten mellan konst, arkitektur och tekniska innovationer. Hans verk är unika i sin formella enkelhet och inslag av humor, och för en aktiv dialog med arvet från 1970-talets minimalistiska skulptur och konceptkonst. Verken rymmer ofta överraskande och fängslande inslag som sätter betraktarna i händelsernas centrum och fokuserar på deras upplevelser och intryck av det omgivande rummet.

Hans separatutställningar inkluderar Moderna Museet i Stockholm (2022), Schirn Kunsthalle, Frankfurt (2020), *Breathe with Me* i FN:s högkvarter och i Central Park, New York (2019), Kunstmuseum Thun (2018), Château La Coste, Aix-en-Provence (2017), Kunstmuseum Wolfsburg (2015), Brooklyn Bridge Park, New York (2015), Bonniers Konsthall, Stockholm (2013), 21st Century Museum of Contemporary Art, Kanazawa (2011), IMA – Indianapolis Museum of Art i Indianapolis (2010), ARoS Kunstmuseum, Århus (2009), Contemporary Art Gallery, Vancouver (2009), Carré d'Art, Musée d'art contemporain de Nîmes (2007), SculptureCenter, New York (2007), The Curve, Barbican Center, London (2007), Centre Pompidou, Paris (2005) och MoMA PS1, New York (2004). Han deltog i den 50:e Venedigbiennalen 2003 och den 58:e biennalen 2019, och 2022 fick han ett Carte Blanche av Maison Ruinart.

Permanenta installationer finns bland annat på ARKEN Museum for Moderne Kunst (2021), LaGuardia Airport, New York (2020), Fondation Carmignac på Porquerolles Island (2018), Kistefos-Museet i Norge (2016), Rijksmuseum i Amsterdam (2013), i staden Perth, Australien (2012), och på Kunsten Museum of Modern Art Aalborg (2011) samt Bristol University (2009).

Biography

Jeppe Hein (b. 1974) is a Danish artist based in Berlin. He studied at the Royal Danish Academy of Fine Arts in Copenhagen and the Städelschule – Hochschule für Bildende Künste in Frankfurt.

Jeppe Hein is widely known for his production of experiential and interactive artworks that can be positioned at the junction where art, architecture, and technical inventions intersect. Unique in their formal simplicity and notable for their frequent use of humour, his works engage in a lively dialogue with the traditions of Minimalist sculpture and Conceptual art of the 1970s. Jeppe Hein's works often feature surprising and captivating elements which place spectators at the centre of events and focus on their experience and perception of the surrounding space.

Solo shows include Moderna Museet, Stockholm (2022); Schirn Kunsthalle, Frankfurt (2020); *Breathe with Me* at UN Headquarters and in Central Park, New York (2019); Kunstmuseum Thun (2018); Château La Coste, Aix-en-Provence (2017); Kunstmuseum Wolfsburg (2015); Brooklyn Bridge Park, New York (2015); Bonniers Konsthall, Stockholm (2013); 21st Century Museum of Contemporary Art, Kanazawa (2011); IMA – Indianapolis Museum of Art, Indianapolis (2010); ARoS Kunstmuseum, Aarhus (2009); Contemporary Art Gallery, Vancouver (2009); Carré d'Art, Musée d'art contemporain de Nîmes (2007); SculptureCenter, New York (2007); The Curve, Barbican Centre, London (2007); Centre Pompidou, Paris (2005), and MoMA PS1, New York (2004), among others. He participated in La Biennale di Venezia's 58th edition in 2019 and 50th edition in 2003. In 2022, he received the Carte Blanche from Maison Ruinart.

Permanent installations are on view at ARKEN Museum of Modern Art (2021); LaGuardia Airport, New York (2020); Fondation Carmignac, Porquerolles Island (2018); Kistefos-Museet, Norway (2016); Rijksmuseum, Amsterdam (2013); City of Perth (2012); Kunsten Museum of Modern Art Aalborg (2011), and Bristol University (2009), among others.

Fotografiska rättigheter

Lea Boeglin (s. 129 nedre höger, s. 130); James Ewing (s. 37 nedre höger); Jeppe Hein (s. 38 nedre höger); Studio Jeppe Hein (s. 115, 128, 129); Alan & Svetlana Gous (s. 131, 132); Marek Kruszewski (s. 38 övre och nedre vänster, s. 116); Anna Morgowicz (s. 37 övre och nedre vänster); Jean Claude Pramhet (s. 38 övre höger); Mies Rogmans (s. 141); Jan Strempel Photography (s. 36, 140)
Alla övriga bilder: Åsa Lundén/Moderna Museet

Photographic credits

Léa Boeglin (p. 129 bottom right, p. 130); James Ewing (p. 37 bottom right); Jeppe Hein (p. 38 bottom right); Studio Jeppe Hein (pp. 115, 128, 129); Alan & Svetlana Gous (pp. 131, 132); Marek Kruszewski (pp. 38 top and bottom left, p. 116); Anna Morgowicz (p. 37 top and bottom left); Jean Claude Pramhet (p. 38 top right); Mies Rogmans (p. 141); Jan Strempel Photography (pp. 36, 140)
All other photographs: Åsa Lundén/Moderna Museet

Courtesy samtliga verk av Jeppe Hein

KÖNIG GALERIE, Berlin, 303 GALLERY, New York, och Galleri Nicolai Wallner, Köpenhamn

Courtesy of all artworks by Jeppe Hein

KÖNIG GALERIE, Berlin, 303 GALLERY, New York, and Galleri Nicolai Wallner, Copenhagen

This catalogue is published in conjunction with the exhibition:

JEPPE HEIN – WHO ARE YOU REALLY?
Moderna Museet, Stockholm
21.5 – 28.8.2022

Exhibition
Curator: Gitte Ørskou
Exhibition manager: Olle Eriksson
Studio director, Jeppe Hein: Stephan Babendererde
Project coordinator, Jeppe Hein: Wiebke Petersen
Technical support, Jeppe Hein: Hendrik Hähner
Curator, learning: Karin Malmquist
Museum host manager: Mi Morell Ahlenius with Ulrika Wedin
Conservator: Thérèse Lilliegren
Technicians supervised by: Jörgen Jansson

Catalogue
Editor: Gitte Ørskou
Managing editor: Teresa Hahr
Publication support, Jeppe Hein: Wiebke Petersen
Translation: Glen Garner (Danish to English)
Proofreading: Sylee Gore
Picture editor: Guy Engström
Graphic design: Yvonne Quirmbach
Image editing: Max Color, Berlin
Paper: Munken Polar Rough
Print: Druckhaus Sportflieger, Berlin

Moderna Museet exhibition catalogue no. 417

ISBN 978-91-984572-4-7 (Moderna Museet)
ISBN 978-3-7533-0242-3 (Verlag der Buchhandlung Walther und Franz König)

© 2022 Moderna Museet, Verlag der Buchhandlung Walther und Franz König, the artist, the authors

www.modernamuseet.se
www.buchhandlung-walther-koenig.de

Distribution
Buchhandlung Walther König
Ehrenstr. 4, D-50672 Cologne
+49 (0)221 2059653
verlag@buchhandlung-walther-koenig.de

Printed in Germany

With support from

Denna katalog publiceras i samband med utställningen:

JEPPE HEIN – VEM ÄR DU EGENTLIGEN?
Moderna Museet, Stockholm
21.5 – 28.8 2022

Utställning
Curator: Gitte Ørskou
Utställningsproducent: Olle Eriksson
Studiochef, Jeppe Hein: Stephan Babendererde
Projektkoordinator, Jeppe Hein: Wiebke Petersen
Teknisk support, Jeppe Hein: Hendrik Hähner
Intendent, förmedling: Karin Malmquist
Gruppchef, museivärdar: Mi Morell Ahlenius med Ulrika Wedin
Konservator: Thérèse Lilliegren
Tekniker under ledning av: Jörgen Jansson

Katalog
Redaktör: Gitte Ørskou
Redaktionsansvarig: Teresa Hahr
Publikationsstöd, Jeppe Hein: Wiebke Petersen
Översättning: Thomas Andersson (danska och engelska till svenska)
Korrekturläsning: Astrid Trotzig
Bildredaktör: Guy Engström
Grafisk formgivning: Yvonne Quirmbach
Bildbehandling: Max Color, Berlin
Papper: Munken Polar Rough
Tryckeri: Druckhaus Sportflieger, Berlin

Moderna Museets utställningskatalog nr 417

ISBN 978-91-984572-4-7 (Moderna Museet)
ISBN 978-3-7533-0242-3 (Verlag der Buchhandlung Walther und Franz König)

© 2022 Moderna Museet, Verlag der Buchhandlung Walther und Franz König, konstnären, författarna

www.modernamuseet.se
www.buchhandlung-walther-koenig.de

Distribution
Buchhandlung Walther König
Ehrenstr. 4, D-50672 Cologne
+49 (0)221 2059653
verlag@buchhandlung-walther-koenig.de

Tryckt i Tyskland

Med stöd av

kvadrat
HAY

Slut dina ögon och koncentrera
dig på din andning en stund.
Ta din pensel och andas in. Håll andan.
Andas ut långsamt, samtidigt som du drar
ditt första penseldrag uppifrån och ned.
Upprepa med parallella linjer tills sidan är
fylld av dina målade andetag.

Please close your eyes and
focus on your breathing for a moment.
Take your brush and inhale. Hold.
Exhale slowly while you draw your
first stroke from the top down.
Repeat with parallel lines until the page
is covered with your painted breath.